**COLECCION
UNIVERSO**

Heriberto García Rivas

150 BIOGRAFIAS de MEXICANOS ILUSTRES

EDITORIAL DIANA
MEXICO

1a. Edición, EDITORIAL DIANA,
S.A. de C.V., Mayo de 1972
26a. Impresión, Diciembre de 1998

ISBN 968-13-2562-1

CONTENIDO

PREFACIO

Ilustre no significa distinguido en el sentido de quien, por sus méritos personales, logra alcanzar la estimación y el aprecio de las gentes; sino apenas denota al famoso, es decir, al que por sus acciones pasa a la historia. Pero es indudable que las acciones humanas pueden ser buenas o malas, afirmativas o negativas en un sentido, una época y una manera de observar los acontecimientos. Por ello no todos los mexicanos ilustres que pasan por las páginas de este libro son dignos de imitarse, ni en sus vidas ni en sus acciones, por quienes deseen hacer una vida perfecta.

Por otra parte, como la vida es un balancín continuo, en el que hay dos platillos que oscilan uno a la izquierda y otro a la derecha, unas veces arriba y otras abajo; hay dos maneras de ver las cosas: o bien del lado de lo que está de moda o del de la oposición a él. Lo que para unos merece respeto y alabanza, es para otros motivo de desprecio y mofa; o sea, los personajes que para algunos son dignos de aprecio y consideración, para otros son motivo de disgusto, cuando no de lucha contra ellos.

Desde luego, hemos tratado de incluir en esta colección de vidas mexicanas los valores eternos, las biografías de aquellas personas que ocupan ya, en el espacio histórico de México, un lugar inamovible por su heroísmo, su dedicación para el progreso, los anhelos que tuvieron para realizar actos benéficos a su país y a su época. Pero también, necesariamente, hemos tenido que incluir personajes reprobables que traicionaron, vendieron o mancillaron a la patria, pero que llenaron una época histórica y por ello no deben ser ignorados.

La simple lectura de cada vida, sin embargo, dará al lector la pauta y la norma de lo que no habrá de aceptar, seguir y encomiar, rechazándolo, dejándolo a un lado y vituperándolo. En tal forma que, positiva o negativa para México, cada vida de sus personajes ilustres o famosos es útil, al ser conocida por los niños y los mayores, para diseñar el perfil exacto de México y recibir enseñanza de ello, conociendo los aciertos de unos y los errores de otros. Sólo así es posible seguir el camino limpio, central, entre los dos extremos.

Debido al espacio en esta obra, el autor ha tenido que tratar sólo en esencia las acciones humanas de cada biografiado; pero en tan corto espacio ha procurado terminar el dibujo de cada personaje. Los hechos salientes son los que determinan la figura exacta de cada quien y los detalles son solamente útiles para quienes pretendan adentrarse en el misterio de cada vida, para desentrañar los ocultos movimientos de su conducta, con fines de investigación, no necesarios al común denominador de la curiosidad humana, latente en cada uno de los lectores de un libro.

Gran aventura, emoción, deleite y enseñanza hay en este libro, que habrá de leerse con la fruición de quien, metido en el desván donde se guardan las cosas viejas, va hojeando el álbum de las fotografías familiares, desvaidos daguerrotipos algunas de ellas, y claras estampas multicolores las más recientes. Irá así, el lector, de los orígenes del México indígena, hasta los frutos revolucionarios de los últimos 50 años, abrevando lo mismo la historia simple que aquélla que complica la política, ennoblece el arte, enriquece la ciencia y hace estremecer los vaivenes de las contiendas humanas, siempre interesantes.

LOS EDITORES

PROLOGO DE LA 7ª EDICION

El libro "150 Biografías de Mexicanos Ilustres", escrito por Heriberto García Rivas y cuya séptima edición publica "Diana", es una obra de consulta que no debe faltar en la biblioteca de los educadores y en la de los estudiosos del género biográfico de carácter cívico.

García Rivas logra, con la facilidad que sólo otorga el diario ejercicio de la investigación histórica, un mosaico de semblanzas que reúnen, además del dato importante, los elementos unificadores que arrojan luz sobre el conjunto de los acontecimientos del México indígena, de la Conquista, la Colonización, el Virreinato, la Independencia, el México Independiente, la Reforma, el Porfiriato y la Revolución.

Para el historiador, así como para el biógrafo, es ardua la tarea de presentar, dentro de un esquema unitario, el hilo imperceptible de la contemporaneidad de los hechos que se suceden en lugares geográficos distintos y en los cuales los hombres actúan al impulso de muy diversas motivaciones.

Si García Rivas se limitara a trazar el perfil de los personajes históricos en una forma aislada, desvinculándolos del escenario físico y de la continuidad de los hechos sociales, arribaría a un enfoque individualista que la interpretación moderna de la historia ha superado. Los esquemas, breves por la necesidad de compendiar los rasgos primordiales de una vida y de una obra, están enlazados por líneas que el autor entrecruza en el contexto del acaecer social. Así, Huémac —o Hueman— el de las manos grandes, se proyecta en los toltecas "adiestrándolos para las ciencias, las artes y los oficios, guardando celosamente sus tradiciones". "Para ello juntó las historias y cantos de su pueblo en un gran libro que se llamó Teomoxtli o Libro Divino, en el cual narró las persecuciones y trabajos, prosperidades y buenos sucesos, nombres de reyes y señores, leyes y buen gobierno, sentencias antiguas y buenos ejemplos. Recopiló además los ritos y ceremonias, descripciones de templos e ídolos, principios de arquitectura, de filosofía, de astrología y demás artes buenas y malas y mil cosas más que aprovechó después el historiador indígena Fernando de Alba Ixtlixóchitl, y cuya obra publicara en 1891 don Alfredo Chavero".

He aquí la descripción del hombre y su influencia sobre su medio físico y sobre los demás. Es como un gran cuadro mural en cuyo centro se destaca el héroe, su pensamiento y sus acciones, dentro de un marco de naturaleza social.

El autor de este libro no concibe al Obispo Vasco de Quiroga sin los grupos purépechas a quienes dignificó mediante la aplicación de un concepto telúrico de la vida, pues entretanto ejercía con severidad su ministerio de catequizador y de pacificador, enseñaba a los naturales las artesanías: "lacas en Uruapan, curtiduría en Teremendo, muebles e instrumentos musicales en Paracho, deshilados en Aranza, objetos de cobre en Santa Clara, tejidos de lana en Nurío, herrería en San Felipe, alfarería en Patamban, Santa Fe de la Laguna y Capula, bateas en Quiroga. Y lo más hermoso de todo es que él mismo, con sus manos, enseñaba a los indios cada oficio, y con ellos se daba a los trabajos manuales".

Don Vasco de Quiroga —severo conductor de pueblos— abrió caminos en la tierra michoacana a la comunicación por medio del lenguaje, en el imprescindible intercambio de pensamientos y de ideas sobre la base del comercio.

Ahora bien, si la enseñanza de la historia, en términos generales, es un proceso de análisis en que lo pasado enriquece las experiencias de lo presente para prefigurar lo porvenir, el estudio de las biografías de hombres y de mujeres ilustres, es parte consubstancial de este proceso en cuyo contexto, en forma particular aparecen quienes, con su esfuerzo, han contribuido a la formación de la conciencia cívica del mexicano.

En este volumen no sólo se destacan a los héroes de las batallas; también se insertan en sus páginas las biografías de esos otros héroes civiles que, en los vastos territorios de la ciencia, del arte, de la literatura y de la investigación, han dedicado lo mejor de sus afanes para ampliar el horizonte cultural de nuestra Patria, en íntimo enlace con las corrientes universales del saber humano, que no reconoce fronteras y que identifica a todos los hombres en la suprema aspiración de ser independientes en la democracia y en la justicia e iguales en el derecho y en la libertad.

Si como afirma Agustín Yáñez "la crisis del mundo moderno y de la juventud contemporánea es crisis de sensibilidad y la formación cívica demanda, según mandato constitucional, armonizar el amor a la patria consubstancializado en conocimiento y en espíritu de servicio" el libro de García Rivas cobra particular importancia en nuestros días por cuanto en él ofrece a los educadores "un material rico en ejemplos de la historia y de sus héroes cuyo conjunto constituye los ideales de nobleza y grandeza a los que todo ciudadano debe referir su conducta".

En una época, como la nuestra, en la cual la inteligencia del hombre se encamina predominantemente hacia la conquista del adelanto técnico en busca de la acumulación de bienes materiales, bien vale la pena leer este libro para retomar conciencia acerca de ese tipo de entrega total que muchos de nuestros mayores realizaron al poner su inteligencia al servicio de los más altos intereses de la colectividad. Sacrificio de un Cuauhtémoc, "único héroe a la altura del arte"; humanismo en acción de un Vasco de Quiroga, abrevador de la Utopía de Tomás Moro; sensibilidad extraordinaria de un Juan Ruiz de Alarcón y Mendoza; perseverante esfuerzo de un Francisco Javier Clavijero al servicio de la posteridad; genio en la artística expresión de la piedra y del bronce de un Tolsá; ingenio en un Joaquín Fernández de Lizardi; entrega absoluta de un Hidalgo; inteligencia y genio de un Morelos; visión de lejanía de un José María Luis Mora; existencias de epopeya como las de los Niños Héroes de Chapultepec; ejemplo inmaculado de Juárez y su pléyade en la época de la Reforma y aplicación de la historia en sus eternas enseñanzas de libertad, democracia y justicia social en los próceres de la Revolución de 1910.

Prof. Mario Aguilera Dorantes
Oficial Mayor de la Sría. de
Educación Pública.

MÉXICO INDÍGENA

HUÉMAC

[576]

Caudillo tolteca

Alrededor del año 596, los toltecas tuvieron que abandonar su gran ciudad de Teotihuacán, dispersados por los pueblos que los rodeaban, celosos de su gran civilización y fina cultura, y a los que ellos llamaban bárbaros o chichimecas, que quiere decir "perros del maguey", por su afición a embriagarse con el pulque. Unos grupos toltecas, nombre que significa "artífices", porque eran muy buenos constructores y artesanos, emigraron hacia Tlapallan, región de los mayas, que llamaron así en recuerdo de su antiguo lugar de origen: Huehuetlapallan o "Vieja tierra roja".

Los otros marcharon hacia Tollan o Tula, "Lugar de tules o esparto", enclavada en el hoy Estado de Hidalgo, y que los toltecas erigieron por primera vez sobre las ruinas de otra ciudad que allí habían hecho los otomíes, y que llamaran Ma-Men-Hi. Estos grupos salieron guiados por el último señor o jefe de Teotihuacán, caudillo y sacerdote de grandes dotes culturales y de mando, quien se llamaba Huémac o Hueman: "El de las manos grandes, sabias y capaces". Éste guió lentamente a su tribu, viviendo en los lugares que descubrían y creían ser buenos para habitarlos.

Y así fue como llegaron a Tollan, que les gustó por la abundancia de agua y tulares, y se establecieron definitivamente. Gobernó Huémac durante algún tiempo, adiestrando a su pueblo en las ciencias, las artes y los oficios, guardando celosamente las tradiciones toltecas. Para ello juntó las historias y cantos de su pueblo en un gran libro, que llamó *Teomoxtli* o *Libro Divino*, en el cual narró las persecusiones y trabajos, prosperidades y buenos sucesos, nombres de reyes y señores, leyes y buen gobierno, sentencias antiguas y buenos ejemplos. Recopiló además los ritos y ceremonias, descripciones de templos e ídolos, principios de arquitec-

11

tura, de filosofía, de astrología y demás artes buenas y malas y mil cosas más que aprovechó después el historiador indígena Fernando de Alva Ixtlixóchitl, y cuya obra publicara en 1891 don Alfredo Chavero.

Por fin Huémac, sintiéndose viejo y cansado, próximo a morir, dejó en 666 su gobierno teocrático y sacerdotal, para dotar a su pueblo de una monarquía permanente, de la cual fue el primer rey Chalchiutlanetzin, miembro de una aguerrida tribu chichimeca vecina, con la cual hizo alianza Huémac, para asegurar la paz a su pueblo. Éste empezó a gobernar en el año 667, y Huémac vivió solamente unos años más, dejando a su pueblo establecido y floreciente, en una monarquía que habría de durar 449 años.

ZAMNÁ
[672]
Caudillo maya

Zamná aparece como el primer conductor de una tribu maya, que se asentó en la península yucateca, cuando esa región fue invadida por los pueblos que arrojara la selva, con su paludismo y sus enfermedades que diezmaban a las antiguas poblaciones metidas en su seno. Cogolludo lo llama también Itzamaná, y Brasseur de Bourbourg le dice Itzamená; en maya, Itzimná significa "leche del seno de la madre", es decir, el principio sustentador de la vida; pero Zamná, cuando alguien le preguntaba quién era él, respondía: "Itzen caan, tezn muyal", que significa en parte: "Soy la sustancia del cielo; soy el rocío de las nubes".

Algunos opinan que Zamná fue un sacerdote y jefe de tribu que se presentó al frente de la inmigración occidental de los mayas a la península del Mayab; otros creen que fue compañero de Votán, el fundador del imperio Xibalbá, que guió a los grupos premayenses que se establecieron en las tierras bajas de Tabasco, Campeche y Yucatán, y se llamaron a sí mismos mayas o mayenses. Dicen que cuando llegó a esas tierras, sacerdotes, guerreros, artífices de todas las profesiones formaban su séquito, por lo que pudo echar, con su ayuda, los cimientos de una gran civilización entre las primitivas tribus del sureste mexicano.

Debió recorrer toda la tierra para reconocerla; y habiendo notado que la faja que quedaba al norte de la cordillera peninsular era la más habitable, a causa de la abundancia de las lluvias, fundó en el centro de esa región una ciudad, que llamó Izamal; como dicha población quedaba además próxima al mar, la hizo capital de su imperio. Después de haber sojuzgado la tierra, estableció un culto manso y sencillo, que sólo fue alterado hasta la invasión de nuevas tribus, que adoraban a Kukulkán, la "Serpiente emplumada", que es la versión maya del dios Quetzalcóatl.

En la religión de Zamná, las ofrendas sólo consistían en flores y frutas, y la sangre humana estaba excluida de los sacrificios. La tradición o la leyenda dice que Zamná era, además de sacerdote y caudillo, un hombre de ciencia, que descubrió las verdades químicas de las plantas y fundó, en unión de Xchel y Citbolontum, la escuela médica en la cual hicieron después su profesión los *hemenes* o hermolarios. Fue también el inventor del alfabeto y de todos los jeroglíficos que constituyen la escritura maya, a la vez simbólica y alfabética, tan adelantada en América.

Pero la obra más prodigiosa que se atribuye a Zamná, es la de haber puesto nombre a todos los pueblos y regiones de la península yucateca; a los puertos, cabos, esteros, cenotes, lagunas, montes, bosques y llanuras. El mismo Zamná pretendía descender de los dioses y su origen divino era el fundamento más sólido de su poder. Así, su poder era total e ilimitado sobre todos los pueblos mayas de esa época, en el extremo sureste mexicano. Sus súbditos le consultaban en sus asuntos domésticos y los pueblos comarcanos le pedían consejo cuando alguna calamidad pública hacía peligrar su existencia; en fin, que era el oráculo y el *factotum* de su tribu.

Sin embargo, después de un largo y venturoso reinado, un día Zamná murió como todos los mortales, y sus discípulos y vasallos no se contentaron con llorar su muerte, sino que celebraron su apoteosis y erigieron sobre su tumba uno de los *kúes* o pirámides más gigantescos; y Zamná se convirtió en dios. Los dos templos que se le erigieron en Izamal, bajo los nombres de Itzamatul y Kabul, eran continuamente visitados por peregrinos de toda la península y regiones aún más lejanas.

QUETZALCÓATL

[873]

Caudillo tolteca

Quetzalcóatl, cuyo nombre significa "Serpiente emplumada", fue un personaje legendario, conocido como deidad en diferentes pueblos de México. Pero, como dice Rodolfo Toquero, no fue un mito, sino un personaje real, aunque sus virtudes, que fueron muchas, le ganaron en la estimación popular la gracia de una segunda existencia extraterrenal. Las tradiciones aztecas siempre lo consideraron como personaje real, que se convirtió en dios después de su muerte. Fue en realidad el último rey tolteca de la dinastía del siglo xii, en Tula; pero seguramente ese rey adoptó el nombre del personaje legendario que, como veremos, es más antiguo.

Quetzalcóatl aparece desde los tiempos más remotos, como un personaje de alta estatura, blanco y barbado, que llegó en una nao a las tierras de la huasteca veracruzana, por donde se dice que entraron los primeros habitantes de México que poblaron las regiones que luego habrían de conocerse como la cuna de la vida humana: la región olmeca o ulmeca, que quiere decir "tierras del hule"; la huasteca, donde se domesticó al maíz y se le tranformó en la mazorca abierta de granos seguidos; las regiones de Veracruz y Tabasco, entre La Venta y Tres Zapotes; en fin, toda esa legendaria región prehistórica de los pueblos atlantes.

Después de esa primera versión de Quetzalcóatl, casi todos los pueblos tienen al suyo, siempre un personaje extraño, barbado, dueño de una gran cultura, vida larga y capacidad de mando, que inventó el alfabeto, la alfarería, las artes útiles y las nobles y fue más una divinidad que una secuencia histórica. La versión tolteca, más común y aceptada en torno de Quetzalcóatl, dice que reinó en Tula por el año de 1191, durando su poder 22 años; sus predecesores fueron los reconquistadores de Tula, Huetzin y Uhuitimal. Fue un monarca de extraordinaria habilidad y raro talento; espléndido constructor de caminos, innovador de las artes de la alfarería y la fundición de metales, así como de la talla de piedras preciosas y joyas. Él fue quien introdujo el uso del chocolate y el hule en la existencia de los pueblos tolteca, maya y azteca, etc. Se dice que su imperio fue el más amplio que existió en la América precolombina, pues sus tierras se extendían desde Durango hasta la hoy República de El Salvador, comprendiendo las costas del Pacífico v las del Golfo, hasta el extremo de Yucatán. Como predicador de nuevos preceptos y costumbres morales, Quetzalcóatl extendió sus enseñanzas por vastos confines. Se afirma que él instituyó el autosacrificio, que consistía en clavarse espinas en las orejas y en la lengua, para obtener sangre con que ofrendar a los dioses; evitando así el que se cometieran homicidios para procurarse las gratas ofrendas sangrientas a los dioses. Es decir, que prohibió los sacrificios humanos, instituyendo el autosacrificio.

Sin embargo, fue víctima de numerosas intrigas, y sus enemigos lo hicieron beber pulque con engaños, para que se embriagara y perdiera su sobriedad, su continencia y su adustez. Y estando beodo fue víctima de las burlas de sus enemigos, que hicieron befa de su antigua veneración y respeto. Con ello, desencantado Quetzalcóatl, una vez que volvió a su estado normal, abandonó a Tula y marchó a Tlapallan, en las costas de Tabasco, y allí predicó el bien, pero luego formó una pira con sus pertenencias, a la cual se arrojó, consumiéndose en un sacrificio expiatorio.

Su corazón no pudo quemarse y a los ocho días del sacrificio se elevó al cielo, como una encendida estrella, que desde entonces se identifica con Venus, el Lucero de la Tarde, con el nombre indígena de Tlahuizcalpantecuhtli. Quetzalcóatl pasó a ser el dios del viento, con el nombre de Ehecatl, que se le representa con una máscara alargada, a manera de pico de ave, y con una gran nariz cuadrada. Lleva además una especie de gorro cónico, orejeras en forma de gancho y un ornamento de concha en el pecho.

KUKULKÁN

[941]

Quetzalcóatl maya

En el año de 980, itzaes y xiues acordaron fundar una liga o confederación, que se llamó de Mayapán, por haber establecido su capital en la población de ese nombre, la que fue rodeada de una ancha muralla, erigiéndose dentro de ella templos y palacios para los sacerdotes y señores de la alta jerarquía que habría de reinar desde allí. El país tomó, igualmente, el nombre de Mayapán y sus habitantes fueron llamados mayas. A ese lugar llegó, en el año 1120, un grupo de gentes extrañas, venidas del occidente, que dijeron ser toltecas y venir desde una gran ciudad, llamada Tula o "Ciudad de los tulares", guiadas por un extraño personaje. Éste era un hombre alto y barbado, de color algo más blanco que sus acompañantes, que eran gentes instruidas y civilizadas, que al establecerse en Mayapán influyeron poderosamente en las costumbres, la religión y la cultura en general. El extraño caudillo se llamaba a sí mismo Quetzalcóatl, cuyo nombre significaba "Serpiente con plumas", por lo que, al traducir su nombre a la lengua maya, fue llamado Kukulkán, que igualmente significa "Serpiente emplumada". Kukulkán era ya un hombre viejo y venerable, que tenía una gran experiencia administrativa y sostenía grandes principios morales y filosóficos, por lo cual ayudó a gobernar al Mayab.

Muchos creen que ese personaje misterioso no era otro que el último rey tolteca, Ce Aaiecatl Topiltzin, quien huyera de Tula en el año 1116, al sobrevenir la destrucción de la ciudad por los chichimecas. El caso es que los mayas, viendo su sabiduría, lo llamaron a su gobierno confederado, en el cual Kukulkán, con gran sabiduría, separó el gobierno político del religioso, confiando el primero a la noble familia cocom, de Mayapán, y el segundo a los chenes, de Izamal. Expidió leyes sabias e inteligentes reglamentos, pero instituyó también los sacrificios humanos.

Después de residir algunos años en Mayapán, inmortalizando su recuerdo con un gran templo, Kukulkán abandonó Yucatán, y al pasar por Champotón erigió otro templo, semejante al de Mayapán, donde se le recordara, perdiéndose su rastro en la costa, por lo que se dijo había ido al mar, dando lugar a la hermosa leyenda de Quetzalcóatl y el Lucero. Kukulkán también es nombrado en Yutacán con otros nombres, entre ellos el de Nacxitl, que significa "Pie-cuatro caminos", es decir, el aventurero y andariego de todos los vientos, que se refiere a las grandes correrías del legendario personaje, desde su llegada hasta su desaparición.

También se le llama Hunaac-Ceel, que significa "Terror grande", por el respeto que infundió en sus contemporáneos; con tal nombre aparece en las *Crónicas Mayas,* que dan cuenta de su intervención política, todavía en el año 1191, aunque seguramente se trata de otro personaje distinto al primitivo Kukulkán. Un manuscrito que lleva el nombre del pueblo de Tizimín, revela que Hunaac-Ceel es Quetzalcóatl o Kukulkán, y cuenta que cuando Hunaac-Ceel llegó del Valle de México, acompañado de toltecas, era un sumo sacerdote que se sometió a la prueba de ser arrojado al Gran Cenote Sagrado, sobreviviendo a ello, cuando todos morían. Por ello fue elegido supremo sacerdote y se le construyó un templo para ser adorado.

En el templo del Hombre Barbado, que forma el lado norte del Juego de Pelota de Chichén-Itzá, Kukulkán está sentado y lleva larga y flotante barba. Su indumentaria es sencilla, pero lleva un emblema propio: la serpiente emplumada, que es el signo azteca o nahua de Quetzalcóatl.

TENOCH

[1376]

Caudillo azteca

Cuatro sacerdotes principales guiaron a los mexica o aztecas hasta que se asentaron definitivamente a orillas del lago de Anáhuac, en la meseta central de México; por lo que al determinar que allí se quedarían, fundando su ciudad en el islote frontero a la orilla donde habían llegado, y donde encontraran la seña puesta por sus dioses para terminar su peregrinación, determinaron elegir un gobernante. Allí, en el islote, habían visto al águila, parada en un nopal sobre piedras, que devoraba a una serpiente, según les había dicho su dios que encontrarían tal símbolo cuando llegaran al lugar elegido; por lo que acordaron establecerse allí.

Los cuatro sacerdotes principales eran entonces Aatzin, Ahuéxotl, Ocelopan y Tenoch, siendo este último el que eligieron como gran sacerdote, cacique y caudillo. Por otra parte, éste llevaba el nombre del tunal sobre el cual habían visto parada al águila simbólica, lo cual consideraron también de buen augurio, y acordaron llamar a su ciudad Tenochtitlán, que significaba "Tunal sobre piedras". En todo eso estuvieron de acuerdo los jefes guerreros de la tribu errante de los aztecas, entre ellos Coapán y Xochímitl. Y así se dieron un jefe permanente y fundaron su ciudad de Tenochtitlán el mismo día, del año de 1325.

Tenoch tomó las riendas del gobierno de su tribu, y para vivir en paz y prosperar, pactó la sumisión de los suyos con el rey más poderoso de los contornos, Tezozómoc, de Atzcapotzalco, y a él prometieron pagarle tributos en especies e ir a la guerra en su defensa, siempre que les concediera tierras para asentarse, construir casa y sembrar maíz; tener un gobierno directo propio y comercial con los pueblos vecinos. Tezozómoc les concedió todo ello, y durante el gobierno de Tenoch, que duró 51 años y fue teocrático o sacerdotal, la ciudad creció asombrosamente.

Se había dividido en cuatro barrios, cada uno de los cuales quedó bajo el gobierno inmediato de uno de los cuatro sacerdotes principales, Tenoch el primero. El lago de Anáhuac era uno de los siete que contenía el Valle de México, siendo los otros seis los de Zumpango, Zaltocan, San Cristóbal, Texcoco, Chalco y Xochimilco; naturalmente que el de San Cristóbal fue llamado así más tarde por los españoles, pues los indios lo llamaban por otro nombre. El islote del primitivo asiento se dividió también en cuatro partes, siendo el centro de la población, que de allí partió hacia las orillas del lago, creciendo sobre las aguas mismas, mediante esteras levantadas sobre estacas y cubiertas luego con tierra y piedras, edificándose posteriormente.

Los cuatro barrios recibieron los nombres de Atzacoalco o "En la compuerta", al noroeste; Teopan-Zoquiapan o "Sobre el lodo", al sureste; Cuepópan o "Sobre el agua", al noroeste, y Moyotla o "Los moscos", al sureste. Hasta el año de 1338 se terminó el trazo de la ciudad y el reparto de lotes a quienes iban a habitarla, con lo cual se disgustó un grupo de inconformes, que dejó el islote azteca y se fue a otro cercano hacia el norte, al cual llamaron Xaltelolco, hoy Tlatelolco, con lo cual nació la nueva tribu de los tlatelolca, con un señor o tecuhtli que les dio Tezozómoc, por lo cual prosperaron con gran rapidez.

En el año de 1347 hizo erupción el volcán Xalliquíhuac, que fue llamado por los mexica muy poéticamente Popocatépetl, cuyo nombre significa "Montaña que humea". Tenoch murió en el año de 1376, dejando ya en marcha el progreso de su ciudad; a su muerte le sucedió Acamapichtli, cuyo nombre significa "El que empuña el cetro o lleva la caña en la mano", que fue el fundador de la monarquía mexica o azteca.

NETZAHUALCÓYOTL
[1391-1472]
Rey poeta chichimeca

Netzahualcóyotl, cuyo nombre significa "Coyote hambriento", era hijo del rey chichimeca-texcocano Ixtlixóchitl, "Flor de pita o maguey", y adoptó aquel nombre cuando quedó huérfano y se vio perseguido sin tregua por quienes habían matado a su padre y usurpado su trono; pues su nombre original era el de Acolmiztli, que significa "León fuerte". Ixtlixóchitl, su padre, había contraído matrimonio con la princesa nahua Metlalcihuatzín, hija del primer rey azteca, Acamapixtli, concertando con esa boda la alianza con aquel pueblo que surgía tan aprisa y prosperaba.

De ese matrimonio real nació, en 1391, el niño Acolmiztli, que con el tiempo habría de ser el famoso Netzahualcóyotl. Éste creció llegando a ser un joven guerrero de gran valentía, pero también con gran afición a los estudios y a las ciencias; tenía apenas unos 18 años de edad, cuando por un sinnúmero de movimientos políticos y guerreros, provocados por el señor de Atzcapotzalco, Tezozómoc, el más poderoso del valle de Anáhuac, su padre fue arrojado del trono de Texcoco y tuvo que huir con su hijo, para esconderse en un bosque cercano, en donde vivieron algún tiempo.

Netzahualcóyotl quiso luchar, para defender su reino, pero su padre, conociendo la superioridad bélica de Atzcapotzalco sobre Texcoco, no quiso que se sacrificara inútilmente, sino le recomendó que permaneciera oculto y fuera luego a pedir el auxilio de los mexica, cuya sangre llevaba también, y sólo cuando organizara un poderoso ejército, recuperara su trono. En 1418, estando ocultos padre e hijo en las cuevas de Cuauhyacac y Tzinacanoztoc, fueron rodeados por los perseguidores que en su contra enviaba Tezozómoc, quien sabía que no estaría cabal su victoria mientras vivieran ambos, pues podían pedir y lograr ayuda de los reinos vecinos.

Ixtlixóchitl dispuso que Netzahualcóyotl se ocultara en el bosque vecino, mientras que él, con los pocos guardianes que le quedaban, ofrecía resistencia a sus captores; y así se hizo, viendo Netzahualcóyotl cómo su padre moría en la refriega. Fue entonces cuando Netzahualcóyotl adoptó ese nombre y se dedicó a huir en los siguientes años, llegando a la patria de su madre, a Tenochtitlán, donde se guareció. De allí salió a recorrer muchos pueblos, con el fin de aprender las mejores artes de la guerra, del gobierno y del conocimiento humano, captándose a la vez amigos, aliados y simpatizadores de su causa. Y así llegó a ser un hombre extremadamente culto y civilizado, dueño de grandes conocimientos humanos.

Pactó la alianza con el rey de los mexica, Itzcóatl, y con el señor de Tlacopan o Tacuba, Totoquihuatzin, nieto de Tezozómoc e hijo de Tayautzin, quien deseaba vengar la muerte que a su padre le infiriera su propio hermano, Maxtla, tío del mismo Totoquihuatzin. Los ejércitos mexica y tlacopa, con el que Netzahualcóyotl pudo formar entre sus adeptos texcocanos, lograron vencer unidos a los que mandaba Maxtla, a quien Netzahualcóyotl logró aprehender durante la batalla, matándolo con sus propias manos. Otra vez en Texcoco, Netzahualcóyotl empezó a gobernar en el año 1431, reinando 41 años más, siendo el rey más sabio, inteligente y brillante.

Hizo construir en Texcoco, capital del reino acolhua o chichimeca, los más hermosos jardines elevados o colgantes que se conocieran en América, semejantes en fama y hermosura a los famosos orientales de Babilonia. Construyó palacios, monumentos, acueductos, baños e infinidad de edificaciones que hicieron de Texcoco una grande y hermosa ciudad; pero además de esas artes constructivas, cultivó y difundió las ciencias y las bellas artes; expidió leyes sabias, compuso inspirados versos y fue un señalado filósofo. Murió el año de 1472, rodeado del afecto y la admiración de su pueblo, dejando el trono a su hijo Netzahualpilli.

LA CONQUISTA

FRANCISCO HERNÁNDEZ DE CÓRDOBA
[1475-1518]
Descubridor español

Nació en 1475 en España, y pasó a América con los primeros soldados que el almirante Diego Colón contratara, para dominar las tierras descubiertas por su padre, el almirante don Cristóbal. Con Diego Velázquez pasó a Cuba, cuando éste fue nombrado gobernador de la isla, permaneciendo en ella seis años. Hernández de Córdoba llegó a Cuba en 1511, dedicándose a trabajar las tierras, hasta que reunió alguna fortuna; mientras que Diego Velázquez pensaba en explorar el Mar Caribe y el de las Antillas, en busca de tierras para acrecentar sus dominios, ya fuera con islas o tierra firme.

Pensó entonces en enviar algunas expediciones a descubrir nuevas tierras, la primera de las cuales fue confiada a Francisco Hernández de Córdoba, que tendría como finalidad inmediata "rescatar o saltear indios a las islas de los lucayos, para traerlos a vender a la isla de Cuba". Hernández de Córdoba reunió a 110 hombres, aventureros españoles todos ellos y fletó cuatro naves, tomando como primer piloto a Antón de Alaminos, y se hizo a la mar, el 8 de febrero de 1517, partiendo desde el Cabo de San Antón. Los otros pilotos de sus embarcaciones fueron: Camacho de Triana y Juan Álvarez Chico, y llevaban como capellán a Alonso González.

Entre sus soldados iba uno, Bernal Díaz del Castillo, que habría de ser el primer y principal cronista de ésa y las siguientes expediciones a tierra firme, hasta la conquista de México por Cortés. La expedición tomó el rumbo de las Bahamas, pero a los pocos días de navegar los sorprendió una tempestad, que los arrojó hacia el occidente, y después de 21 días de navegar al acaso, tocaron tierra desconocida, donde sus habitantes les dijeron a voces: "¡Conex catoch!", que quiere decir en maya: "Venid a nuestras casas", por lo que los exploradores llamaron al lugar Cabo Catoche. Habían llegado a la península de Yucatán.

Desembarcaron allí, pero fueron atacados a flechazos por los nativos, por lo que tuvieron que reembarcarse y seguir adelante. Llegaron a una isla el 1º de marzo, que llamaron de Mujeres por los ídolos de aspecto femenino que encontraron en ella, y llevaron consigo a dos indígenas, que bautizaron más tarde con los nombres de Julián y Melchor. Quedaron admirados de un magnífico templo de piedra que había en la isla, y de la opulencia de las ropas y joyas de los isleños. Continuaron su viaje, torciendo el rumbo hacia donde pretendían ir desde un principio, y costeando llegaron a una población indígena, que se llamaba Champotón.

Bajaron allí para recoger agua, dispuestos a luchar si era necesario, y en verdad que fueron recibidos por un ejército bien ordenado y armado, que los atacó. La lucha fue tremenda, y a duras penas pudieron embarcarse, todos heridos, incluyendo a Hernández de Córdoba, después de dejar en tierra a 57 españoles muertos, dos prisioneros y las pipas que habían llenado de agua, por lo que llamaron a ese lugar de la Mala Pelea. La falta de agua los hizo detenerse más adelante, en un estero que llamaron de Los Lagartos, donde recogieron agua dulce de una gran lluvia que cayó sobre ellos. La pelea anterior se había efectuado al otro día del domingo de la Pasión o de Lázaro, según dicen las primitivas crónicas.

Habiendo quedado la mayor parte de los expedicionarios sobrevivientes lesionados, ya no pudieron dedicarse a otras tareas que no fueran las de navegar, hasta que decidieron regresar a Cuba, para lo cual quemaron uno de los navíos, pues no tenían gente para llevarlo; habían ya perdido otro, por lo que en un solo navío y un bergantín, tomaron el rumbo de La Florida, de donde fueron rechazados otra vez por los indios coléricos. Volvieron a La Habana, encallando el navío en el bajo de Los Mártires, logrando arribar a puerto solamente el bergantín, a principios de 1518. Diez díaz después de tan triste arribo, Hernández de Córdoba murió, tanto de las heridas que había recibido de los indios, como de tristeza por el fracaso.

JUAN DE GRIJALVA
[1490-1527]
Descubridor y conquistador

Nació en 1490 en Cuéllar, España, y muy joven pasó a América, acompañando a Cuba a su tío Diego Velázquez, donde éste era gobernador. El relato que hiciera el infortunado capitán Fernández de Córdoba, de su descubrimiento de tierras al sur de Cuba, en la península de Yucatán, y el testimonio elocuente de las muchas cosas de más o menos valor que había "rescatado" y que le entregara, despertaron en don Diego Velázquez el deseo de seguir explorando aquellas tierras, para lo cual pidió permiso a los frailes jerónimos de la Real Audiencia de la isla La Española.

Obtenido el permiso, armó una expedición de 170 hombres, que en tres navíos y un bergantín puso bajo las órdenes de su sobrino, el capitán Juan de Grijalva, con la expresa prevención de no colonizar ninguno de los países que tocara, sino que se limitara a "rescatar" oro, plata, perlas, piedras finas, pieles, etc. Juan de Grijalva se hizo a la vela el 20 de abril de 1518, desde el puerto de Matanzas; pero por necesidades del servicio fondeó en La Habana el 22 siguiente, partiendo definitivamente del cabo de San Antón, el 1º de mayo, para avistar el 3 siguiente la isla de Acuzamil o Cozumel, a la que llamó de la Santa Cruz.

Desembarcó en ella el día 5, para tomar posesión, con una misa que dijo el padre Juan Díaz, de aquellas tierras. El 13 de abril entró, más adelante, en la bahía de La Ascensión, y bojándola por la banda del norte, salió de ella el 15, siguiendo la costa de Yucatán, al que llamó, sin que se sepa por qué, Santa María de los Remedios. El 17 reconoció la punta del Cabo Catoche y el 22 desembarcó en una playa para hacer aguada, sin encontrar el preciado líquido. La expedición navegó hasta el 25; al anochecer fondeó frente a Campeche; al otro día bajó a tierra, y en la mañana del 27 tuvo una refriega con los nativos, que le mataron a un soldado e hirieron a otros, entre ellos al mismo Grijalva.

Sin embargo, en la tarde de ese día hicieron las paces los indios, que entregaron provisiones de boca y regalos a los expedicionarios, para que siguieran su viaje. Con ello pudieron partir de allí el día 28, y reconociendo la costa, como lo venían haciendo desde Cozumel, llegaron frente a Puerto Deseado, el 31 de mayo. La expedición se alejó el 5 de junio; pasó de largo por la Boca de Términos y la Barra de Tabasco, y el 9 se detuvo a la vista de un caudaloso río, que fue bautizado con el nombre de Grijalva, y cuya corriente no pudieron remontar los buques, sino hasta media legua de la desembocadura.

Los nativos se acercaron en gran número, amistosamente, para comerciar durante dos días con los expedicionarios, que les cambiaron sus espejos y baratijas por el oro y las piedras preciosas de los indios. Continuó Grijalva su viaje y el 13 llegó a la desembocadura del Medellín, donde estuvo hasta el 17, explorando los placeres de oro, de los cuales sacaban los nativos pepitas de ese metal. Fondeó en San Juan de Ulúa el 24 de junio, después de tocar la isla de los Sacrificios, y llamó a esa provincia de San Juan. Anduvo explorando la costa hasta el 28, mientras que Pedro de Alvarado, que lo acompañaba, partía hacia Cuba en el navío San Sebastián, para llevar a Diego Velázquez los tesoros "rescatados", una esclava que le habían regalado los indios y la información del viaje.

No esperó más Grijalva, y el 21 de septiembre se encaminó a su vez hacia Cuba, en viaje de regreso, para desembarcar el 9 en Matanzas, enterándose que Pedro de Alvarado había intrigado ante Velázquez. En 1523 volvió a las costas orientales de la Nueva España, acompañando a Francisco de Garay; en 1527 hizo un viaje a las costas de Centroamérica, también de exploración, siendo asesinado el 21 de enero de ese año, en las costas de Nicaragua, en compañía de 19 españoles más, por los indios de Olancho, uno de los caciques de Nicarao.

BERNAL DÍAZ DEL CASTILLO
[1495-1584]
Conquistador e historiador

Nació en 1495 en Medina del Campo, de Castilla la Vieja, España. En 1514 pasó a Panamá, como soldado de Pedrarias Dávila, que había sido nombrado gobernador y capitán general del Darién; pero pidió permiso de pasar más tarde a Cuba, donde estuvo tres años al servicio del gobernador Diego Velázquez. En 1517 acompañó a Francisco Hernández de Córdoba en su desventurada expedición a las costas de Yucatán, de la cual regresó a principios de 1518, año en el cual, a fines del mismo, acompañó a Hernán Cortés en su expedición a las costas de Yucatán, volviendo a visitar algunos de los lugares que ya había conocido.

Siguió bajo las órdenes de Cortés, desde ese año y hasta el de 1521, en que se consumó la conquista de la Gran Tenochtitlán, hoy ciudad de México, y radicó en esa población hasta que Cortés realizara su expedición a Las Hibueras, hoy Honduras, en la cual lo acompañó, en el año de 1525. En esa expedición vio Bernal Díaz del Castillo cómo era ahorcado el desventurado último emperador azteca, Cuauhtémoc, por ser un impedimento para el viaje, ya que había quedado baldado de los pies que le quemaron y, significaba, además, un peligro para los indios que lo seguían aún.

Después de esa expedición, Díaz del Castillo radicó en Guatemala, en la ciudad de Santiago de los Caballeros, de la que fue regidor, y allí escribió su monumental obra, titulada *Verdadera Historia de la Conquista de la Nueva España*, donde contó sus aventuras y las de sus compañeros, y naturalmente las de los capitanes de Cortés y de éste mismo, dejando constancia de primera mano de la más sorprendente conquista de tierras y hombres realizada en América por español alguno, el capitán Cortés. No disminuye a éste en su narración, pero sí lo humaniza, lo rodea de gente, lo hace moverse y hablar como el común de las gentes lo realizan.

Y así logra una de las crónicas más vivas y apasionadas que se hayan escrito en español, y acaso la más discutida. Es una obra que siempre se ha leído con interés, como una gran novela desaliñada, pero fecunda en su contenido. No es Bernal Díaz un escritor ni un cuidadoso del bien decir; pero domina el relato: revive el pasado minuto a minuto y lo describe, confundiendo lo esencial con lo accidental, como en una vivaz conversación. Alguien ha dicho que si el padre Las Casas es el cronista que defiende al indio de la rapacidad española, Bernal Díaz es el cronista de esa rapacidad; porque nada calla, ni adorna, ni tergiversa, sino cuenta las cosas claras, como las vio y como verdaderamente sucedieron.

"No es mucho que me alabe de ello —dice—, pues que es la mera verdad; y éstos no son cuentos viejos ni de muchos años pasados, de historias romanas ni ficciones de poetas..." Pero no todo es codicia, como no lo fue en la realidad, en la crónica de Bernal Díaz; sino en ella hay también, y muchos, impulsos de heroísmo, ideales de gloria, notas de humanidad, luces de cristianismo, lealtades al rey y a la patria, al amigo y al deudor. Díaz del Castillo narró la historia de México y de los lugares aledaños que visitara, hasta el año de 1568, dando una de las más verídicas narraciones de los acontecimientos de América en el siglo XVI.

Su libro fue publicado en 1632, en Madrid, por fray Alonso Remón, en forma incompleta y adulterado; hasta que en 1904, el historiógrafo mexicano, Genaro García, hizo una nueva edición, fiel, y completa, guiándose por la copia exacta y cabal que obtuviera del original autógrafo de la Historia de Bernal Díaz, según existe en el Archivo del Ayuntamiento de la ciudad de Guatemala. Bernal Díaz murió allí, pobre pero feliz, en el año de 1584, siendo el mejor cronista de la conquista de México, el más leído y famoso de los historiadores de esa época, cuya obra ha sido traducida a casi todos los idiomas del mundo.

PEDRO DE ALVARADO
[1485-1541]
Conquistador español

Nació en 1485 en Badajoz, España, y muy joven pasó a Cuba, acompañando al gobernador de esa isla, Diego Velázquez. En 1518 estuvo encargado de uno de los cuatro navíos en que Juan de Grijalva hiciera su expedición por las costas mexicanas. Al tocar tierras veracruzanas, Pedro de Alvarado llegó primero a las costas que cortaban un caudaloso río, al que bautizó poniéndole su nombre; fondeó en su desembocadura y fundó un pueblo, que aún se llama Alvarado, conservando, como el río mismo, el nombre de su descubridor y fundador. De ese viaje volvió a Cuba, malinformando a Velázquez acerca de las actividades de Grijalva, para ganar bonos él.

En febrero de 1519, empezó con Hernán Cortés la expedición a tierras mexicanas, siendo el principal lugarteniente del capitán extremeño, con el cual entró a la gran ciudad de Tenochtitlán, hoy de México, por primera vez el 8 de noviembre de ese mismo año. En junio de 1520, Cortés abandonó Tenochtitlán para ir contra Pánfilo de Narváez, que por órdenes de Diego Velázquez había llegado a México, desde Cuba, para reducir a prisión al conquistador. Pedro de Alvarado quedó encargado del mando en Tenochtitlán, procediendo con perfidia, crueldad y avaricia.

Permitió que los nativos hicieran en el Templo Mayor su fiesta a Tóxcatl, y cuando estaban reunidos 400 nobles indígenas, Alvarado se presentó con un grupo de soldados, pasó a cuchillo a los indios, sin respetar a mujeres ni a niños, para despojarlos de su riqueza, y regresó a su cuartel en el palacio de Axayácatl, creyendo que nadie vengaría tal afrenta. Pero el pueblo se amotinó y cercó el cuartel de Alvarado, atacándolo con furia. Afortunadamente para Alvarado, Cortés regresaba, después de haber vencido a Narváez, tomándole su gente, armas y caballos, y entró sin resistencia alguna a Tenochtitlán, el 24 de junio.

El 26 reanudaron los indios su ataque al cuartel de Alvarado, y el 27 hizo Cortés que el emperador Moctezuma, a quien mantenían cautivo y en rehenes, saliera a la azotea del palacio para arengar a su gente, haciéndolos que depusieran las armas, siendo entonces cuando recibió una pedrada en la frente, que se dice le arrojó su sobrino Cuauhtémoc, y de cuyo golpe habría de morir más tarde. El 30 de junio decidieron los españoles romper el cerco en que se hallaban prisioneros y muertos de hambre, y salieron a las calles de Tenochtitlán, pretendiendo escapar por la calzada de Tlacopan o Tacuba. Los indios los hostigaron sin piedad, matándoles muchos soldados y caballos, y haciéndolos perder armas y bagaje.

La retaguardia del grupo de españoles, que la formaban unos 200 hombres, al mando de Velázquez de León, quedó cortada del resto de la columna, al romperse un pontón que habían colocado sobre un tajo, para pasarlo. Pedro de Alvarado, que iba en esa retaguardia, logró pasar el canal de un prodigioso brinco de su caballo, por lo que desde entonces se conoce ese punto como Puente de Alvarado. Los españoles lograron salir de la ciudad, reuniéndose bajo un ahuehuete del pueblo de Tacuba, en donde la leyenda dice que Cortés lloró su derrota y su fracaso, en la noche del 30 de junio de 1520, conocida en la historia como la Noche Triste.

Ganada Tenochtitlán, Pedro de Alvarado vivió en la ciudad desde 1521 a 1523, año en que fue enviado por Cortés al sur, a pacificar La Mixteca y conquistar el Soconusco y Guatemala. En Soconusco recibió un flechazo en una pierna, que le dejó cojo para el resto de su vida. El 25 de julio de ese año fundó la ciudad de Santiago de los Caballeros, en Guatemala, y más tarde el puerto de La Posesión y la ciudad de La Antigua. En 1527 terminó la conquista y colonización de Guatemala, viéndose acusado por Gonzalo de Mejía de graves cargos que tuvo que ir a desvanecer a España. A su regreso, en 1541, en una batalla efectuada en el Peñón de Nochistlán contra los indígenas de Guatemala, el caballo que montaba Baltasar Montoya, escribano del ejército, resbaló y cayó sobre Alvarado, quien quedó mal herido y murió en el mes de julio.

HERNÁN CORTÉS
[1485-1547]
Conquistador español

Nació en 1485 en Medellín, Extremadura, España, siendo hijo de los hidalgos pobres Martín Cortés Monroy y Catalina Pizarro Altamirano. Vivió allí su niñez, siendo enclenque y enfermizo. En 1499 fue a estudiar leyes a la Universidad de Salamanca, donde permaneció solamente dos años, pues prefirió emprender diversas aventuras que proseguir sus estudios. Trató de embarcarse en una expedición militar hacia Italia, pero no pudo hacerlo, por haber sido herido por un marido ofendido, quedando desde entonces cojo. Pero dos años más tarde pudo cumplir sus anhelos de aventuras, al embarcarse en 1504 hacia las Indias, como ayudante y secretario de Nicolás de Ovando, para radicar en la isla La Española.

De esa isla, ahora llamada de Santo Domingo, partió en 1511 con Diego Velázquez a la conquista de Cuba, isla en la cual vivió durante algunos años, como secretario de Velázquez, quien para premiar sus servicios le dio unos solares en Santiago Baracoa, los que trabajó durante algún tiempo, hasta lograr reunir regular fortuna. Fue luego encarcelado, por haber seducido a doña Catalina Xuárez, sobrina de Velázquez; pero reparada su falta mediante el matrimonio, pasó a gozar del favor familiar del propio gobernador de la isla, mientras Hernández de Córdoba exploraba tierras.

Después de las expediciones de Fernández de Córdoba y Grijalva hacia las tierras de Occidente, Diego Velázquez deseó enviar una tercera armada, que puso al mando de Hernán Cortés, en la Villa de Santiago, el 23 de octubre de 1518. Cortés había ya liquidado sus asuntos y empleado su fortuna en tal aventura; pero Velázquez trató de retirarle el mando, por intrigas que terceras personas hicieran en su contra. Cortés se apresuró a partir entonces, sin entregar el mando, contra la voluntad de Velázquez. El 18 de febrero de 1519 salió de cabo de San Antón, con 11 embarcaciones de diverso porte, 10 oficiales, 550 individuos de tropas y marinería, 200 mulatos cubanos de ambos sexos, 16 cabalgaduras y 14 cañones.

Tocó el 21 de febrero la isla de Cozumel, frente a Yucatán; el 22 de marzo la desembocadura del río Grijalba, y el 21 de abril San Juan de Ulúa, desembarcando al día siguiente en tierras de Veracruz, donde el 9 de julio fundó la Rica Villa de la Vera-Cruz, nombrando el personal del ayuntamiento entre los mismos expedicionarios. Al otro día, 10 de julio de 1519, el ayuntamiento declaró insubsistentes las instrucciones dadas a Cortés por Velázquez, puesto que las canceló cuando ordenó que se le aprehendiera; y nombró dicho ayuntamiento a Cortés capitán general y justicia mayor de las tierras conquistadas y por conquistar, a reserva de lo que el rey Carlos I de España resolviera al respecto.

Cortés emprendió la conquista de México, tierra adentro, hasta que el 13 de agosto de 1521 tomó definitivamente a la Gran Tenochtitlán, la hermosa capital del poderoso Imperio Azteca, en la que fundó la ciudad de México, capital de la Nueva España, cuyo territorio fue agrandando y consolidando hasta completar territorios mayores que los de la Madre Patria. Por cédula del 15 de octubre de 1522, el rey de España nombró a Cortés gobernador y capitán general de la Nueva España, con cuyos títulos gobernó a México hasta el 11 de octubre de 1524, en que por su ausencia entró a gobernar un triunvirato, que constituyó la Primera Audiencia.

En 1528 marchó Cortés a España, a desvanecer los cargos que sus enemigos le hacían, y estuvo en su patria hasta 1530, recibiendo del rey Carlos V el título de marqués del Valle, con grandes posesiones en Oaxaca. Regresó a México a tomar posesión de sus bienes; pero las intrigas nuevamente los llevaron a España, en años siguientes. Para entonces ya no era el conquistador todopoderoso, sino uno de tantos conquistadores de toda América; y pobre, viejo y abandonado, murió en Castilleja de la Cuesta, cerca de Sevilla, España, el 2 de septiembre de 1547.

GONZALO DE SANDOVAL
[1497-1528]
Conquistador español

Nació en 1497 en algún lugar de España, no precisado; muy joven pasó a la América, uniéndose en Cuba a la expedición que Hernán Cortés hiciera a México, capitán de quien fue el amigo y colaborador más desinteresado y eficaz, inteligente y esforzado, franco y humano con los vencidos, laborioso e incansable en la aventura. En 1519 acompañó a Cortés en su expedición a México y en su entrada a la ciudad de Tenochtitlán; y cuando a fines del mismo se hacía ya insostenible la situación de los españoles en el palacio de Axayácatl, Cortés reunió en consejo a sus capitanes Pedro de Alvarado, Gonzalo de Sandoval, Vázquez de León y Diego de Ordaz.

Con ellos y doce soldados de confianza, Bernal Díaz del Castillo entre éstos, acordó prender a Moctezuma y retenerlo como valioso rehén. Más tarde nombró a

Sandoval capitán de la Villa Rica de la Vera-Cruz y lo envió al puerto, donde permaneció su lugarteniente durante algún tiempo, cumpliendo fielmente su misión. En 1520 envió a México, Velázquez de León, gobernador de Cuba, a Pánfilo de Narváez, para que aprehendiera a Cortés, que había realizado su expedición al Continente sin su permiso y en contra de sus órdenes expresas, insubordinándosele.

Pánfilo de Narváez llegó a Veracruz con 19 naves, 1,400 soldados, 20 piezas de artillería y 1,000 indios de Cuba para el servicio, fundando en las costas mexicanas un pueblo, a principios de marzo. Luego intimidó obediencia a Eandoval, enviándole una embajada; pero éste apresó a los mensajeros y mandó a México a los tres principales, cargados a espaldas de los indios. Más tarde, ocho soldados de Narváez se pasaron a Sandoval, y cuando Cortés decidió marchar contra Narváez, Gonzalo de Sandoval se le unió en Tampanequita, con 60 hombres, en mayo de ese mismo año, ayudando a Cortés a derrotar a Narváez. En noviembre tomó Sandoval a Xocotla y Xalancingo, mientras Ordaz y Ávila tomaban Tochtepec y Tecalco, siendo entonces cuando Cortés puso a la región que conquistaba la Nueva España.

En enero de 1521, al empezar el asedio contra Tenochtitlán, Cortés encargó a Sandoval el ataque contra Chalco, el cual realizó con éxito; luego lo envió contra los tlahuicas del sur del Valle de Anáhuac, que hacían constantes incursiones en el señorío de Chalco. Sandoval ocupó Huaxtepec y siguió sobre Yacapixtla, regresando a Texcoco con un gran botín. En mayo siguiente, cuando Tenochtitlán fue tomada, Sandoval entró por Itztapalapan, ciudad que incendió; luego se situó en el Tepeyac y atacó, junto con Alvarado, por la calzada de Tlacopan. Ambos capitanes fueron los más aguerridos, y los indios los temían y admiraban.

Una vez tomada la ciudad de México, Cortés envió a Sandoval a Tuxtepec, con un ejército de ocupación con el que llegó hasta Huatusco, que tomó pacíficamente. Estaba en ese lugar cuando supo de la llegada a Veracruz de Cristóbal de Tapia, enviado como gobernador de Nueva España, y marchó a su encuentro, obligándolo a regresar a Santo Domingo, a mediados de enero de 1522. Durante ese año prosiguió la conquista del sur hasta Coatzacoalcos, haciendo reparticiones de tierras entre sus colaboradores, pero Bernal Díaz del Castillo no quiso recibir Orizaba, que se le entregaba para que la administrara, según cuenta el mismo cronista.

Gonzalo de Sandoval regresó más tarde a la ciudad de México, acompañando a doña Catalina Xuárez, mujer de Cortés, que llegaba a la Nueva España. Cortés lo comisionó luego para que fuera a poner paz en Colima, donde triunfó en su empresa y más tarde a Pánuco, región a la que también pacificó. En 1526 acompañó Sandoval a Cortés en su viaje a Las Hibueras, donde le ayudó a pacificar la tierra. En 1527, Sandoval gobernó algún tiempo a la ciudad de Tenochtitlán, juntamente con Alonso de Estrada. En 1528 acompañó a Cortés a España, llegando en mayo al puerto de Palos, donde se sintió enfermo del viaje y murió, a los 31 años de edad.

DIEGO DE ORDAZ

[-1532]

Conquistador español

Nació en Castroverde, Zamora, España, en fecha que ignoramos. En 1511 figuró en las tropas que llevó a Cuba, Diego Velázquez de Cuéllar; como soldado se distinguió en la conquista de la isla, siendo nombrado capitán, por su valor y buenas disposiciones para la guerra. En 1519, el mismo Velázquez nombró a Ordaz para que comandara una de las naves que llevaría Hernán Cortés a su conquista de México, y agradecido por todas esas distinciones de Velázquez, le fue fiel, y no quiso secundar los planes de emancipación de Cortés, quien por ello lo mandó arrestar al desembarcar en Yucatán. Sin embargo, más adelante, Ordaz deseó luchar y lo hizo.

Era ante todo un soldado, por lo que no pudo permanecer inactivo, y al mando de 60 españoles contribuyó eficazmente a derrotar al ejército tlaxcalteca mandado por Xicoténcatl, logrando la ocupación de la República de Tlaxcala y su alianza para ir a tomar Tenochtitlán. Con esto Ordaz volvió a lograr la estimación de Cortés, que desde entonces lo contó entre sus principales capitanes. En octubre de ese mismo año de 1519, al pasar las huestes españolas hacia el Valle de México, Ordaz se propuso escalar lo alto del volcán Popocatépetl, con el fin de recoger en su cráter el azufre que les hacía falta para hacer la pólvora.

No escuchando los consejos de los nativos, que veían en tal escalamiento mucho peligro, tanto por lo escarpado de la montaña, como porque lo consideraban un dios airado, que arrojaba fuego sobre los intrusos, Ordaz tomó algunos guías, que se avinieron a llevarlo sólo hasta la mitad del camino a la cumbre, y siguió solo hasta el cráter del volcán, regresando con una buena provisión de azufre. En 1522 envió Cortés a Diego de Ordaz a España, para que informara a Carlos V de sus campañas y conquistas, por lo que fue recibido en su patria con muchas distinciones.

Como le dieran el nombramiento de regidor de la Villa de Segura de la Frontera, en España, permaneció en ella sin pensar ya en regresar a América, máxime cuando más tarde le otorgaron la Orden de Caballero de Santiago. Pero al transcurrir el tiempo, habiendo conocido la aventura y la riqueza de las tierras americanas, pidió autorización para conquistar a su vez, por su cuenta y riesgo, como capitán de un ejército que habría de reclutar él mismo, el territorio comprendido entre el Mar Caribe y el río Amazonas, o sea, la zona que ocupan ahora los países de Colombia y Venezuela.

Tal permiso le fue otorgado, en atención a sus anteriores servicios, y con el título de adelantado, capitán general y alguacil mayor de las tierras que descubriera y conquistara, preparó su expedición. Después de reclutar en Sevilla 400 aventureros, se embarcó en el Mediterráneo, haciendo el largo viaje a Sudamérica, para iniciar sus conquistas. Sin embargo, la empresa le resultó mal, pues los indios, las enfermedades, los naufragios y otras calamidades acabaron casi con su ejército y, desengañado de la aventura, decidió regresar a España. Ni eso pudo lograr, porque murió en el año de 1532 a bordo de la embarcación en que viajaba, durante la travesía del Océano hacia su amada España.

CRISTÓBAL DE OLID
[1490-1524]
Conquistador español

Nació en 1490, en España; en 1518 emigró a América, al parecer con Diego Velázquez, de Cuba, quien en ese año lo envió con la expedición de Juan de Grijalva a las costas de México. En 1519, Hernán Cortés lo llevó consigo a la expedición a México, como uno de sus capitanes, y con él concurrió a la exploración de las tierras adentro de México, hasta lograr la toma de la Gran Tenochtitlán, en 1521. A la caída de la capital azteca, Cortés planeó la exploración de todo el territorio dominado por los mexicanos, que comprendía las tierras situadas al Norte, hasta el paralelo 22º, v por la desembocadura del río Pánuco; por el sur hasta el Istmo de Tehuantepec, y de Oriente a Occidente, de mar a mar.

Sólo los reinos de Tlaxcala y de Michoacán nunca habían sido sometidos por los aztecas; aunque Tlaxcala era un aliado forzoso, y Michoacán iba a ser sometido muy pronto. Así, envió el conquistador extremeño a Villafuerte y a Cristóbal de Olid hacia el occidente, a conquistar Zacatula y Colima; a Sandoval, Orozco y Alvarado hacia el sureste. Gonzalo de Sandoval, llegó hasta Tuxtepec y Coatzacoalcos, y Orozco y Alvarado fueron hasta Oaxaca y Tehuantepec. El propio Cortés encabezó una expedición hacia el Pánuco, donde Francisco de Garay, gobernador de Jamaica, pretendía establecer una colonia. Después de someter a los naturales, don Hernando fundó la Villa de San Esteban del Puerto, haciendo desistir a Garay.

En 1523, con el objeto de encontrar nuevos caminos a la Mar del Sur, y de explorar esos territorios, que suponía ricos en oro, Cortés envió a Las Hibueras, actual Honduras, una expedición, la cual puso en manos de Cristóbal de Olid, quien partió a cumplir con su comisión. Ya en Honduras, se puso de acuerdo con Gil González de Ávila, que exploraba esa región y trató de independizarse de Cortés; pero éste mandó a Francisco de las Casas para que sometiera al rebelde. La expedición punitiva de De las Casas naufragó, y

35

Cristóbal de Olid hizo prisioneros al capitán y a algunos de sus soldados, que rescató de las aguas, para internarlos en su campamento. Entonces, viéndose en peligro, mandó llamar a González de Ávila, y cuando lo tuvo en su campamento lo aprehendió también, declarándose dueño y señor de las tierras de Centroamérica No teniendo noticias de la expedición de Francisco de las Casas, Cortés acordó ir él mismo a percatarse de lo que pasaba en Centroamérica, por lo que en 1524 organizó su expedición a Las Hibueras, que realizó al año siguiente. Llevaba un gran ejército, un poderoso séquito y a sus prisioneros indígenas, entre ellos Cuauhtémoc, pues temía que si los dejaba en Tenochtitlán, los indios podrían volver a levantarse en torno de ellos. El viaje lo hizo por tierra, cruzando selvas y ríos, y en Itzancánac, un lugar de Tabasco, mandó ahorcar a Cuauhtémoc, quien le representaba una impedimenta y un peligro siempre latente.

Cortés prosiguió su viaje a Las Hibueras, para encontrarse con la novedad de que Cristóbal de Olid ya no existía, pues había sido muerto por sus prisioneros, De las Casas y González de Ávila. Como Olid era fornido y de un valor temerario, hacía alarde de andar siempre desarmado y no temer a nadie, valiéndose de sus propias manos para defenderse. Por ello invitó a cenar a sus prisioneros, una noche, en su tienda; estando ambos de acuerdo, aprovecharon un descuido de Olid para acuchillarlo. Esto ocurrió en el año de 1524, quedando Francisco de las Casas como representante de Cortés en Naco, Honduras.

GIL GONZÁLEZ DE ÁVILA
[-1543]
Conquistador español

Nació en España, y pasó a la isla de Santo Domingo al empezar la conquista española de la América central y meridional. En 1522, procedente de Santo Domingo, andaba ya explorando en Centroamérica, pues el 21 de enero había salido del Golfo de Panamá, para explorar Costa Rica y Nicaragua. Como viera González de Ávila que los naturales se espantaban con las crecidas barbas de algunos de sus soldados, ordenó a todos que no se las raparan, y aun los que no las tenían, se procuraran algunas postizas.

En Nicaragua, un indio noble se presentó al conquistador, llevándole una gran cantidad de oro, diciéndole que el cacique Nicarao, que le enviaba tal presente, lo invitaba a pasar a su isla, en medio de un gran lago, donde vivía con lujo. González de Ávila visitó al cacique, con tan buena suerte que lo convirtió al cristianismo, junto con 9,000 de sus súbditos, sometiendo a todos bajo la autoridad de la corona española. Avanzó entonces por el Golfo de Fonseca, al tiempo que llegaban a Cortés noticias de que Pedrarías Dávila y González de Ávila conquistaban Centroamérica, por lo que el extremeño dispuso dejar un tiempo la Nueva España y pasar a Las Hibueras, hoy Honduras, para conquistar esa tierra.

Cristóbal de Olid, enviado por Cortés, salió de Veracruz el 11 de enero de 1524 rumbo a Cuba, donde acabaría de pertrechar a su armada, con la cual desembarcó más tarde en Gracias a Dios, a 30 leguas del lugar en que se había establecido González de Ávila; fundó una villa, a la que llamó Triunfo de la Cruz. A su vez, González de Ávila había fundado el pueblo de San Gil de Buenavista, desde donde buscó a Olid para ponerse de acuerdo. Ambos se aliaron, y al saberlo Cortés, envió a Francisco de las Casas, casado con una prima hermana suya, para que castigara a Olid, sin lograr su objetivo, pues sus naves naufragaron.

Olid recogió a los náufragos, a Casas entre ellos, y llamó a Gil González, y cuando lo tuvo a su lado, lo hizo prisionero. Entonces los dos prisioneros se entendieron, y lograron aliarse para dar muerte a Cristóbal de Olid, obteniendo así su libertad. Ambos conquistadores decidieron entonces poblar juntos la región, y en 1525 fundaron en el Cabo de Honduras la Villa de Trujillo, a donde más tarde habría de llegar Cortés en la expedición que personalmente hiciera a Las Hibueras, en vista de lo acaecido con Cristóbal de Olid y Francisco de las Casas.

Cortés se posesionó del pueblo, ganándose de nuevo a Francisco de las Casas, y por primera vez a González de Ávila, a quienes envió a la Nueva España, para que le ayudaran con su gobierno. Mientras tanto se habían adueñado del poder, en la Nueva España, Salazar y Chirino, quienes, con el pretexto de vengar la muerte de Cristóbal de Olid, mandaron aprehender a los dos que llegaban y que llevaban órdenes de Cortés de que se les entregara el poder; pero Las Casas huyó a Oaxaca y a Gil González lo salvaron del patíbulo las súplicas de algunos pudientes del territorio.

Entonces los gobernadores de la ciudad de México, ᵊmbarcaron para España a Gil González de Ávila, que llegó a la Madre Patria y vivió allí algunos años más, hasta su muerte en el año de 1543, sin haber podido regresar a sus tierras conquistadas en Centroamérica.

FRANCISCO DE MONTEJO
[1448-1550]
Conquistador español

Nació en 1448 en Salamanca, España; vino a América con Diego Velázquez, a quien acompañó a la conquista de Cuba. Como tomara parte en numerozas hazañas de guerra, fue honrado con los títulos de teniente de fortalezas, alguacil mayor, gobernador y adelantado, después de ser capitán de huestes. Casó en España con doña Ana de León, con la cual procreó un hijo, quien luego fue el capitán don Francisco de Montejo y León, llamado "El Mozo", para distinguirlo de su padre. En 1519, Francisco de Montejo acompañó a Cortés a la conquista de México, capitaneando una de las naves de la armada, que eran doce, llevando Cortés La Capitana.

Las otras diez naves eran dirigidas por los capitanes: Pedro de Alvarado, Alonso Hernández Portocarrero, Alonso de Ávila, Diego de Ordaz, Francisco de Morla, Francisco de Saucedo, Juan de Escalante, Juan Vázquez de León, Cristóbal de Olid y otros. Al llegar a las costas de México, a la altura de Ulúa, Cortés envió a Montejo a tierra firme, para que buscara lugar adecuado donde fundar una ciudad, encontrándolo un poco al norte, en un sitio llamado por los indios Quiahuztla, donde se fundó un pueblo llamado Bernal, a media legua del pueblo indígena mencionado.

Ese mismo año y más adelante, Cortés envió a España, como procuradores suyos y para que arreglaran sus dificultades con Velázquez, a Alonso Hernández

Portocarrero y Francisco de Montejo. Éste permaneció en España, ocupándose de los asuntos de Cortés y trabajando por alcanzar alguna comisión propia en América. Por fin, el 8 de diciembre de 1526, el emperador le concedió una capitulación, autorizándolo para la conquista de las islas de Cozumel y Yucatán (aún se creía que Yucatán era una isla), tierras que estaban quedando olvidadas en su colonización y población.

A fines de 1527 salió de España, con 400 hombres, Francisco de Montejo, quien llegó a Cozumel en marzo de 1528. Después pasó a la península de Yucatán y desembarcó cerca del Cabo Catoche, donde hizo publicar el requerimiento de paz; pero se internó en la tierra, y encontró a los indios en actitud hostil. Sosteniendo con ellos ligeros encuentros, pasó por Conil, Cobá y Chuaca, y llegó a Aké, donde los combates empezaron a ser más reñidos, teniendo que refugiarse en Chichén-Itzá. Allí permaneció durante algún tiempo, procurando amistades con los caciques de los contornos, fundando una villa de españoles con el nombre de Salamanca, en la misma Chichén, en la que asentó como vecinos a 160 de sus soldados.

En 1533, envió una expedición de 50 infantes y 16 caballos, a las órdenes de su amigo Alonso de Ávila, por el rumbo de Bakhalal, donde se decía que había ricas minas de oro. El enviado llegó a Chablé y siguió al mar, para atracar días después en Chetumal, donde fundó la Villa Real; pero al sublevarse los indios, fue a pedir ayuda a Honduras, habiéndosela negado, en Trujillo, Andrés de Cerezeda. De Ávila regresó a Salamanca, donde lo dejó Montejo encargado de Yucatán, partiendo él para Veracruz. En ese lugar recibió noticias de que había sido nombrado gobernador de Honduras.

En 1536 estableció su gobierno en Gracia de Dios, dedicándose a pacificar a los indios y fundar pueblos. Atendiendo a sus órdenes, Alonso de Cáceres fundó la Villa de Santa María de Comayagua. Luego se vio hostigado constantemente por Pedro de Alvarado, quien desde Guatemala trataba de arrebatarle sus tierras. En 1544, la Audiencia de los Confines despojó a Montejo del gobierno de Honduras, dejándole solamente el de Cozumel y Yucatán; pero el adelantado siguió viviendo en Gracia de Dios y en Ciudad Real de Chiapas, abandonando casi la colonización de Yucatán.

En 1550, se le formó juicio y se le destituyó de su gobierno, por tener casi abandonado el territorio, por lo que fue a España, para defenderse de los cargos que le hacían, y allá murió ese mismo año.

FRANCISCO DE MONTEJO Y LEÓN
[1508-]
Conquistador español

Nació en 1508, en España, como hijo del adelantado don Francisco de Montejo y de su esposa, doña Ana de León. El 6 de abril de 1527, lo legitimó el rey Carlos V, por mediación de su secretario Francisco de los Cobos, y ese mismo año partió con su padre a la Nueva España, para ayudarlo en el descubrimiento, conquista y colonización de las tierras interiores de la Península de Yucatán, que se creía era una isla. Siguió acompañando a su padre en sus expediciones tierra adentro, hasta que, habiendo sido aquél nombrado gobernador de Honduras, quedó Montejo y León encargado de proseguir el sometimiento de Yucatán, a lo cual se dedicó.

En 1528, acompañado de su primo, llamado también Francisco de Montejo, nuestro biografiado hizo viajes a Champotón y Campeche, para reconocer los límites de sus tierras. Al año siguiente estuvo en la ciudad de México, en donde casó con doña Andrea del Castillo, natural de Segovia, hija de un regidor de la Nueva España. En 1540 fue a Ciudad Real, en Chiapas, a visitar a su padre, quien le dio instrucciones y medios para que prosiguiera la conquista de Yucatán; y al frente de un ejército regresó a Campeche, disputando palmo a palmo el terreno a los indios, que eran tenaces y valerosos, y no querían someterse al yugo español.

Sin embargo, venció a los indios en Si-ho; llegó a Campeche, donde fundó la Villa de San Francisco, y destacó a su primo para que fuera a fundar la capital de la colonia en T-ho. Éste llegó al poblado indígena y fundó un Real; pero al saber que iba a ser atacado por un considerable grupo indígena, salió a su encuentro y venció a sus atacantes en el pueblo de

X-pehual. Mientras tanto, Montejo y León encomendó el gobierno de Campeche a Beltrán de Zetina, y fue a reunirse con su primo. A poco de haber llegado a T-ho, se le presentó Tutul-Xiú, señor de Mani, quien con otros señores le ofreció paz y pidieron ser bautizados; en cambio, el cacique Nachi Cocom, señor de Sotuta, llegó a combatir a los españoles, después de haber asesinado a los embajadores que le enviaron para concertar con él la paz; pero fue derrotado y sometido en T-ho, por los Montejo.

Montejo y León, creyéndose seguro en Yucatán, fundó la ciudad de Mérida, el 6 de enero de 1542, ante el escribano don Rodrigo Álvarez, poniéndole ese nombre "porque en su asiento se hallaban edificios de cal y canto, bien labrados y con muchas molduras, como los que los romanos hicieron en Mérida, la de España", que en realidad fue llamada por los romanos la Emérita, es decir, la Gloriosa. Después de tal fundación de la que habría de ser la ciudad principal de Yucatán y su capital, Montejo y León dividió su ejército en dos secciones, tomando él una para ir a Sotuta, y dejando a su primo la otra para que fuese al territorio de los cupules. Montejo y León pacificó en esa expedición el oriente de Yucatán.

El 28 de mayo de 1543, fundó la villa de Valladolid, en el asiento indígena llamado Chahua-há, ciudad que el 24 de marzo de 1544 fue trasladada a Zaci, donde se encuentra en la actualidad. La colonia prosperó en general poco y lentamente, pues los indios eran belicosos y no se daban nunca por pacificados ni sometidos. En 1546 sucedió la primera gran sublevación de naturales, que Montejo y León tardó un año en sofocar. En 1548 llegó a Yucatán el primer grupo de franciscanos, para evangelizar a los indios; y en 1552 el rey de España dispuso que Yucatán quedara bajo la jurisdicción de la Audiencia de Guatemala, por carecer de medios propios y suficientes para convertirse en un reino autónomo.

MALINTZIN

Madre del mestizaje

Cuando la expedición de Hernán Cortés tocó tierras de Tabasco, en su conquista de México, se encontró con tribus indígenas tan aguerridas, que le presentaron batalla. Para someterlas empleó de toda su fuerza y ardides, sometiéndolos más por el terror que les causaban los caballos, a los que antes no conocían, y los cañones, que disparó ante ellos haciéndoles creer que eran los productores de trueno y del rayo que mata. Tan sumisos quedaron los indios, que enviaron diversos presentes a Cortés para congraciarse con él, entre ellos a varias doncellas que mantenían prisioneras y tomadas a otras tribus; entre ellas iba la muy sufrida Malintzin.

Ésta era la hija única de un acaudalado cacique mexicano, que murió siendo pequeña Malintzin. Su madre casó de nuevo, y al nacer su medio hermano, empezó para la niña una vida insoportable, por el mal trato a que la sometía su padrastro, que le tomó aversión desde que tuvo un hijo propio. Para deshacerse de ella, sin provocar escándalo, la hicieron pasar por una joven doméstica que muriera al servicio de la casa, a la que hicieron suntuosos funerales, haciendo creer a todos que había muerto Malintzin; mientras tanto, ésta era vendida a unos mercaderes de la costa, que la compraron para venderla a su vez como esclava en Xicalanco, Tabasco.

En Tabasco permaneció Malintzin hasta 1519, en que llegó Cortés a esas tierras en son de conquista; era una hermosa joven, que junto con otras 20 fue entregada por el cacique del lugar al conquistador español, para congraciarse con él. La muchacha había aprendido la lengua de la región a la perfección, por lo cual fue muy útil a Cortés, con quien iba ya Jerónimo de Aguilar, que hablaba el maya, con lo cual pudo entender a los indios de esas comarcas y a los mismos mexica. Las indias fueron repartidas entre los capitanes de Cortés, tocando Malintzin, a quienes los españoles llamaron La Malinche primero, y luego bautizaron con el nombre de doña Marina, al capitán Alonso Portocarrero.

Sin embargo, al enterarse Cortés de lo útil que era Malintzin, la reclamó para sí y desde entonces fue su inseparable compañera, dándole un hijo, que fue el primer mestizo de español e indio, entre los nobles, a quien se llamó don Martín Cortés, y que más tarde habría de jugar importante papel en la primera conspiración que hubo en México para liberar a la Nueva España de la madre patria, la de los hermanos González de Ávila. Doña Marina fue sumamente útil a Cortés, por su inteligencia, sagacidad, valor, fidelidad y perfecto conocimiento de las costumbres y lenguas de los pueblos maya, costeños del Golfo y mexicano.

Cuando doña Catalina Xuárez, esposa de Cortés, llegó de Cuba a la ciudad de México, siguiendo a su marido, Cortés tuvo que separarse de doña Marina, para lo cual la obligó a casarse con el capitán Juan Jaramillo, quien algunos años después regresó a España, llevándose consigo a la india, que fue en Europa motivo de gran curiosidad y respeto, mereciendo atenciones de las mejores familias españolas. Allá murió, en España, en fecha y lugar que hasta la fecha se ignoran.

XICOTÉNCATL
[-1521]
Capitán tlaxcalteca

Xicoténcatl Axayacatzin o "El Joven", nació en la ciudad de Tlaxcala; hijo del capitán general del ejército tlaxcalteca, Xicoténcatl Huehuetl o "El Viejo", en fecha que se ignora. En 1519 era ya un joven aguerrido y resuelto, que junto con su padre se opuso a que los españoles de Hernán Cortés pasaran por tierras tlaxcaltecas, a la conquista de Tenochtitlán. Su padre era ya entonces de avanzada edad, senador de la República de Tlaxcala, tributaria del imperio azteca de Moctezuma II, y de una inteligencia clara y filosófica. El viejo estuvo en desacuerdo con los demás senadores, que considerándose sojuzgados por Moctezuma, veían en la ayuda que dieran a los españoles para dominar al imperio azteca, una manera de salvarse del yugo que los mexica les habían impuesto.

Xicoténcatl El Viejo sabía que su pueblo pasaría así, dando ayuda al poderoso extranjero, sólo de un suave yugo, el azteca, a otro desconocido, el español, que podría ser aún peor. Por ello optó, con el grupo que le fue adicto, por prohibir a los españoles el paso por tierras tlaxcaltecas, y entregó el mando del ejército a su hijo, Xicoténcatl Axayacatzin. El 5 de septiembre de 1519, el joven Xicoténcatl, al frente del poderoso ejército tlaxcalteca, se opuso al paso de los españoles por un sitio cercano a la ciudad de Tlaxcala. Sus soldados forzaron, en enconada lucha, las trincheras españolas, para luchar cuerpo a cuerpo con los invasores, y por un momento se creyó que la victoria sería de ellos.

Pero por la noche de ese día se retiraron del campo de batalla, asustados por las nuevas armas españolas y sus caballos, los capitanes aliados de los tlaxcaltecas, de los vecinos señoríos de Ocoteculco y Tepetiopac; y al día siguiente, los tlaxcaltecas solos no pudieron resistir ya la nueva embestida de los españoles, a quienes auxiliaban los zempoaltecas y totonacos, viéndose obligados a parlamentar con Cortés. El Senado de Tlaxcala aceptó alojar a los españoles en su ciudad, y aliarse con ellos, proporcionándoles hombres, vituallas y armas, para proseguir su viaje hacia Tenochtitlán, cooperando a la toma de la gran ciudad imperial.

Xicoténcatl El Joven recibió órdenes entonces, del propio Senado, de que al frente de su ejército acompañara a Cortés, en su expedición hacia Tenochtitlán, mientras Cortés fue alojado en el palacio mismo de Xicoténcatl El Viejo, donde el conquistador estableció su cuartel general, durante ese mes de septiembre de 1519. El senador tlaxcalteca se sometió desde entonces, impotente ya para luchar contra ningún enemigo; en 1522 el padre Juan Díaz lo bautizó, con el nombre de Vicente, el cual murió poco después. Pero su hijo, indomable, preparó un plan de rebeldía.

Al frente del ejército tlaxcalteca acompañó, como le habían ordenado, a Cortés en su viaje a la ciudad de México; pero se propuso no colaborar con el conquistador hispano. Éste, sin embargo, se dio cuenta de su actitud, y en abril de 1521 le retiró el mando de su gente, asentándose en Texcoco, donde estableció su cuartel, para dirigir desde allí la invasión de Tenochtitlán. Cortés dividió sus fuerzas en tres columnas, de las cuales entregó el mando de una a Pedro de Alvarado, de otra a Cristóbal de Olid y de la tercera a Gonzalo de Sandoval, guardándose él el mando de la armada o flotilla de 13 bergantines, cada uno con un capitán y 13 soldados, además de los marinos que los condujeran.

En esos días desertó de Texcoco el joven Xicoténcatl, que no quería luchar como aliado de los conquistadores españoles, aun habiendo sido sojuzgado su pueblo por los mexica, por lo que tampoco quiso presentarse a Cuauhtémoc para ofrecerle sus servicios. Al saber de la huída del general tlaxcalteca, Cortés mandó en su persecución al oficial Alonso de Ojeda, quien le dio alcance a principios de mayo, haciéndolo prisionero, para ahorcarlo en un árbol.

MOCTEZUMA XOCOYOTZIN
[1475-1520]
Emperador azteca

Nació en 1475 en la ciudad de México, como hijo del rey Axayácatl, siendo sobrino de otros dos reyes mexicas, Tizóc y Ahuízotl. Fue un joven valiente y sabio, que había alcanzado ya la más elevada graduación militar que se podía tener, y la más alta calidad religiosa, pues era general y sumo sacerdote o teotecuhtli, cuando en el año de 1502, contando 27 de edad, fue coronado rey de Tenochtitlán, a la muerte de su tío Ahuízotl. Las ciencias y las artes le eran familiares y, como religioso, era también supersticioso en grado sumo. Enérgico e inflexible, al subir al trono se convirtió en soberbio, despótico y megalómano.

La distancia que separaba al emperador de sus súbditos, dentro del pueblo azteca, creció durante el reinado de Moctezuma Xocoyotzin, padeciendo con ello la unidad de la nación, la paz verdadera, que es siempre la unidad entre pueblo y gobierno. Adoptó el segundo nombre de Xocoyotzin, que significa "El Joven", para distinguirse de su antecesor, el rey Moctezuma Ilhuicamina, que significa "Flechador de luceros", y a quien se llama también "El Viejo". Fiado en las buenas dotes de su hermano Cuitláhuac, lo nombró jefe de la casta guerrera, encomendándole las nuevas conquistas que habrían de engrandecer su imperio, el sofocamiento de las continuas rebeliones y la recolección de los nuevos tributos.

Desde que ocupó el trono, Moctezuma II dispuso que el personal plebeyo de la administración pública fuera sustituido con gente de sangre noble, y que los de esta casta radicaran siempre en la capital del imperio o tuvieran en ella un representante permanente, con lo cual dio inusitado esplendor a su corte. En lo relativo a las audiencias, dispuso que subsistieran los requisitos establecidos en tiempos de Moctezuma I, y que consistían en que toda persona que se presentase ante el rey fuera descalza, con sencillas ropas y en actitud humilde; debería inclinarse profundamente ante él, para no verle de frente el augusto rostro, "como no es posible mirar de frente al Quinto Sol, que era él mismo", según decía.

Todos deberían llamarlo Señor, Señor Mío y Gran Señor, o sea Tlatoani, Notlatoani y Hueitlatoani. Al abandonar la sala de audiencias, que era tan grande que cabrían en ella 500 jinetes con sus caballos, según calculó Cortés más tarde, deberían retirarse los visitantes y la servidumbre caminando hacia atrás, para no darle la espalda, lo cual era grave desacato. Por otra parte, siguiendo el ejemplo de sus predecesores y aventajándolos en numerosos aspectos, Moctezuma II hizo magníficos palacios, creó museos, entre ellos el de fieras, aves y animales de Chapultepec; estableció casas de comunidad para los forasteros que llegaban a Tenochtitlán, o sean los primeros hoteles; y un jardín botánico en Oaxtepec, Morelos, cuando aún no había jardines botánicos en Europa, según cuentan las crónicas.

Construyó un cómodo asilo en la isla de Culhuacán, para los guerreros inválidos y los que envejecían al servicio del gobierno; mandó hacer casetas en las sierras y los bosques, para recoger allí los animales destinados a sus museos. En 1506 construyó el templo de Centeotl y en 1508 el de Zomolli; en 1510 el de Tlamatzinco, juntamente con el de Quixicalco; y en 1519 el de Coatlán. Toda su vida era de extraordinario lujo: le servían 300 jóvenes nobles, de ambos sexos; sus comidas consistían en delicados manjares, que escogía entre 300 que le presentaban diariamente; usaba ropas finísimas, que se ponía una sola vez, regalándolas luego; comía en vajilla de oro y plata, y a su mesa llegaba diariamente pescado cogido el mismo día de las playas del Golfo o del Océano Pacífico.

Murió el 28 de octubre de 1520, víctima al parecer de una pedrada que le fue disparada (se dice que por su sobrino Cuauhtémoc), cuando desde la terraza de su palacio arengaba al pueblo, para que se sometiera a Cortés y los españoles que lo mantenían en rehenes, ante el pueblo azteca en armas y sublevado contra ellos, guiado por Cuauhtémoc para que no se sometiera.

CUITLÁHUAC
[1476-1520]
Penúltimo emperador azteca

Nació en 1476 en la Gran Tenochtitlán, como hijo de Axayácatl, sexto rey de México y hermano menor de Moctezuma II, del cual fue también suegro, pues una hija suya se casó con él. Al tomar posesión Moctezuma II, del trono en 1502, como no era guerrero entregó la jefatura de sus ejércitos a su hermano Cuitláhuac, fiado en su gran pericia militar, mientras que el emperador se dedicaba a embellecer la gran ciudad de Tenochtitlán, sus palacios y jardines, y a disfrutar de una rica y ostentosa vida. Moctezuma murió el 29 de junio de 1520, estando la ciudad en parte en poder de los españoles, por haberlos recibido el mismo rey.

En la tarde de ese mismo día en que muriera Moctezuma, fue llamado para sucederle en el trono Cuitláhuac, tecutli o señor de Ixtapalapa, asumiendo su primo Cuauhtémoc la jefatura de los ejércitos mexica. Al mes siguiente, el 8 de julio, ambos primos infligieron a Cortés una gran derrota, al destrozar a sus tropas que huían de Tenochtitlán, por no aguantar el asedio de la ciudad. Cuitláhuac y Cuauhtémoc salieron en persecución de los españoles que huían, dejándolos en paz cuando llegaron al pueblo tlaxcalteca de Hueyotlípan, regresando a la devastada ciudad.

Allí se ocuparon en mandar limpiar las calles, quemar los cadáveres, desasolvar los canales llenos de escombros y emprender las obras de reparación y de defensa requeridas. Cuitláhuac fue coronado el 17 de septiembre, con sencilla ceremonia, y siguió la vida un poco normal de la gran Tenochtitlán, hasta que, llegado el mes de diciembre, se desató una epidemia de viruela. Esa enfermedad, que trajera a Tenochtitlán un soldado enfermo, de Pánfilo de Narváez, atacó al infortunado monarca, que murió el 5 de diciembre de 1520, a los 44 años de edad.

CUAUHTÉMOC

[1502-1525]

Último emperador azteca

Nació en 1502 en la Gran Tenochtitlán, como hijo del emperador Ahuízotl y de la princesa de Tlatelolco, Tilalcápatl. Recibió la educación guerrera de los príncipes aztecas, por lo que a los 18 años de edad era ya pontífice del culto particular de Huitzilipochtli, guerrero de la encumbrada clase Águila, tecutli o señor de Tlatelolco y, después de que Cuitláhuac fue elevado al trono, jefe de la casta guerrera del imperio mexica. El 29 de junio de 1520 murió Moctezuma II, el emperador azteca, y Cuitláhuac fue elevado al trono, frente a la invasión española de su imperio. Cuauhtémoc pasó a ocupar la jefatura de los ejércitos mexica, que dejara Cuitláhuac al aceptar el trono, y con tal puesto combatió a Hernán Cortés y sus huestes, hasta el 5 de diciembre del mismo año, en que Cuitláhuac, su primo, muriera, víctima de la epidemia de viruela.

El 6 de diciembre de 1520 fue elegido Cuauhtémoc, como sucesor de Cuitláhuac en el trono de Tenochtitlán, puesto que asumió casi sin ceremonia alguna, en vista de la guerra que sostenían contra los españoles; y siguió trabajando en fortalecer la defensa de la ciudad y en prepararse para reprimir el ataque que Cortés preparaba contra ella. Cortés llegó a Texcoco, repuesto ya de su anterior desastre, el 31 de diciembre de 1520, y estableció su base de operaciones contra Tenochtitlán. Tenía 590 soldados españoles, millares de aliados indígenas, 40 caballos y 8 cañones, y esperaba a los 13 bergantines que construían para él en Tlaxcala, y que le remitieron el 27 de enero del año siguiente.

Desde esa fecha, inició diversos ataques por varios puntos vulnerables de la Gran Tenochtitlán, que fueron siempre rechazados por los mexicanos, hábilmente dirigidos en los combates principales por Cuauhtémoc. El 1º de marzo de 1521, fue coronado emperador, sin gran ostentación, para lo cual tuvo que casarse, por tradición, con su prima hermana, la niña Teucipoh, y recibió la diadema del mando de manos del gran sacerdote Atlacótzin. Dos veces rechazó los mensajes de entendimiento que Cortés le enviara, pues siempre prefirió seguir luchando, hasta la muerte, que rendirse sin honor al enemigo de su patria.

La gran ciudad de Tenochtitlán, capital de su imperio, estuvo rodeada y sitiada por las fuerzas españolas y sus aliados indígenas, desde enero de 1521 hasta el 13 de agosto siguiente, por lo que en tan largo y oneroso sitio, el pueblo encerrado sufrió lo indecible: hambre, sed, pestes, ataques periódicos y sistemáticos del enemigo y todas las calamidades de la guerra. En mayo, por Tlacopan e Ixtapalapa entraron a la ciudad los españoles; pero nuevamente fueron desalojados por Cuauhtémoc. El 9 de junio atacó otra vez Cortés, llegando hasta el centro de Tenochtitlán.

Tomó en esa excusión Cortés el templo mayor o Gran Teocalli, para perderlo luego y tener que replegarse otra vez hacia sus antiguas posiciones. Cuauhtémoc se hizo fuerte en el Tianquiztli o mercado de Tlatelolco, que era un sólido edificio, y fue atacado el 24 de julio por los españoles, que eran ya dueños de las tres cuartas partes de la ciudad. El mercado fue tomado por Cortés el 28 de ese mes; pero fue hasta el 13 de agosto siguiente, de 1521, cuando se decidió la contienda. Ese día por la tarde, los aztecas resistieron el último ataque de sus enemigos, siendo vencidos.

Cuauhtémoc y su esposa Teucipoh, el gran sacerdote Atlacótzin, el rey Coanacoch de Coyoacán, el rey Tetlepanquetzal de Tlacopan y otros altos personajes, trataron de huir en unas canoas; pero fueron aprehendidos por el capitán español Juan García de Olguín, y llevados ante Cortés. Todos fueron puestos en prisión, Cuauhtémoc y los dos reyes atormentados más tarde, pues les quemaron los pies para que dijeran dónde habían escondido los tesoros reales. Cuauhtémoc per-

maneció en prisión durante varios años, hasta que en
la expedición que Cortés hiciera hacia las Hibueras,
en 1525, fue ahorcado en el camino a Centroamérica, en
Izancánac, Tabasco, el 5 de marzo de 1525, siendo sus
restos sepultados en Ixcateopan.

LA COLONIZACIÓN

PÁNFILO DE NARVÁEZ
[1470-1528]
Conquistador español

Nació en 1470 en Valladolid, España; pasó a la América en 1511, acompañando a Diego Velázquez, a quien ayudó en la conquista de Cuba. En 1520, el mismo Velázquez encomendó a Narváez la expedición punitiva que enviara contra Cortés, a tierras mexicanas, para someterlo, en vista de que Cortés había hecho el viaje sin su consentimiento y se sustraía a su autoridad. A principios de marzo de ese año, Narváez desembarcó en las costas mexicanas y dio por fundada una villa, nombrando alcalde, regidores y demás cargos municipales. Se le unieron cuatro soldados descontentos de Cortés y recibió de Moctezuma una embajada, con presentes, pues el emperador azteca esperaba que alguien le ayudara a combatirlo.

En lugar de marchar inmediatamente a México, donde hubiera sido recibido como salvador por Moctezuma, Narváez perdió el tiempo enviando una embajada a Veracruz, para someter a Gonzalo de Sandoval. Cortés a su vez le mandó una embajada, para apercibirle de que si no abandonaba las tierras ya conquistadas por él para el rey de España, él mismo iría con sus tropas a arrojarlo. Narváez no hizo caso de tal intimidación de Cortés y marchó a Cempoala; tardó un mes en tal marcha, siendo entonces cuando Cortés se dispuso a ir contra él, para lo cual dejó a Pedro de Alvarado encargado del mando en la Gran Tenochtitlán.

El 28 de mayo acampó Cortés con su ejército, a orillas del río Chachalaca, cerca de Cempoala; Narváez salió de esa ciudad y escogió sitio para dar la batalla. Ya muy avanzada la noche, Cortés atacó por sorpresa al enemigo, que fue derrotado y quedó prisionero el propio Narváez, el 29 de mayo. Cortés incorporó a los vencidos a su ejército, sus armamentos y caballos, con lo cual pudo acabar de dominar más tarde a México; mientras que Narváez fue enviado preso a Veracruz, donde permaneció por algunos años, siendo custodiado por Gonzalo de Sandoval.

En julio de 1523, llegó a la Nueva España el gobernador de Jamaica, Francisco de Garay, quien creía tener derecho a la región del Pánuco, por haber enviado una expedición a esa región, aun antes de que Cortés iniciara la conquista de México. Con él llegó la esposa de Narváez, y ambos solicitaron la libertad de aquél, que quedó en el país y marchó hacia el Pánuco, sin que se supiera de él por algún tiempo. En febrero de 1529, Cortés fue sujetado a juicio por la Audiencia de la Nueva España, que atendió las numerosas quejas que había en contra del conquistador, entre ellas, como una de las principales, la acusación que le hacían sus parientes.

María Marcayda y Juan Xuárez, madre y hermana de Catalina Xuárez, la mujer de Cortés, que había muerto, acusaban al conquistador de que él mismo le había dado muerte; el licenciado Hernando de Ceballos, apoderado de Pánfilo de Narváez, le reclamaba los bienes que a éste había quitado al combatirlo y derrotarlo. Ceballos traía poder de María de Valensuela, mujer de Pánfilo de Narváez, para recoger los bienes de éste, a quien se daba por perdido o muerto en el río de Las Palmas. Ceballos acusó a Cortés de traidor, alevoso, homicida y saqueador, y la Audiencia dictó sentencia en contra de Cortés, quien más tarde triunfó a su vez en España.

Narváez, a quien se creía perdido o muerto, apareció en España, y el 17 de noviembre de 1526 consiguió del rey la autorización para descubrir, conquistar y poblar el territorio comprendido desde el río de Las Palmas, llamado hoy Soto la Marina, hasta La Florida. Su expedición salió a esos lugares el 17 de junio de 1527, desde San Lucas de Barrameda, llevando como tesorero y alguacil mayor a Álvar Núñez Cabeza de Vaca. El viaje fue accidentado, hasta que llegaron a La Florida, donde desembarcaron, abandonando los navíos para emprender el viaje por tierra. Sufrieron hambre, sed y los continuos ataques de los naturales; a principios del año 1528, se embarcaron en unas canoas para salir de esa tierra inhóspita, habiendo naufragado algunas de ellas, la de Pánfilo de Narváez también, quien encontró la muerte ahogado en las aguas de La Florida.

ÁLVAR NÚÑEZ CABEZA DE VACA
[1490-1557]
Explorador español

Nació en 1490 en Jerez de la Frontera, España; en 1526 hizo el viaje a la Nueva España, como segundo en el mando de la expedición que el capitán Pánfilo de Narváez hiciera para descubrir y explorar a La Florida. Acompañó a éste en su expedición, que empezara en 1527, desde San Lucas de Barrameda, hasta que en 1528 muriera Narváez, al naufragar en una canoa y ahogarse. Álvar Núñez Cabeza de Vaca pudo salvarse, con algunos soldados y marinos, en una isla de las costas de Texas, donde los españoles quedaron cautivos de los indios; pero habiendo construido a escondidas unas canoas, pudo huir de la isla, con algunos de los cautivos, naufragando otra vez, más adelante, en las costas texanas.

Acompañado solamente de tres exploradores: Andrés Dorantes, Alonso del Castillo y el negro Estebanico, un muchacho moro, se internó por las tierras del Continente Americano, con la esperanza de llegar a las tierras colonizadas por los españoles, al norte de México. Decidieron los exploradores, casi desnudos y alimentándose de las hierbas que encontraban por el camino, y algún animal que capturaban, caminar siempre hacia el occidente, y así atravesaron América, desde la desembocadura del río Mississippi hasta Sinaloa, pasando por Texas, Chihuahua y Sonora. Cabeza de Vaca llevaba siempre un bordón, formado por dos varas colocadas en forma de cruz, y colgando de la cintura el "guaje" con el agua de tomar.

Para congraciarse con los indios, conservar la vida y conseguir alimentos, decidieron ejercer la medicina, una especie de ciencia cristiana improvisada, hija de la desesperación y de la fe. Curaban a los indios santiguándolos y bendiciéndolos, y dándoles a beber cocimientos de hierbas. Y como algunos sanaran, corrió la fama entre las tribus, de que hechiceros blancos curaban poniendo sus manos sobre los enfermos, que de todos los rumbos de las amplias llanuras que atravesaban llegaban indios enfermos, con presentes que no sabían dónde guardar: carne de venado, pieles y frutas diversas, para saciar sus necesidades.

De esas increíbles aventuras entre bosques y montes, ríos y pantanos, con tribus extrañas de indios que comían hormigas, araña gusanos y lagartijas, y practicaban pintorescas costumbres, habría de escribir más tarde, Cabeza de Vaca, un maravilloso libro de aventuras, que tituló *Relación de los naufragios y comentarios*. Al final de tan largo viaje, que duró de 1533 a 1534, Nuño de Guzmán los recogió de Sinaloa y los remitió a México, atados en collera. Los fantásticos relatos que hicieron de su odisea, encendió en otros el deseo de explorar tierras norteñas, en busca sobre todo de los fabulosos pueblos de oro que Estebanico afirmaba haber visto, y que llamaba las Siete Ciudades de Cíbola, reino de los bisontes.

Núñez Cabeza de Vaca fue nombrado, en 1540, gobernador del Río de la Plata, con cabecera en Asunción, Paraguay, a donde llegó en 1542, después de realizar otra odisea, al atravesar el sur del Brasil. Hizo algunas expediciones a Bolivia, y en 1545 fue arrestado, por acusaciones que había en su contra, y enviado a España, de donde se le remitió al África, en forzoso destierro que duró ocho años. En ese destierro es donde escribió su famosa obra, el fantástico relato de sus aventuras. De regreso en Sevilla, vivió allí sus últimos años, pues murió en 1557.

SEBASTIÁN DE APARICIO
[1502-1600]
Beato y primer carretero

Nació el 20 de enero de 1502, en la provincia de Galicia, España, siendo sus padres don Juan de Aparicio y doña Teresa de Prado, ambos de familias pobres. Siendo un mozo de 20 años de edad, se trasladó a la Nueva España, radicándose en Puebla de los Ángeles como labrador, primero, y luego como arriero, recorriendo así los caminos de herradura y las antiquísimas veredas indias, abiertas en selvas, montes y llanuras para comunicar las regiones y las poblaciones. Ante las dificultades que por la falta de buenos caminos presentaba su negocio, pensó hacer caminos carreteros, como los había en Europa, y hacer correr sobre ellos los primeros carruajes; entonces destinó parte de las ganancias que había acumulado en su negocio, a abrir el camino de México a Puebla, y de Puebla a Veracruz, que fue el primer camino que existió, para carros, en Nueva España.

Entonces construyó con sus propias manos una carreta, haciendo también la primera rueda y el primer carro de transporte, que hizo rodar por los caminos de tierra que abriera, para el mejor transporte de las mercaderías. Bajo la dirección de Aparicio, un antiguo soldado conquistador, carpintero de oficio, labró la madera con la cual se hizo ese vehículo, y Aparicio se puso a domar novillos, para unirlos a su carreta. Fue así el primer carretero de este oficio en América, y el primer constructor de caminos, y por la doma de los novillos, el primer charro mexicano.

Pero si para hacer el camino a Veracruz, se limitó a ensanchar la antigua traza caminera que existía ya, en 1542 abrió un nuevo camino, desde la ciudad de México hasta la de Zacatecas, para llevar en carromatos los minerales que antes se transportaban a lomo de mulas, y las barras de plata de las conductas mineras. La ruta a Zacatecas estaba plagada de indios chichimecas, "indóciles y feroces", para quienes Aparicio fue un padre cariñoso, por lo que lo dejaron transitar la ruta. De Zacatecas conducía a México barras de plata para su laboreo y acuñación; y de México llevaba a Zacatecas y puntos intermedios mercaderías y semillas. Diez años estuvo en esos menesteres el santo carretero de América.

Sebastián de Aparicio fue casado y enviudó; fue agricultor, navegante, arriero, carretero; volvió a casarse y a enviudar; cuando esto sucedió, a los 72 años de edad, en 1574, tomó el hábito de hermano lego de la Orden de San Francisco, el 13 de junio de ese año. En el convento se dedicó, con humildad suma, a realizar los más humildes menesteres, y por devoción, obediencia y humildad, fue cobrando fama de santidad. Murió a los 98 años de edad, el 25 de febrero de 1600, en olor de santidad. Dos veces fue desenterrado su cuerpo, años después de muerto, y en las dos ocasiones apareció su cadáver incorrupto.

El papa Pío VII beatificó a Sebastián de Aparicio, en mayo de 1789, y es lugar venerado aquel en que murió, en Tecali, Puebla, donde estuvo comisionado por su convento de San Francisco de México, en los últimos años de su vida, que fue intensamente laboriosa y pródiga en dones.

FRAY PEDRO DE GANTE
[1486-1572]
Primer educador de América

Nació el 13 de junio de 1486 en Ayghem-Saint Pierre, suburbio de la ciudad de Gante, en el seno de una familia noble, emparentada con dos monarcas: Carlos V y Felipe II. Estudió en la Universidad Católica de Lovaina; pero no obstante su elevada alcurnia y esmerada educación, abandonó los placeres de las cortes europeas y se hizo lego franciscano, para no pasar en toda su vida de esa jerarquía eclesiástica, porque prefirió dedicarse en América a la enseñanza de los indios.

Juntamente con otros dos flamencos: fray Juan de Tecto (du Tect) y fray Juan de Ayora o de Aora, fray Pedro de Gante pidió permiso al rey para pasar a la Nueva España a evangelizar a los indios. Concedido tal permiso, en la misma flota que condujo a Carlos V a Inglaterra, los tres franciscanos se embarcaron en 1522, para llegar a Veracruz el 23 de agosto de 1523. Allí permanecieron algún tiempo, pues hasta el año siguiente llegaron a la ciudad de México, en donde se dedicaron a aprender la lergua de los indios, para predicarles en su propio idioma.

Tendría ya fray Pedro de Gante algo más de 40 años, cuando lo adoptó la patria mexicana. Había vivido su infancia y su juventud en su nativa Bélgica, y ya tenía 35 años cuando pasó a España, formando parte del séquito del rey Carlos I, que sería luego el emperador Carlos V. En España conoció a fray Bartolomé de las Casas, encendido de amor por los indios de América, y oyéndolo hablar de sus correrías por las tierras de Nueva España, se inflamó su corazón de deseos de conquistar también él algunas almas para Dios, por lo que se hizo lego franciscano.

En 1523 salió, pues, del convento de Gante para ir a las tierras de América. Después de una corta estancia en la capital de la Colonia de Nueva España, se estableció en Texcoco, con sus dos compañeros flamencos. Entre los tres compusieron una gramática de la lengua náhuatl, a la cual trasladaron el catecismo cristiano. Pronto se vio privado de la compañía de sus dos amigos, pues Cortés se los llevó en 1525 con él a Las Hibueras, de donde jamás volvieron porque murieron por allá. Fray Pedro de Gante construyó en Texcoco una iglesia, y junto a ella unos dormitorios para los indígenas que adoctrinaba y enseñaba, que no eran muchos.

En 1526 se trasladó a la ciudad de México, para atender las necesidades espirituales y culturales de los naturales, que no contaban en sus barrios con nada que los educara. Para ello hizo construir en los barrios de indios más populosos, capillas como la de Santa María la Redonda, San Juan de Letrán, San Pablo y San Sebastián. A un costado del templo de San Francisco, hizo también que se construyera una capilla que llamó de San José de los Naturales; y a espaldas de ella levantó un colegio para indígenas, que sería la primera escuela de América, a cuyo cuidado habría de dedicar los siguientes 50 años de su larga vida.

En ese colegio enseñaba a los indios canto gregoriano, manejo del órgano, pintura y artes manuales y a más de latín, música y canto, les enseñaba a construir sus instrumentos musicales y los oficios de escultores, talladores, canteros, pintores, bordadores, sastres, carpinteros y zapateros, amén de lauderos y ebanistas. Pero no se conformó con tan grande obra, ya que fundó enseguida colegios para mujeres, en los que se enseñaba a hacer tejidos, bordados y los menesteres de casa. Estableció también un hospital, que se llamó Hospital Real. No descuidaba naturalmente, en todos esos colegios y centros públicos, la enseñanza religiosa.

Fray Pedro de Gante logró que el monarca, su pariente, Carlos V, dictara nuevas leyes para hacer cesar la esclavitud de los indios, a los que tanto amó y a quienes entendió tan bien. Peeter van der Moere, que era su nombre original, murió el 19 de abril de 1572, siendo enterrado en el convento de San Francisco de la ciudad de México, donde moraba.

FRAY MARTÍN DE VALENCIA

[1473-1534]

Misionero español

Nació en 1473 en la villa de Valencia de don Juan, en Tierra de Campos, España. Tomó el hábito franciscano en un convento de Mayorga; fue prior del convento de Santa María, con el cual y seis más formó la Custodia de San Gabriel, que en 1516 fue reconocida por el Vaticano. En 1523, el rey Carlos V, atendiendo una solicitud hecha por Hernán Cortés para que le fueran enviados misioneros que evangelizaran a los indios de las tierras que iba conquistando en América, nombró a fray Martín de Valencia jefe de una misión religiosa, que habría de salir hacia la Nueva España.

Fray Martín escogió a once frailes franciscanos, con los que se embarcó hacia México, a cuyas playas llegó en 1524, formando el grupo de los doce primeros misioneros que llegaron a Nueva España, semejantes a los doce apóstoles de Cristo. Desde San Juan de Ulúa, donde llegó, siguió hasta la antigua Tenochtitlán, donde estableció el primer convento y centro de acción educativa y religiosa. Durante diez años se dedicó a enseñar y ayudar a los nativos del Valle de México, y no obstante su avanzada edad, se puso a estudiar la lengua indígena, para poder entender mejor a los indios y transmitirles sus conocimientos, mientras viajaba entre ellos.

Incansable viajero, visitaba las regiones del Valle en donde había indios, ya concentrados o sueltos, y se cuenta que "en el zurroncillo en que cargaba el material de su ministerio, llevaba siempre un silabario para enseñar a los indios desde el *abecé*, hasta leer de corrido romance y latín", amén de otras cosas útiles. Convencido de la opresión en que vivían los naturales, firmó la carta que fray Jacobo de Testera dirigió a la Corte, declarando que los aborígenes de América eran seres racionales, que deberían ser tratados humanamente. Murió en el pueblo de Ayotzinco, cerca de Tlalmanalco, el 21 de marzo de 1534, en la cueva donde acostumbraba morar, en esa región, para adoctrinar a los indios. Su cuerpo incorrupto se conserva en el Sacromonte, corriendo fama de santidad.

FRAY TORIBIO DE BENAVENTE
[-1568]
Misionero e historiador

Nació en la villa de Benavente, de la provincia de Zamora, España, por lo que adoptó ese nombre al profesar como fraile franciscano. Su verdadero nombre era el de Toribio Paredes, y vistió el hábito de la seráfica Orden de San Francisco, en la provincia de Santiago. En 1524 pasó a la Nueva España, con los primeros religiosos franciscanos que acompañaron a fray Martín de Valencia para evangelizar a los indios; habiéndo desembarcado en Veracruz, emprendieron a pie y descalzos el camino hasta la ciudad de México. Al llegar a Tlaxcala, en un día de mercado, los indios fueron tras ellos, dando voces de "¡Motolinia! ¡Motolinia!", lo cual en lengua mexicana significa: "¡Mira qué pobres!", porque llevaban los hábitos rotos e iban descalzos. Benavente adoptó entonces ese nombre.

"Éste es el primer vocablo que sé de esta lengua y, para que no se me olvide, éste será de aquí en adelante mi nombre". Y así fue, pues desde entonces fray Toribio de Benavente fue para todos Motolinia; haciende honor a tal nombre evangelizó a los indios en pobreza, dándoles aun lo que recibía para su propio sustento. Infatigable y ardiente fue su vida en la Nueva España, y en la ciudad de México quedó de guardián, al lado de fray Martín de Valencia, en 1525, año en que Hernán Cortés partió a Las Hibueras. Fue además un escritor constante.

En sus cartas a España denunció también, como Las Casas, muchos de los actos violentos de los conquistadores y encomenderos, al grado de que en 1529 llegó a decir a las autoridades civiles españolas: "Si nosotros no defendiésemos a los indios, ya vosotros no tendríais quien os sirviese". Pero se opuso a la violencia empleada por el padre Las Casas para acabar con la violencia misma, por lo cual se concitó el odio del obispo de Chiapas. Siendo guardián del convento de Huejotzingo, en abril de ese año, dio asilo a los principales caciques indios, con sus mujeres e hijos, para impedir que se les apresase por orden de la Audiencia, por lo que fue víctima de la calumnia, pues se le acusó de tramar, de acuerdo con los indios, conspiraciones contra España y sus autoridades en América.

Por otra parte, siendo incansable evangelizador, su tarea apostólica lo llevó por muchas partes, llegando a Guatemala, Nicaragua y Yucatán, predicando en cada pueblo, diciendo misas, enseñando y bautizando sin descanso. Fundó conventos, entre otros el de Atlixco, y tomó parte destacada en la fundación de la ciudad de Puebla, a la que él mismo apellidó De los Ángeles. Tomó parte en el trazo de la ciudad de Puebla, en la cual dijo la primera misa, el 16 de abril de 1530. Fue además el sexto provincial de su Orden en la Nueva España, y guardián de Texcoco y de Tlaxcala.

Se dice que de los misioneros, fray Toribio fue el que "anduvo más tierra"; y es también uno de los que más escribió, tanto, que ha sido difícil formular su biografía completa enumerándose como obras suyas: *Guerra de los indios de Nueva España, Camino del espíritu, Tratados de materias espirituales y devotas, Doctrina cristiana en lengua mexicana, Venida de los doce primeros padres y lo que llegados acá hicieron, Memoriales, Historia de los indios de Nueva España, Carta de fray Toribio de Motolinia y fray Diego de Olarte a don Luis de Velasco, Carta al emperador Carlos V e Historia de los indios de la Nueva España*, considerada como su obra más importante.

Esa obra es la historia más antigua que fuera escrita acerca de la Nueva España, en tres partes: de ritos y costumbres indígenas; de fiestas cristianas, y de cronología y astronomía indias. Dicha *Historia* es veraz y prudente, y por primera vez fue publicada, incompleta, por lord Kingsbourough, en 1848, y más tarde, completa ya, por García Icazbalceta. Cargado de años y santidad, Motolonia murió en el convento de San Francisco, de México, donde fue enterrado, el 10 de agosto de 1568.

FRAY JUAN DE ZUMÁRRAGA
[1468-1548]
Primer obispo de México

Nació a fines de 1468, en la villa de Durango, Vizcaya, España. Fueron sus padres don Juan López de Zumárraga y doña Teresa Lares, perteneciente ella a la noble casa de Arránzola y Torre de Moncharraz. Sus generosos padres tenían por costumbre hospedar en su casa a los franciscanos que acudían en demanda de limosnas o en el ejercicio de su ministerio, por lo qué el joven Juan tuvo ocasión de tratarlos y encariñarse con su profesión; por lo que pronto profesó en el convento franciscano del Abrojo. La Custodia del Abrojo se unió a la de Santoyo en 1518, para constituir la Provincia de la Inmaculada Concepción, de la que fue su primer provincial fray Martín de Béjar. Fray Juan de Zumárraga fue electo guardián de ese convento, en el año de 1526, y de allí fue enviado a México.

En los primeros meses del año de 1527, el emperador Carlos V de España fue a Valladolid a pasar los días de Semana Santa, retirándose al convento del Abrojo, donde conoció y apreció personalmente las eminentes virtudes del guardián fray Juan de Zumárraga. Al retirarse poco después del convento, obligó al guardián a aceptar una buena limosna para los frailes, pero supo después que la había empleado el guardián en socorrer a los necesitados de la comarca. Esto acrecentó en el rey el buen concepto que del fraile se había formado, lo cual influyó en los acontecimientos venideros.

Los vecinos de la Nueva España pedían desde hacía tiempo un obispo y aun arzobispo, para la creciente grey católica, entonces Carlos V pensó en complacerlos, pidiendo a Roma que designase a fray Juan de Zumárraga para el cargo. Éste lo rechazó, pero entonces el emperador apeló a la autoridad de su superior, para que le ordenara que aceptara, lo cual se hizo, declarando Zumárraga que aceptaba el cargo por obediencia, "por cruz y por martirio". Tenía entonces 60 años de edad, aunque se mostraba jovial, robusto y despierto. Aparte de la dignidad de obispo, se le nombró Protector de los Indios, para que viera con ellos, según las denuncias que se hacían, los atropellos que en su perjuicio cometían los encomenderos.

El 6 de diciembre de 1528 arribó el padre Zumárraga a la ciudad de México, tras un largo y penoso viaje que iniciara en agosto; llegó enfermo y tuvo que acogerse por algún tiempo en el convento de San Francisco. Lo acompañaron en su largo viaje los religiosos fray Andrés Olmos y fray Juan de Alameda, y en el mismo buque llegaron los miembros de la Audiencia: licenciados Alonso de Parada, Francisco de Maldonado, Juan Ortiz de Matienzo y Diego Delgadillo, quienes más tarde habrían de intrigar en su contra. En 1531, nuevos oidores sustituyeron a aquéllos, que fueron acusados de varias faltas, y Nuño Beltrán de Guzmán fue también procesado.

Para Zumárraga, que se había opuesto a sus desmanes, hubo también castigo, consistente en una cédula de reprensión que se expidió en su perjuicio. Pero lo peor es que le fueron limitadas sus funciones de Protector de los Indios, que habían causado las intrigas en su contra. De tantos sinsabores y amarguras, que lograba atenuar dedicándose con celo a su obispado, vino a sacarlo un sorprendente suceso, acaecido a fines de 1531: la aparición de la Virgen de Guadalupe en el Cerro del Tepeyac, al norte de la ciudad de México, al indio Juan Diego. Zumárraga, cauto, no atendió los primeros mensajes del indio, y aun llegó a pedirle pruebas palpables de la visita de la Señora, según la llamaba el natural. Y éste le llevó entonces, en pleno invierno, rosas frescas en su ayate o tilma, en la cual había quedado grabada la imágen que aún se venera.

Zumárraga tuvo que rendirse a la evidencia, y mandó levantar una capilla en el sitio de las apariciones. Otras muchas obras realizó en su diócesis, como fueron: la de la Iglesia Mayor, que erigió en Catedral; la fundación del Colegio de Santa Cruz de Tlatelolco, para indios nobles; la introducción de la imprenta, a cuya tarea ayudó grandemente; y aún se le atribuyen doce obras escritas, entre ellas varias de Doctrina. Murió el 3 de junio de 1548, siendo sepultado en la iglesia catedral de México.

NUÑO BELTRÁN DE GUZMÁN
[-1544]
Conquistador español

Nació en Guadalajara, en el reino de Toledo, España, en el seno de una familia noble, siendo sus padres Nuño Beltrán de Guzmán y Magdalena de Guzmán, primos carnales. Estudió leyes y se recibió de abogado, pasando de mediana edad a la Nueva España. El 20 de mayo de 1528 desembarcó en Santiesteban, con nombramiento de gobernador de la provincia del Pánuco; pero desde entonces tuvo que luchar contra el disgusto y las acechanzas de los antiguos conquistadores, empezando por Cortés, que no quería que se les restara esa provincia de la Nueva España.

Estando en su puesto, Beltrán de Guzmán fue llamado a México, para hacerse cargo de la presidencia de la primera Audiencia que habría de gobernar a la Nueva España, nombrada en Burgos, el 13 de diciembre de 1527, compuesta de un presidente y cuatro oidores. Éstos serían Juan Ortiz de Matienzo, Diego Delgadillo, Diego Maldonado y Alonso de Parada, que ayudaría a Beltrán de Guzmán a gobernar. Los oidores pasaron a recoger a su presidente, que estaba en Pánuco, y juntos entraron a Tenochtitlán, el 8 de diciembre de 1528, empezando al día siguiente su gobierno, que habría de durar hasta el 9 de enero de 1531.

Los oidores Diego Maldonado y Alonso de Parada llegaron enfermos y murieron diez días después de su llegada, reduciéndose el personal de la Audiencia a sólo tres personajes. Hernán Cortés, el principal rival de Nuño Beltrán de Guzmán, se encontraba en España desde 1528, deshaciendo las intrigas que en su contra se habían urdido, para salir de tal lucha mejor librado que antes, con el título de marqués del Valle de Oaxaca, y de nuevo como capitán general de la Nueva España.

Nuño Beltrán de Guzmán, por su parte, deseando realizar por sí mismo notorias acciones de conquista y colonización, dejó al frente de la Real Audiencia a Juan Ortiz de Matienzo, marchando él, el martes 21 de diciembre de 1529, a conquistar las tierras del Occidente, que se habían mostrado irreductibles hasta entonces. Llevó por capitán de sus huestes a Antonio de Villarroel o Serrano de Cardona, y entre otros oficiales a Pedro Almindez Chirino, quien llegó hasta el río Yaqui. Nuño de Guzmán fue recibido en son de paz por el cacique Zinsicha, de Michoacán, llamado Caltzontzin por los mexicanos; pero Guzmán lo aprehendió y le dio tormento, para obligarlo a que le diera más oro del que le había entregado. Como no lo obtuviera así, porque ya no lo había, el cacique fue arrastrado por un caballo y arrojado a una hoguera.

El 7 de marzo de 1530 impuso el obispo Zumárraga a Guzmán el entredicho eclesiástico, como castigo porque violó la inmunidad de la Iglesia, al sacar del convento de San Francisco, por medios violentos, a un sirviente de Cortés, acusado de graves delitos, y a los eclesiásticos Cristóbal de Angulo y García de Llerena. Sin arredrarse por ello, Guzmán siguió su secuela de violencias y atracos, por tierras de los actuales estados de Jalisco, Nayarit, Sinaloa y Zacatecas, fundando en Sinaloa la ciudad de San Miguel de Culiacán, el 29 de septiembre de 1531.

Regresó a Tepic, y en ese lugar estableció su cuartel general, desde donde envió nuevas expediciones, una para fundar las ciudades de Santiago de Galicia de Compostela y de La Purificación, y otra que llegó hasta Sonora. Uno de sus capitanes, Cristóbal de Oñate, fundó la ciudad de Guadalajara; y la nueva región, que comprendía desde el río Lerma hasta Sonora, recibió el nombre de reino de la Nueva Galicia, con capital en Compostela, que se oponía al reino de la Nueva España. Pero habiendo caído en desgracia, por tantos atropellos y crueldades que cometía, fue procesado y preso durante un año. Para arreglar sus asuntos fue a España y esperando el fallo, la muerte lo sorprendió, en el año de 1544.

FRAY BERNARDINO DE SAHAGÚN
[1500-1590]
Historiador

Su nombre era el de Bernardino Ribeira. Nació en el año de 1500 en la villa de Sahagún, del reino de León, por lo que al profesar como religioso adoptó el nombre con el cual se le conoce. Dicen sus biógrafos que era de gallarda apostura; estudió en Salamanca; muy joven tomó el hábito en el convento de San Francisco de esa vieja ciudad universitaria. En 1529 pasó a la Nueva España, con otros 19 frailes que trajo fray Antonio de Ciudad Rodrigo, consagrándose con ardor y sapiencia al estudio de la lengua mexicana, que empezó a aprender durante la travesía del Océano, con los indios llevados a España y que regresaron en el viaje.

Los primeros años de su residencia los pasó en el convento de Tlalmanalco, de donde emprendió una expedición al Popocatépetl y al Iztaccíhuatl; anduvo por el valle de Puebla y por Michoacán y fue guardián del convento de Xochimilco. En 1536, a poco de fundado el colegio de Santa Cruz de Tlatelolco, fray Bernardino de Sahagún fue encargado de dar la cátedra de latinidad a los jóvenes indígenas nobles que allí se educaban, y continuó impartiéndola hasta 1540. Fue allí donde, al parecer, empezó a escribir su obra histórica, folklórica y documental, aprovechando el trato de los indios nobles y de los ancianos sabios. Lo mismo escribía en español que en mexicano, a los que mezclaba naturalmente el latín.

Evangelizador, filósofo e historiador, escribió temas de esas disciplinas; en el religioso: *Epístolas y evangelios de las domínicas en mexicano, Sermonario, Evangeliarum, Epistolarium et lectionarium, Vida de San Bernardino de Sena, según se escribe en las crónicas de la Orden, Ejercicios cotidianos en lengua mexicana, Manual del cristiano, Doctrina Cristiana en Mexicano, Tratado de las virtudes teologales en mexicano, Libro de la venida de los primeros padres y las pláticas que tuvieron con los sacerdotes de los ídolos, Catecismo de la Doctrina Cristiana,* y varios tratados sueltos de diversas cuestiones.

Publicó también *Pláticas para después del bautismo de los niños, Lumbre espiritual, Bordón espiritual, Regla de los casados, Impedimento del matrimonio, Doctrina para los médicos,* etc. En materia filológica escribió: *Arte de la lengua indígena, Vocabulario trilingüe,* en castellano, latín y mexicano; *Calepino,* etc. Como historiador, produjo su monumental *Historia Ge-*

neral de las Cosas de la Nueva España, prodigioso cuadro de costumbres, creencias y artes de los antiguos mexicanos. Más que una historia propiamente dicha, es una enciclopedia y "tesoro inagotable de noticias" de la raza mexica, según García Icazbalceta.

Dicho libro ocupó gran parte de la vida del padre Sahagún, quien en 1557 se trasladó al pueblo de Tepeopulco, y allí confirmó, modificó y amplió los datos que recogiera en Tlatelolco, con los pormenores recibidos de labios de los ancianos; en su tarea lo ayudaron cuatro estudiantes, que él había enseñado en el colegio de Santa Cruz. En 1560 fue a la ciudad de México, para asistir al capítulo de Orden, y en Tlatelolco reunió a ocho o diez indios principales, "muy hábiles en su lengua y en las cosas de sus antiguallas", y con ellos y sus colegiales trilingües trabajó por más de un año, corrigiendo y adicionando lo escrito en Tepeapulco.

Se trasladó después a su convento de México, y allí corrigió y aumentó todavía algo más lo escrito en sus dos anteriores versiones, formando un tercer manuscrito, que fue terminado en 1569 por sus amanuenses. En 1570 envió un *Sumario de su Historia a España,* y todavía vivió bastantes años en su convento de San Francisco de México, donde murió a muy avanzada edad el 5 de febrero de 1590.

VASCO DE QUIROGA
[1470-1565]
Educador y obispo

Nació el 3 de febrero de 1470 en la villa de Madrigal, Castilla la Vieja, de noble y piadosa familia, originaria de Galicia. Fue protegido de la emperatriz, esposa de Carlos V, quien lo envió a la Nueva España como miembro integrante de la segunda Real Audiencia, que presidía don Sebastián Ramírez de Fuenleal. Había hecho sus estudios en la Universidad de Valladolid, siendo graduado en Derecho en el año de 1530, dedicándose con éxito al ejercicio de su profesión. Ese mismo año, para cumplir con su encargo, salió de Sevilla el 6 de septiembre, para dirigirse con sus demás compañeros de gobierno a la Nueva España, por Veracruz.

Durante su ejercicio, el oidor Vasco de Quiroga se puso a construir con sus propios recursos en el año de 1532, el Hospital de Santa Fe, con un templo, una escuela, un orfanato y una casa de cuna para niños indígenas. Al año siguiente, fue comisionado para que practicara una visita de gobierno al reino purépecha, en donde Nuño Beltrán de Guzmán había asesinado al rey Caltzontzin y cometido innumerables tropelías. Para ello marchó a Tzintzuntzán, capital del reino tarasco, fundó la casa de expósitos de Santa Fe de la Laguna y pacificó la comarca.

Con motivo del éxito de sus gestiones, y en vista de que el fraile agustino Luis de Fuensalida rehusara el cargo de obispo de Michoacán, se le ofreció tal puesto eclesiástico a don Vasco de Quiroga, que lo aceptó, por lo que el abogado tomó posesión del obispado el 22 de agosto de 1538, vistiendo las ropas talares. Emprendió viaje a la ciudad de México, donde el obispo fray Juan de Zumárraga le confirió desde el tonsurado hasta la consagración episcopal, acatando las gracias extraordinarias que de Roma le fueron concedidas a Quiroga, por su ejemplar conducta y dotes.

En los primeros meses de 1539 pasó a regir su obispado en Tzintzuntzán, cambiando la sede del mismo a Pátzcuaro, en 1540. En ese mismo año fundó el primitivo Colegio de San Nicolás Obispo, que 40 años más tarde, en 1580, sería trasladado con la sede episcopal a Valladolid, hoy Morelia, incorporándose al de San Miguel, que desde 1531 existía en Guayangareo, establecido por fray Juan de San Miguel, que dio origen a la Universidad de San Nicolás de Hidalgo o Michoacán. Luego instituyó de manera definitiva el Hospital de Tzintzuntzán y la casa de expósitos de Santa Fe de la Laguna, que fueron sus mejores obras realizadas.

Tanto mejoró a la comarca, que estableció "ricos cofres de comunidad", dotando a cada pueblo de una industria, que a pesar de los siglos transcurridos aún perduran: lacas en Uruapan, curtiduría en Teremendo, muebles e instrumentos musicales en Paracho, deshilados en Aranza, objetos de cobre en Santa Clara, tejidos de lana en Nurío, herrería en San Felipe, alfarería en Patambán, Santa Fe de la Laguna y Capula, bateas en Quiroga. Y lo más hermoso de todo es que él mismo, con sus manos, enseñaba a los indios cada oficio, y con ellos se daba a los trabajos manuales.

Creó también una nueva agricultura; fue él quien llevó a Tzirándaro el cultivo del plátano, e introdujo en la región los ganados equino, lanar y porcino. Para educar a los indios en las bellas artes, llenó de pinturas hermosas iglesias, colegios y hospitales, y aun llegó a importar de Europa cuadros valiosos, entre ellos un Ticiano. Tanto hizo por los indios, y tanto lo querían éstos, que miraban en él a un padre, a un hermano, más que a un funcionario español que los mantuviera sujetos a la corona de España; por lo cual lo llamaban con júbilo "Tata Vasco"; y sin embargo, como Benavente, Quiroga se opuso a los medios violentos que empleaba para combatir las iniquidades de los españoles, el padre fray Bartolomé de las Casas, que ha sido llamado Padre de los Indios.

En el año de 1565, contando ya 95 de edad, don Vasco de Quiroga hizo una visita pastoral a Uruapan, dentro de su Diócesis, y allí murió en la tarde del miércoles 14 de marzo de 1565, siendo su muerte sentida en su obispado, sobre todo por los indios, que lloraron por mucho tiempo.

EL VIRREINATO

ANTONIO DE MENDOZA
[1493-1552]
Primer virrey de Nueva España

Nació en 1493 en España, como el sexto hijo de los ocho que tuvo el segundo conde de Tendilla y primer marqués de Mondéjar, don Íñigo López de Mendoza, en su segundo matrimonio con doña Francisca Pacheco y Portocarrero. Estuvo emparentado con el escritor don Diego Hurtado de Mendoza y con el célebre arzobispo de Sevilla, don Pedro González de Mendoza, todos ellos descendientes del famoso poeta hispano, marqués de Santillana. A la muerte de su padre, ocurrida el 16 de julio de 1516, heredó la encomienda de Secuéllanos, en la hoy provincia de Ciudad Real, y 200,000 maravedís de renta, situados en el lugar y heredamiento de Almayate. Por tal encomienda fue comendador y caballero trece de la Orden de Santiago.

Desde muy joven empezó a servir en la Corte, y a la muerte del Rey Católico fue a Flandes, con varios caballeros, a rendir vasallaje a Carlos V, heredero de la corona española. Volvió a España en 1517 y poco después tomó parte en la lucha de las comunidades de Castilla, distinguiéndose en la acción de Huéscar, peleando por la causa del emperador. Después del triunfo sobre los comuneros, el emperador le confirió una misión diplomática en Hungría. El 17 de abril de 1535 recibió el nombramiento de primer virrey de la Nueva España, por cédula dada en Barcelona, y el de presidente de la Audiencia Real, con un sueldo de 3,000 ducados anuales por cada empleo y 2,000 más para sostener su guardia palaciega.

El 2 de octubre de ese año llegó a Veracruz y el domingo 14 de noviembre hizo entrada solemne a la capital de la Nueva España. Fue el único virrey que tuvo nombramiento por tiempo ilimitado, pues a sus sucesores se les fijó un término de seis años para su ejercicio. Se le dio también jurisdicción espiritual, pues debía atender a la conversión y buen trato de los indios y al castigo de los clérigos revoltosos, a la represión de los pecados públicos y escándalos de los españoles, no permitiendo que los frailes que hubieran dejado los hábitos, quedaran en Nueva España. Traía particular instrucción para repartir tierras entre los conquistadores y para prohibir que se vendiesen a manos no hábiles. Debía disponer la creación de una casa de moneda para acuñar plata, y para que entregara al marqués del Valle, Cortés, los 23,000 vasallos que el rey le otorgara.

En 1536, el virrey Mendoza introdujo a la Nueva España la primera imprenta que hubo en América, la que funcionó en la casa del italiano Juan Paolo o Pablos. En ella se publicaron los primeros libros del Nuevo Mundo. En 1537 fundó el imperial Colegio de Santa Cruz de Tlatelolco, destinado a la educación de los indios nobles. En 1540, con su autorización, Francisco Vázquez de Coronado, gobernador de la Nueva Galicia, marchó al norte, en busca de las famosas Siete Ciudades de Cibola, fracasando en su misión. El 18 de mayo de 1541, el virrey Mendoza fundó en Guayangareao la ciudad de Valladolid, que hoy es la de Morelia, Michoacán.

El 25 de marzo de 1544, el virrey Mendoza promulgó las Leyes Nuevas, expedidas en Barcelona el 20 de noviembre de 1542; pero en vista de la agitación que se provocó en el virreinato, suspendió su ejecución, hasta conocer la resolución del emperador. Los procuradores nombrados por él para que gestionaran ante la Corona de España la revocación de esa legislación, lograron su objeto. El 4 de julio de 1549, el emperador designó en Bruselas a don Antonio de Mendoza para que pasara como virrey y gobernador al Perú, siendo además presidente de la Audiencia de Lima.

Por ello hizo entrega del mando en el virreinato de la Nueva España, a su sucesor, en el mes de noviembre de 1550, y a mediados de enero del año siguiente salió, por el puerto de Guatulco, hacia el Perú. No duró mucho en su nuevo puesto, pues el jueves 21 de julio de 1552 murió en Lima don Antonio de Mendoza, siendo sepultado su cuerpo en la Catedral junto al del conquistador máximo de ese país, don Francisco Pizarro.

FRANCISCO VÁZQUEZ DE CORONADO
[1510-1554]
Explorador español

Nació en 1510 en Salamanca, España, desde donde acompañó a la Nueva España al primer virrey de tal posesión española, don Antonio de Mendoza. Con él llegó a la ciudad de México en 1535, donde vivió estando al servicio del funcionario. En 1539 se casó con la hija del tesorero Alonso de Estrada, siendo nombrado gobernador de la Nueva Galicia, para sustituir a Nuño Beltrán de Guzmán, que había sido removido de tal cargo. Mientras tanto, los relatos de Cabeza de Vaca y sus acompañantes, sobre las fabulosas y ricas tierras del norte, repetidos luego por fray Marcos de Niza, que hiciera otro viaje por ellas, incitaron al virrey Mendoza a enviar al norte una nueva expedición, y pensó en Vázquez de Coronado.

En efecto, le encargó tal comisión al gobernador de la Nueva Galicia, quien reunió un grupo de gente aventurera y un pequeño ejército, al frente del cual marchó, desde Compostela, en febrero de 1540. Cruzó Sinaloa, Sonora y Arizona, hasta el norte de Nuevo México, no encontrando en ese trayecto ninguna ciudad de importancia ni riqueza codiciable. Luego exploró los territorios de Texas y Oklahoma, hasta Kansas, sin encontrar algo de valor, sino pequeñas congregaciones de indios que le hicieron la guerra. Mientras tanto, su lugarteniente García López de Cárdenas, descubría el Cañón del Colorado, y otro de sus capitanes, Melchor Díaz, exploraba la boca del río Colorado.

En 1542 regresó Vázquez de Coronado de su expedición, viajando a la ciudad de México a dar cuenta de ella, y de la mentira de que hubiera riquezas en las áridas tierras norteñas, tan vastas y casi deshabitadas. En 1544 fue removido del gobierno de la Nueva Galicia, pasando a residir a la ciudad de México, donde vivió 10 años, dedicado a diversos menesteres, habiendo fallecido en el año de 1554.

FRAY ALONSO DE LA VERA CRUZ

[1504-1584]

Educador y escritor

Nació en 1504 en Caspeñas, en la diócesis de Toledo. Sus padres fueron don Francisco Gutiérrez y doña Leonor Gutiérrez. Después de estudiar gramática y retórica en la Universidad de Alcalá de Henares, se inscribió en la famosa Universidad de Salamanca donde, con las lecciones del ilustre fray Francisco de Vitoria, se inició en los conocimientos de la filosofía escolástica y luego en la teología, llegando a alcanzar los grados de doctor y maestro. Habiendo aceptado la invitación del provincial agustino, fray Francisco de la Cruz, para acompañarle a la Nueva España, Alonso Gutiérrez, como entonces se llamaba, se embarcó rumbo a la América.

En junio de 1536 llegó al puerto de Veracruz, vistiendo el hábito de San Agustín, siendo entonces cuando adoptó, según era costumbre, otro nombre, ostentando el del puerto que primeramente veía en América, por lo que se llamó fray Alonso de la Vera Cruz. Llegó a la ciudad de México el 2 de julio de 1536, entrando al convento de San Agustín de Santa María de Gracia, donde cumplió el tiempo de su noviciado, hasta que el 20 de junio de 1537 hizo profesión religiosa solemne, desempeñando el honroso cargo de maestro de novicios, empezando su profesión de educador, que siguió. Por el año de 1540 fue enviado, en calidad de lector de artes y teología, al colegio de Titipitío, que acababa de fundarse en Michoacán, y allí inauguró sus lecciones de filosofía, que fueron las primeras que se impartieron en América, y siguió enseñando ciencias mayores y menores, durante tres años. En 1545 fue nombrado prior del convento de Tacámbaro, en cuyo lugar volvió a enseñar, hasta que, en el año de 1548, salió electo provincial de la Orden, cargo que llegó a cubrir cuatro veces, en diversos periodos. Al inaugurarse solemnemente la Universidad Real y Pontificia de México, el 25 de enero de 1553, se encargó en ella de las importantes cátedras de escritura, filosofía y teología, hasta 1557.

Se distinguió fray Alonso de la Vera Cruz como uno de los catedráticos más prestigiados, y fue entonces cuando escribió para los estudiantes universitarios sus tres importantes obras de filosofía escolástica, sobre lógica, dialéctica, metafísica y filosofía natural, que fueron los primeros libros de texto para dicha Universidad, hechos en la imprenta de Juan Pablos. Esos libros fueron los titulados: *Recognitio, Summularum,* de 1554; *Dialectica Resolutio cum Textu Aristotelis,* del mismo año, y *Phisica Speculatio,* de 1557. Además, en 1556 editó otro libro: *Speculum Conjugiorum,* al que le agregó un apéndice en 1571.

Por el año de 1562, emprendió un largo viaje a España, atendiendo al llamado de una Cédula Real, y permaneció en la península durante más de diez años, en los cuales ejerció el oficio de prior del convento de Madrid y de visitador de Castilla la Nueva, al mismo tiempo que se dedicaba a la corrección y revisión de las ediciones hispanas que de sus anteriores obras hizo. En 1573 regresó a la Nueva España, en ocasión del capítulo que se efectuó en 1575 en el convento de Actopan. Por cuarta vez salió elegido provincial, y fundó el famoso Colegio de San Pablo, donde siguió enseñando hasta su deceso, acaecido en junio de 1584.

En la celda del mismo colegio, donde murió, había reunido una selecta biblioteca y una valiosa colección de mapas, globos e instrumentos científicos, pues fue también afecto a cultivar las ciencias, sobre todo las geográficas, en las cuales llegó a reunir datos entonces desconocidos acerca de las tierras americanas, que después servirían al sabio padre Kino, para explorar las costas del Mar del Sur y de California.

MIGUEL LÓPEZ DE LEGAZPI
[1510-1572]
Militar y navegante

Nació en 1510 en Zumárraga, España; en 1545 pasó a la Nueva España, como secretario en el gobierno del virrey don Antonio de Mendoza. Como éste se propusiera descubrir nuevas tierras, situadas más allá del Continente Americano, hacia el Occidente, con el fin de encontrar el paso al Asia, en 1542 envió cinco naves, al mando de Ruy López de Villalobos, en busca de las islas del Poniente. El 18 de noviembre de ese año salieron los expedicionarios del puerto de Navidad, llamado también Ciguatlán, Puerto Santo y de Juan Gallegos, en las costas de Jalisco.

Descubrieron las islas de Santo Tomás, la Nublada, el archipiélago del Coral, el grupo de islas de los Jardines, las islas de Matalotes, los arrecifes y la gran isla a la que llamaron Cesárea Karoli. Pero la expedición se perdió, muriendo Villalobos en Amboyno, en 1546, muy pocos españoles de los que le acompañaban pudieron regresar a la Nueva España o arribar a España. Creen algunos que en tal expedición se dio el nombre de Filipinas a las islas que hasta hoy lo conservan; pero nada dicen de ello García Descalante de Alvarado, ni el padre Jerónimo de Santiesteban, que iban en la flota. Regresaron e hicieron la crónica de la aventura.

En 1559, el rey Felipe II ordenó al virrey Velasco que enviara una expedición a las Islas Filipinas, nombrando para dirigirla a fray Andrés de Urdaneta, agustino y gran hombre de mar, que en su juventud había servido en las guerras de Italia, acompañando en 1525 al comendador Jofre de Loaiza en su expedición a Las Molucas, donde sirviera once años en la marina. Urdaneta fue a España en 1526; después volvió a México, donde tomó el hábito agustino en 1552, por lo que renunció el mando de la expedición a Filipinas, aunque se ofreció a acompañarla como fraile. Entonces fue nombrado para capitanearla, Miguel López de Legazpi.

El 21 de noviembre de 1564, salió del puerto de Navidad, en las costas de Jalisco, una armada compuesta por la nave capitalina, dos galeones y dos patches, llegando con felicidad a su destino: las Islas Filipinas, después de una larga navegación, que concluyó en el año de 1565. López de Legazpi determinó quedarse en Filipinas, y que el padre Urdaneta volviese a la Nueva España, tanto para encontrar el camino del tornaviaje, como para organizar el necesario socorro a los pobladores de las islas. El religioso se embarcó el primero de junio de 1565, para regresar a la Nueva España, y tuvo que subir hasta el grado 36 de latitud norte, en busca de vientos favorables necesarios en su penosa y larga navegación emprendida.

Murieron muchos hombres en el viaje, y los demás llegaron enfermos a Acapulco, el 3 de octubre siguiente; pero quedó trazada "la vuelta del poniente", formando Urdaneta la carta de navegación que habría de servir para el comercio de Nueva España con las Filipinas, que hicieron las famosas naos de China, entre los puertos de Acapulco y de Manila. El grupo de islas que en el archipiélago de San Lázaro recibió el nombre de Filipinas, en honor de Felipe II, comprendió las de Mindanao, Buenas Señales, Bohol, Buglas o de los Negros, Cebú (que había sido descubierta por Magallanes), Abuyo o Baybay, Tantayaba o Tandaya (la primera descubierta recibiendo el nombre de Filipinas), Mindoro y Luzón.

El primer fuerte de colonización construido en las islas, lo hizo López de Legazpi, en San Miguel, pueblo que fundó en la isla Cebú, a donde llegó su armada; luego exploró otras islas, conquistando en 1571 la de Luzón, en donde fundó Manila, en mayo de 1572, que por cédula real de 21 de junio de 1574, fue declarada insigne y siempre leal ciudad y capital de las Islas Filipinas. Allí vivió López de Legazpi sus últimos días, que fueron los del mismo mes de mayo de 1572.

FRAY BARTOLOMÉ DE LAS CASAS
[1474-1565]
Protector de los indios

Nació en 1474 en Sevilla, Andalucía, España. Hijo de un soldado que acompañó al gran almirante Cristóbal Colón, en su primer viaje al Nuevo Mundo. Estudió en la Universidad de Salamanca, siguiendo el sacerdocio secular. En 1502 de simple clérigo, se alistó en la expedición de Nicolás de Ovando, y como a todos los que llegaban a América, le tentó la codicia de hacerse de riqueza y fama, por lo que residió en la isla La Española, durante ocho años, ocupado en tareas agrícolas. Pero no le agradó el modo como se conquistaba y pacificaba a los indios, apoyando al padre Montesinos, de la Orden de Santo Domingo, en sus protestas contra los repartimientos de indios a los voraces encomenderos.

Para luchar mejor contra éstos, sus ambiciones y sus crueldades, ingresó a la Orden de Santo Domingo, dedicándose en Cuba a la evangelización, desde 1510. Su censura fue acre, violenta, intransigente, cayendo muchas veces en los vicios y errores que combatía; pero fue el más convencido defensor de los indios. Por ello se le honra y admira todavía. Dedicado cada vez más a la defensa de los indios, se consagró por entero a esa labor ímproba y tenaz. Renunció a sus haciendas y levantó su airada voz ante las autoridades civiles y eclesiásticas de España, en favor del derecho de los naturales a la libertad; promovió investigaciones; ideó nuevos sistemas de colonización y él mismo se dio a colonizar sin emplear armas.

De esa manera expuso a sus colonizadores a morir sin defensa alguna en manos de los indios. Ni uno solo de aquéllos quedó con vida. Desde 1523 vivió en los conventos de los dominicos, dedicado ya al sacerdocio conventual, pergeñando sus obras literarias e históricas. Era incansable en sus labores, pues continuamente iba y venía del Viejo al Nuevo Mundo. Polemizaba y criticaba con todos; pero a su tenacidad se debió que se promulgaran nuevas leyes, que refrenaban la inhumanidad de los conquistadores y encomenderos.

En 1544 fue nombrado obispo de Chiapas e inmediatamente hizo de su obispado un reducto contra los desmanes de las autoridades civiles para con los indios. Litigó, discutió, amenazó, persiguió y luchó contra las injusticias de sus compatriotas, a tal grado que fue el más odiado por los colonizadores españoles, pero a la vez el más amado por los indios. Para dar cuenta de sus afirmaciones hechas en contra de la colonización violenta que España estaba haciendo en América, escribió para el emperador Carlos V una *Brevísima relación de la destrucción de las Indias,* que fue impresa en Sevilla en 1552, causando sensación en su tiempo, por los horrorosos cuadros que pintaba de las crueldades que los encomenderos y autoridades civiles cometían en perjuicio de los indios.

Sin saberlo el padre Las Casas, y sin tener en ello la menor intervención, sus enemigos difundieron su obra, presentando a España como una nación bárbara y rapaz, imputando esa destructiva fama al obispo Las

Casas. Éste vivió mucho tiempo en México, donde escribió una *Historia de las Indias,* que abarca desde el descubrimiento de América por Colón, hasta el año de 1520 y que se imprimió en 1875; una *Historia Apologética,* suplemento moral de la anterior, publicada hasta el año de 1909. Murió en Madrid en 1565, a los 92 años de edad, a donde fuera llamado para responder de los cargos hechos en sus obras.

LUIS DE VELASCO
[1511-1564]
Segundo virrey de Nueva España

Nació en 1511, en la entonces Villa Carrión de los Condes, obispado de Palencia, en Castilla la Vieja, España. Hijo primogénito de don Antonio de Velasco, segundo señor de Salinas del Río Pisuegra, y de su primera esposa, doña Ana de Alarcón. En 1525, a la edad de 14 años, empezó a prestar sus servicios al emperador; más tarde estuvo como capitán de armas en las jornadas iniciales que Carlos V hiciera en Francia. En 1547, el emperador le confirió el mando virreinal de Navarra, tan difícil de cumplir en esos tiempos, en que estaban vivos los sentimientos nacionalistas de los navarros; pero gobernó allí dos años con fortuna.

En 1549 recibió el hábito de caballero de Santiago, por lo que se practicó una información sobre su linaje en su villa natal. El 24 de octubre fundó en Palencia, en unión de su esposa, un mayorazgo. Nombrado en 1550 virrey de la Nueva España o del Perú, según lo decidiera don Antonio de Mendoza, a quien se dejaba escoger, don Luis de Velasco salió de San Lúcar de Barrameda rumbo a la Nueva España, el 25 de mayo, desembarcando en San Juan de Ulúa el 23 de agosto de ese año. Todo el mes de septiembre transcurrió sin que Mendoza decidiera si salía hacia el Perú o permanecía en la Nueva España, estando mientras tanto en Puebla.

Por fin ambos personajes decidieron juntarse en Cholula, para llegar a un acuerdo, y éste fue en el sentido de que Mendoza partiría para el Perú y don Luis de Velasco quedaría como virrey de la Nueva España. El 25 de noviembre hizo su entrada triunfal a la ciudad de México, empezando su gobierno. Traía instrucciones muy precisas sobre el buen trato que debería darse a los indios, por lo que ordenó que fueran puestos en libertad los que estuvieran cautivos, a pesar de las protestas de mineros y encomenderos. Las disposiciones del virrey, traducían el espíritu de las leyes nuevas, quedando en libertad más de 150,000 indios que trabajaban en las minas y campos.

En enero de 1553, el virrey, de acuerdo con instrucciones expresas del emperador Carlos V, fundó la Universidad de México, creada por Real Cédula de 1551, siendo la primera Universidad creada en América, aunque la de Lima abriera antes que ella sus puertas. En 1554 comisionó el virrey a su pariente, Francisco de Ibarra, para que extendiera la conquista y población de la Nueva España hacia el Norte; por lo que Ibarra hizo poblar a Durango. Descubrió en esa región muy ricas minas y fundó la villa de Nombre de Dios, iniciando la grandeza de la Nueva Vizcaya.

Hasta el año de 1560, el virrey había ejercido una autoridad sin límites, y aunque nunca había cometido ningún abuso, la Audiencia y algunos españoles pudientes, resentidos por la energía con que gobernaba, procuraron menoscabar sus facultades, influyendo ante el rey para que se decretase que en lo sucesivo nada ejecutasen los virreyes sin previa autorización, o cuando menos sin el conocimiento, de la Audiencia. Velasco, instado por el ayuntamiento, envió procuradores a la Corte, para que hicieran ver los inconvenientes que presentaba lo propuesto por la Audiencia.

El 31 de mayo de 1562, por Real Cédula dada en Alcalá de Henares, se hizo ver que en materia de encomiendas el emperador había dispuesto que sólo se dieran por dos vidas, de tal suerte que en ellas no podría haber más que una sucesión, pasando luego a la Corona. En tal forma se respondió a los intrigantes encomenderos, sin lograr que tal disposición real se enmendara. Velasco murió el 31 de julio de 1564, víctima de una vieja dolencia; al morir se encontró que, en lugar de haber acrecentado su hacienda con el alto puesto que desempeñara, se había cargado de deudas, a causa de su extremada caridad para con los pobres y con los indios, siendo su muerte muy sentida por el pueblo.

FRAY JERÓNIMO DE MENDIETA
[1525-1604]
Misionero e historiador

Nació en 1525 en la ciudad de Vitoria, España, siendo el último de los 40 hijos que tuvo de sus tres matrimonios su prolífico padre. Tomó el hábito de San Francisco, siendo todavía muy joven, en el convento de Bilbao. En 1554 pasó a la Nueva España. En el convento de Xochimilco, a donde se le destinó, cursó artes y teología. Estudió también la lengua mexicana, que llegó a dominar al grado de que, siendo tartamudo en castellano, cuando se ponía a predicar a los indios en su idioma, "la lengua se le soltaba, ágil y maravillosa", según dicen sus biógrafos.

En 1564 estuvo en Tlaxcala y en Toluca; entre ese año y el de 1567 anduvo por tierra caliente, hacia Teutitlán, Tlatlauhquitepec y Hueytlahpan, gozando de gran prestigio como predicador de la Orden. En 1570 volvió a España, morando en el convento de su ciudad natal; desde allí entabló interesante correspondencia con el magistrado don Juan de Ovando, del consejo de la Inquisición, el cual, sabedor de las buenas prendas y conocimiento que en los negocios de Indias tenía el padre Mendieta, acudió a él en demanda de informaciones. En dichas cartas, Mendieta se muestra simpatizador de los indios, para los que desea gran bienestar.

En 1573 volvió a México, con el encargo de escribir en lengua castellana una relación de la tarea llevada a cabo en la conversión de los indios dedicando a su redacción los 25 años siguientes. Fue mientras tanto guardián de Xochimilco, Tepeaca y Huejotzingo; estuvo al frente del convento de Tlaxcala y ocupó dos veces el cargo de definidor. Se mostraba celoso de la eficacia y pureza de la Orden, y aunque fogoso y enérgico, era en su trato personal sufrido y silencioso. Tanto amaba y defendía a los indios, que llegó a ser injusto con los españoles.

Fuera de sus *Cartas*, que publicara García Icazbalceta en el tomo I de su *Nueva colección de documentos para la Historia de México*, en 1886, la única obra que escribió Mendieta es la *Historia Eclesiástica Indiana*, que permaneció ignorada e inédita por más de dos siglos, publicándose en México hasta 1870, gracias a los empeños del mismo García Icazbalceta. Dicha obra se divide en cinco libros, en el primero de los cuales habla Mendieta "de la introducción del Evangelio y fe cristiana en la Isla Española y sus comarcas, que primeramente fueron descubiertas", y comprende: el descubrimiento de América, la donación de la silla apostólica, el escaso éxito de la predicación en Indias, la rebelión del cacique Enrique y las crueldades de los españoles con los naturales de aquellas tierras.

El segundo libro trata "de los ritos y costumbres de los indios de la Nueva España en su infidelidad"; para escribirlo se inspiró el autor en una obra, hasta hoy perdida, de fray Andrés de Olmos, y en los escritos de Motolinia. En el tercer libro se cuenta "el modo con que fue introducida y plantada la fe de Nuestro Señor Jesucristo entre los indios". El cuarto trata "del aprovechamiento de éstos y su conversión", en él se reseña la venida de los dominicos y agustinos, la fundación de la provincia de Michoacán, las jornadas de los misioneros, etc. Finalmente, el quinto y último libro, dividido en dos partes, constituye un extraordinario repertorio de noticias biográficas de los misioneros.

Fray Jerónimo de Mendieta murió en el año de 1604, el 10 de mayo, en el convento de San Francisco de México, después de padecer una larga dolencia.

ALONSO Y GIL GONZÁLEZ DE ÁVILA

[-1566]

Primeros independentistas

Los hermanos Alonso de Ávila Alvarado y Gil González de Ávila, hijos del conquistador Gil González de Ávila, nacidos en la ciudad de México, fueron acusados de conspirar para independizar a la Nueva España de la Madre Patria, y para colocar en un nuevo trono a don Martín Cortés, marqués del Valle, hijo del conquistador don Hernán Cortés. Por ello fueron condenados al degüello, y sacados de la cárcel en que habían sido puestos presos, a las 7 de la noche del 3 de agosto de 1566; llevados al cadalso preparado en la

Plaza Mayor de la ciudad de México, frente a las casas del cabildo, donde fueron ejecutados.

Iban vestidos con el traje que tenían cuando fueron presos: Alonso de negro, con una turca de damasco pardo, gorra de terciopelo con pluma negra y cadena de oro al cuello; Gil vestido de color pardo. Era la víspera del día del señor Santo Domingo; los religiosos del cercano convento cantaban las oraciones de su festividad. Frente a la cárcel de la Corte, donde fuera levantado el cadalso, el verdugo hizo sufrir demasiado a ambos jóvenes al ajusticiarlos, "dando a uno de ellos hasta tres hachazos, para poder desprender la cabeza". Los cuerpos mutilados fueron llevados por don Francisco y don Luis de Velasco, de quien dicen fue uno de los que descubrieron la conspiración, dando cuenta de ella a los oidores de la Audiencia. Después se les dio cristiana sepultura en la iglesia de San Agustín, donde los hermanos poseían una capilla.

Las cabezas de los infortunados jóvenes aparecieron clavadas en palos sobre la azotea de la casa de cabildos, lo que visto por el ayuntamiento, pasó recado a la Audiencia de que las quitara, pues la ciudad no había sido traidora, o por medios violentos las haría quitar y echar por tierra. Los oidores las retiraron y las mandaron clavar en la picota misma. Entretanto se entendían en la causa de los demás conjurados, que lo fueron: Cristóbal de Oñate, el mozo; Baltasar Pedro de Quesada y el licenciado Ayala de Espinosa, clérigo y racionero de la Catedral. Seguramente los oidores hubieran mandado matar a todos, si no llega el nuevo virrey, marqués de Falces, el 19 de octubre, el cual se avocó el proceso de los presos, sacando en limpio que los tres oidores se habían dejado dominar por exceso de pasión.

La gente en general se inclinaba porque se perdonara la vida a los jóvenes González de Ávila, sobre todo a Gil, quien nada tenía que ver en la llamada conjuración de independencia. Los oidores habían entrado a gobernar a la muerte del virrey don Luis de Velasco y eran Pedro Villalobos Villanueva, Vasco de Puga y el decano licenciado Ceinos. Los tres hicieron la guerra a don Martín Cortés, cuyo lujo y boato los afrentaba, y a quien denunciaron diciendo que tenía mayor número de siervos de los que se le habían otorgado, que usaba sellos más grandes que los de la Corona y que deseaba levantarse con la tierra y fundar su propio imperio.

En efecto, abrigaban algunos amigos suyos un sentimiento independentista, y en su casa se reunían para conspirar; pero habiéndosele ofrecido la dirección de la conspiración, se negó a aceptarla, siendo entonces cuando Alonso de Ávila acordó proceder sin don Martín y levantarse pronto "con la tierra". Pero no guardando absoluta discreción en sus andanzas, no faltaron traidores que dieron cuenta de la trama a la Audiencia; por lo que los González de Ávila fueron detenidos y condenados a muerte.

FRANCISCO DE URDIÑOLA
[1554-1618]
Colonizador español

Nació en el valle de Oyarzum, pequeño poblado cercano a la ciudad de San Sebastián, de la provincia de Guipúzcoa, España. Sus padres, pobres aunque nobles, como todos los vascos, fueron don Juan de Urdiñola y doña Isabel Larrumbide. Urdiñola en vasco significa "Ferrería azul", y denota seguramente el oficio y las propiedades de los primeros Urdiñola. Cuando tenía 20 años de edad, entre 1572 y 1576, Francisco de Urdiñola llegó a la Nueva España, radicando primeramente en Aviño, Durango, y después en Mazapil, Zacatecas. Sirvió como soldado en la compañía mandada por el capitán Alonso López de Lois, a quien después sucedió en el mando.

Contrajo matrimonio con una hija de dicho capitán López de Lois, doña Leonor; fue el pacificador de la Nueva Vizcaya y la Nueva Galicia. En 1591 fundó el pueblo de San Esteban de la Nueva Tlaxcala, inmediato a la villa de Santiago del Saltillo, al que llamó así por haber llevado familias indígenas de Tlaxcala, para poblarla, ya que estos indios ayudaban a someter a los rebeldes de otras regiones. A fines de 1594 se vio envuelto en un ruidoso proceso, acusado de haber envenenado a su mujer; pero fue absuelto del cargo en 1599, al no demostrarse su culpabilidad.

En el año de 1603 tomó posesión del gobierno de la Nueva Vizcaya, que desempeñó hasta el año de 1613, con acierto y probidad. Se dice que fue él uno de los primeros en cultivar vides y hacer vino y aguardiente en Parras, Coahuila, región que habría de ser con el tiempo una de las mejores vinícolas de México. Es casi seguro que sus bodegas fueron las más antiguas de toda la Nueva España, y en su testamento, fechado el 16 de julio de 1617, declaró como parte de sus bienes una estancia de la labor de 34 caballerías, en Santa María de las Parras, que tenía arrendada para viñedos a Cristóbal de Calderón. Murió en la estancia de Santa Elena del Río Grande, el 4 de marzo de 1618.

BERNARDO DE BALBUENA
[1568-1627]
Primer poeta en México

Nació el 20 de noviembre de 1568 en Valdepeñas, de La Mancha, España; aunque algunos sostienen, como don Victoriano Salado Álvarez, que nació en Guadalajara, Jalisco, y allí se educó. Muy niño fue traído a México, donde hizo sus estudios, bajo la dirección de su tío don Diego, canónigo de la Catedral. Sintiendo vocación por las letras, a los 17 años de edad salió triunfante en un certamen convocado en 1585. Tres obras le dieron fama: *La Grandeza Mexicana,* su mejor poema de extensión, publicado en México en 1604; una colección de églogas, *El Siglo de Oro en las Selvas de Erifile,* en 1608; y un poema heroico, escrito en 5,000 octavas reales, en 1624, *Bernardo o Victoria de Roncesvalles. La Grandeza Mexicana* es un poema bastante bueno descriptivo de la capital de la Nueva España, en las postrimerías del siglo xvi.

En 1607 regresó Balbuena a España, donde obtuvo el grado de doctor en teología, en la Universidad de Sigüenza; al año siguiente fue elegido abad de la isla de Jamaica, y en 1620 nombrado obispo de Puerto Rico. Varias de sus obras fueron destruidas allí, en el asalto que los holandeses hicieran contra San Juan de Puerto Rico, en 1625. Balbuena asistió al sínodo provincial reunido en Santo Domingo, y en 1624 reunió otro en su diócesis. En su poema *La Grandeza Mexicana,* hace revivir la grandiosa ciudad de su época, la más bella de la América hispana: sus calles, jardines y alamedas; sus templos, torres y fundaciones pías; su constante trasiego de arrieros, carros y carretas; su abigarrado desfile de caballeros, religiosos, pícaros, estudiantes y catedráticos que dialogan en una lengua suave y con gestos afables y cortesanos. Es el primer poeta genuino mexicano. Murió en su obispado de Puerto Rico, en el año de 1627, el 11 de octubre.

SAN FELIPE DE JESÚS
[1575-1597]
Primer santo mexicano

Nació el 10 de mayo de 1575, en la calle de Tiburcio, de la ciudad de México. Fue hijo de los nobles y ricos Alonso Canales o Casas y Antonia Martínez. Comenzó a estudiar latín en el colegio de San Pedro y San Pablo, y tomó el hábito en el convento franciscano de Santa Bárbara, en Puebla; pero al poco tiempo lo dejó. Sus padres, para castigar su veleidad e inquietudes juveniles, lo pusieron de aprendiz de platero. Poco después lo despacharon a las Filipinas, con los medios necesarios para que siguiera la carrera de comercio.

Están de acuerdo varios autores en que, llegado Felipe a Manila, siendo rico mozo, pasó la lozanía de su juventud satisfaciendo los ardores de su apetito y gastando parte de su caudal en pasatiempos y bizarrerías de mancebo; pero la oculta voz de su escondida vocación sacerdotal volvió a llamarlo. Tomó otra vez el hábito de San Francisco de Asís, en el convento de Santa María de los Ángeles, de Manila, en 1592; y por la conducta ejemplar que observó durante el noviciado, mereció profesar solemnemente, bajo el nombre que haría famoso de Felipe de Jesús.

Los padres de Felipe consiguieron la licencia necesaria para que pasase a la ciudad de México, a decir su primera misa, al efecto el joven religioso se embarcó en Cavite, el 12 de julio de 1596, en el galeón "San Felipe", mandado por el capitán general don Matías de Landecho. Una terrible tempestad obligó al navío a arribar a Urando, en las costas del Japón, donde fueron aprehendidos los cinco religiosos que iban en el galeón, entre ellos Felipe de Jesús. Todos fueron martirizados y sacrificados, después de cortar la oreja izquierda a cada uno de ellos. Felipe fue fijado con argollas por el cuello, brazos y pies a una cruz, en la que murió de una lanzada que le atravesó el cuerpo, el 5 de febrero de 1597. Fue el primero en morir, entre sus compañeros de martirio.

JUAN DE OÑATE
[1549-1624]
Explorador criollo

Nació en 1549 en Guadalajara, Jalisco. Hijo del conquistador Cristóbal de Oñate, que fundara esa ciudad. En ella vivió y se educó, anhelando ir en las expediciones que con frecuencia salían de la Nueva Galicia, para descubrir y colonizar las tierras del noroeste de la Nueva España. Casó en su juventud con una nieta de Hernán Cortés, por lo que tuvo gran autoridad en la política de la Nueva Galicia y de la Nueva España. En 1575, el límite de las poblaciones y descubrimientos de los españoles hacia el Norte, eran las minas de Santa Barbola o Santa Bárbara, en el sur de Chihuahua, ocho leguas más adelante del río Florido.

El año de 1581, siendo virrey el marqués de la Coruña, volvieron a intentarse descubrimientos por aquella frontera, para lo que se organizó una expedición, al mando de Francisco Sánchez Chamuscado, que llegó a las márgenes del Conchos y recorrió muchos pueblos. A su regreso a Santa Barbola, Sánchez Chamuscado murió en el camino, y tres religiosos que dejara en el Conchos, fueron poco después muertos por los indios. En 1582 salió de San Bartolomé, lugar cercano a Santa Barbola, otra expedición mandada por Antonio de Espejo, que avanzó más que la anterior. Empezó a darse entonces el nombre de Nuevo México a las tierras exploradas. Nuevas expediciones intentaron posteriormente el mismo Espejo, Francisco Díaz de Vargas y Juan Bautista, sin lograr éxito.

Por otro rumbo, el 27 de julio de 1590, salió del Nuevo Reino de León una tropa, para descubrir y poblar Nuevo México, al mando de Gaspar Castaño de Sosa, teniente gobernador de esa región, que pacifi-

cara y poblara el judío don Luis de Carbajal. Llegó
la expedición al río Bravo y se internó, al parecer,
por el Bolsón de Mapimí, ancho desierto, hasta Chihuahua; encontró muchas y grandes poblaciones de
indios, de las que tomó posesión en nombre del rey
de las Españas. Pero a pesar de todos esos dominios, la
población efectiva de la Nueva España no pasaba de
las minas de Santa Barbola, hasta donde había llegado
la civilización.

En vista de ello, el 21 de septiembre de 1595, Juan
de Oñate solicitó del virrey Velasco capitulaciones para
la conquista y población de Nuevo México, que se
firmaron el 21 de octubre del mismo año. Pero como
acababa de llegar a México el conde de Monterrey, que
venía a sustituir a Velasco en el virreinato, el negocio
se aplazó. Por fin, tras muchas dilaciones, Juan de Oñate salió en 1598 a la conquista y pacificación de Nuevo
México, con 201 hombres. Atravesó lo que hoy es el
Estado de Chihuahua, hasta llegar a Paso del Norte,
hoy Ciudad Juárez; pasó el río Bravo del Norte, y el
30 de abril del mismo año tomó posesión de Nuevo
México.

Muchos caciques indígenas se sometieron. Oñate
procedió a fundar una ciudad, que llamó de San Francisco; la pobló con 130 familias que acompañaban a sus
soldados, a bordo de algunos carromatos, llevando tras
ellos algunas cabezas de ganado. Esa población, que
se llamó más tarde de San Juan, fue la primera capital
de Nuevo México. Oñate siguió explorando desde 1599
hasta 1604, Arizona y parte de Kansas, fundando algunas poblaciones. En 1608 fue nombrado gobernador
de las tierras descubiertas y colonizadas, en las que vivió él mismo como colonizador.

De esa vida activa y trabajadora que Juan de Oñate hiciera en el norte de la Nueva España, cuenta algunos episodios interesantes Gaspar de Villagrá, uno
de los capitanes que acompañó a Oñate en su odisea,
y que lo presenta siempre como el héroe de su narración. Juan de Oñate murió, en lugar que no ha sido
precisado, en el año de 1624.

JUAN RUIZ DE ALARCÓN Y MENDOZA
[1581-1639]
Dramaturgo

Nació en 1581 en el Real de Taxco, del hoy Estado de Guerrero, siendo hijo de padres españoles, dedicados a los negocios de la minería. En 1592 ingresó a la Real y Pontificia Universidad de México, donde hizo estudios de artes y cursó casi todos los cánones. En el año de 1600 fue enviado por sus padres a España, para que estudiara en la Universidad de Salamanca, los estudios de Derecho; pero debido a reveses de fortuna tuvo que regresar a la Nueva España, donde fue regidor y más tarde secretario del virrey Mendoza, continuando sus estudios en la universidad mexicana, del 12 de junio de 1608, al 21 de febrero de 1609, en que recibió su título.

Ya como licenciado en leyes, no pudo encontrar acomodo en la Nueva España, por lo que en 1613 regresó a España, donde frecuentó a los mejores escritorios de su época, dando comienzo a su extraordinaria carrera literaria. Pero como era corcovado y de color moreno, de corta estatura y bastante tímido, fue muy combatido y vilipendiado por los ingenios de ese famoso Siglo de Oro: Francisco de Quevedo, Lope de Vega, Calderón de la Barca, Luis de Góngora y Argote, etc. Sin embargo, brilló a la par de todos ellos, siendo magnífica su producción para teatro.

Habiendo cultivado todos los géneros literarios, pero especialmente los teatrales, Ruiz de Alarcón creó uno propio, el de la comedia moral y de costumbres. Entre sus principales obras destacan las siguientes: *El semejante a sí mismo, El desdichado en fingir, La cueva de Salamanca, La verdad sospechosa, Las paredes oyen, La prueba de las promesas, Mudarse por mejorarse, El examen de maridos, No hay mal que por bien no venga, Los favores del mundo, La crueldad por el honor, El tejedor de Segovia, Quien mal anda mal acaba* y *Los pechos privilegiados*.

Murió el 4 de agosto de 1639, en la calle de las Urosas, parroquia de San Sebastián, en Madrid, España.

CARLOS DE SIGÜENZA Y GÓNGORA
[1645-1700]
Polígrafo e historiador

Nació en 1645, en la ciudad de México. Muy joven tomó la sotana de jesuita, e hizo los primeros votos en el colegio que la Compañía de Jesús tenía en Tepozotlán, en el año de 1662. En ese año publicó su primer libro, *Primavera indiana,* escrito en rebuscadas frases que seguían el culteranismo de Luis de Góngora y Argote. Pero después se separó de la Compañía de Jesús, a la que habría de volver en los últimos años de su vida, fecunda en investigaciones y procesos de la razón, pues más que escritor fue científico, filósofo e investigador del mundo en que vivió.

En 1672 fue catedrático de matemáticas, por oposición, de la Real y Pontificia Universidad de México. Docto en física, astronomía y matemáticas; perito en lenguas, historia y antigüedades de los indios; enemigo en filosofía de los peripatéticos y amigo de los cartesianos, purgó a esos escritos de la pesada jerga escolástica. Durante 18 años fue además capellán del hospital del Amor de Dios, y también limosnero del arzobispo de México, don Francisco de Aguilar y Seijas, puestos en que ejercitó su piedad y caridad evangélicas, el estudio y la investigación.

Como escritor en prosa, sus virtudes narrativas son mayores que las de poeta, y se advierten claramente en su obra *Los infortunios que Alonso Ramírez padeció en poder de los ingleses,* que corresponde al año de 1690. La obra tiene un movimiento vivaz de novela; la ficción de escribir en primera persona aventuras ajenas dio al autor libertad para dramatizar escenas elegidas objetivamente. Fue amigo de sor Juana Inés de la Cruz, y ella lo alabó como poeta, pero en eso la Décima Musa fue muy superior a él, que por su parte fue muy bueno en sus obras narrativas.

En 1693 acompañó al general almirante de la armada de Barlovento, don Andrés de Pes, en la comisión científica encargada de explorar el Seno Mexicano; su fama traspasó entonces las fronteras y creció en su patria, donde se rodeó a Sigüenza y Góngora de general consideración y respeto. En ese año imprimió su obra *Mercurio volante, con la noticia de la recuperación de las provincias de Nuevo México,* que fue la penúltima que publicara. Antes, había dado a la estampa: *Glorias de Querétaro* y *Teatro de virtudes políticas que constituyen a un príncipe,* en 1680; *Manifiesto filosófico contra los cometas* (1681); *Triunfo parténico* (1683); *Paraíso occidental* (1684); *Infortunios de Alonso Ramírez* (1690); *Trofeo de la justicia española* (1691) y *Relación histórica de los sucesos de la Armada de Barlovento,* de ese mismo último año.

El 22 de agosto de 1700 murió en la ciudad de México, a poco de que había vuelto a ingresar a la Compañía de Jesús, por lo que los jesuitas del Colegio Máximo de San Pedro y San Pablo, le hicieron suntuosos funerales. En sus mejores obras históricas dejó: *Historia del imperio de los chichimecas, Genealogía de los reyes mexicanos, Calendario de los meses y fiestas de los mexicanos* y *Teatro de las grandezas de México.* Además, reunió infinidad de documentos, que en 28 volúmenes legó al Colegio Máximo de San Pedro y San Pablo, habiendo estudiado en ellos muchos historiadores e investigadores del pasado, que le siguieron.

FRAY ANTONIO MARGIL DE JESÚS
[1657-1726]
Misionero español

Nació el 18 de agosto de 1657 en Valencia, España, donde desde muy joven ingresó en el convento de la Corona de Cristo, pasando a recibir más tarde las órdenes sacerdotales en el convento de Denia. Se encontraba allí cuando, invitado a pasar a la América para proseguir la obra de *propaganda fide* que realizaban los franciscanos, se alistó con otro grupo de misioneros para dirigirse a la Nueva España. Llegó a Veracruz el 6 de junio de 1674, dedicándose desde entonces a la evangelización de los indios, la educación y los viajes por vastas extensiones del Continente Americano, ya que fue un fraile andariego que recorrió mucho mundo.

Hacía con frecuencia largos recorridos a pie; varias veces llegó hasta Centroamérica y hasta los confines de Texas. Con gran energía realizaba tales caminatas, para visitar las más apartadas congregaciones indígenas a las que llevaba la enseñanza de la fe; los indios de esas poblaciones salían a encontrarle con gran cariño e interés, y le arrancaban trozos del mísero sayal que vestía, para conservarlos como reliquias. En esos largos viajes se alimentaba de frutas, y no se arredraba ante los ardorosos calores veraniegos, los intensos fríos invernales, las lluvias, los huracanes, los asaltos de las fieras y alimañas del monte.

Fue fray Margil de Jesús quien enseñara a los labriegos mexicanos la costumbre que perduró durante siglos, de detener sus tareas a mediodía, para entonar todos juntos el "Alabado", dando gracias a Dios de las diarias mercedes recibidas. En sus viajes, fundó el Colegio de la Cruz, en Querétaro; el de Cristo, en Guatemala y el de Guadalupe, en Zacatecas; colonizó algunas regiones del río Sabinas y en todas partes enseñó a los indios los rudimentos de la civilización europea. Después de 52 años de constante labor, murió el 6 de agosto de 1726, en la ciudad de México.

MIGUEL CABRERA
[1695-1768]
Pintor

Nació el 27 de mayo de 1695 en la ciudad de Oaxaca, siendo hijo de españoles. Fue expósito en alguna casa de cuna, en la que se le recogió y educó, a medida que creció en su infancia. Pasó muy joven a la ciudad de México, donde, teniendo facultades para el dibujo y la pintura, entró de ayudante y aprendiz al taller de un pintor de moda entonces. El arzobispo José Manuel Rubio Salinas había encargado a dicho pintor un retrato suyo, al óleo, y una noche, mirando el cuadro sin terminar el audaz aprendiz, lo concluyó, cambiando la expresión del prelado, para mejorar la obra. El pintor y el arzobispo quedaron maravillados del talento del muchacho, por lo que el arzobispo lo tomó bajo su protección.

Llegó así a ser pintor de cámara del arzobispo Rubio Salinas, produciendo a su servicio abundantemente, cuadros de motivos religiosos y retratos, que se encuentran diseminados por el mundo: dos de ellos están en el Vaticano: una imagen de la Virgen de Guadalupe, que fuera pintada para el papa Benedicto XIV, y otra con igual tema, para Clemente III. Algunas de las pinturas de Cabrera fueron consideradas como "maravillas americanas", siendo ellas de relevantes méritos. De todas sobresalen "La Vida de Santo Domingo", que pintó en el claustro del convento de Santo Domingo, y "La Vida de San Ignacio", para el claustro de La Profesa.

Casi no hay iglesia y convento en la República Mexicana, que no cuente con alguna obra de Cabrera o atribuida a él, por haberla realizado sus discípulos, siguiendo su personal estilo. Desde luego, algunas de sus obras se encuentran en la Academia de San Carlos, que lo nombró su presidente perpetuo, como homenaje a su extraordinario genio pictórico. Nunca salió Cabrera de México, ni recibió más enseñanza que las que en su patria pudo alcanzar. Murió en la capital mexicana, el 16 de mayo de 1768.

FRANCISCO JAVIER ALEGRE
[1729-1788]
Historiador y humanista

Nació el 12 de noviembre de 1729 en el puerto de Veracruz, siendo sus padres don Juan Alegre y doña Ignacia Capetillo, personas de alto linaje y de grandes virtudes, que procuraron darle una vasta instrucción. A los 12 años de edad dominaba ya la gramática latina y varias disciplinas de la época, por lo que se le envió al Real Colegio de San Ildefonso, de la Puebla de los Ángeles, para que estudiara filosofía; pero por su corta edad fue rechazado. Entonces se le envió a la ciudad de México, donde ingresó al colegio de los jesuitas a estudiar derecho.

El 19 de marzo de 1747, ya provisto de sólidos conocimientos en las disciplinas científicas y literarias, entró a la Compañía de Jesús, haciendo su noviciado en Tepozotlán. Conocía el griego, el hebreo, hablaba y escribía el latín como si fuera su lengua madre, lo mismo que el mexicano, llegando a predicar en tal idioma nativo. Su examen para profesor de teología, en la Real y Pontificia Universidad de México, fue todo un acontecimiento para el mundo virreinal de entonces. Por algún tiempo residió en La Habana, Cuba, de donde pasó a Mérida, Yucatán, para enseñar en el Colegio de esa ciudad, la cátedra de los cánones.

En 1757 fue llamado a la ciudad de México, para que continuara la *Historia de la Provincia de la Compañía de Jesús de Nueva España,* comenzada en 1694 por el padre Francisco de Florencia; pero el padre Alegre no continuó solamente dicha obra, sino que la rehizo por completo, "haciendo la más hermosa crónica religiosa de cuantas se escribieron en la Nueva España; obra de abundante documentación, excelente por su método y su estilo" según dice de ella don Carlos González Peña, de la cual solamente se publicaron los tres primeros tomos en México, en 1841, por don Carlos María de Bustamante, mucho tiempo después de muerto su autor.

En 1767 fueron expulsados de la Nueva España los jesuitas, y el padre Alegre fue desterrado a Bolonia, Italia, donde residió los últimos años de su vida. Dejó allí numerosas obras, impresas y manuscritas, siendo las literarias que escribió: un pequeño poema épico sobre la conquista de Tiro por Alejandro Magno, publicado en 1775; las traducciones latinas de la *Ilíada,* impresa en Bolonia en 1776, y de la *Batracomiomaquia,* así como las castellanas de algunas sátiras y epístolas de Horacio; las de los tres primeros cantos del *Arte Poética* de Boileau, a más de versos latinos originales, entre los que merece señalarse la égloga *Nysius,* que vertió al español más tarde el obispo Pagaza.

Su pensamiento medular está contenido en los diferentes libros de su *Institution Theologic,* que se refiere al origen de la autoridad y a la llamada superioridad de unos hombres sobre otros. Con gran firmeza declaró que no es la superioridad intelectual la génesis de toda autoridad, y que mucho menos lo es la superioridad física o fisiológica. Sostuvo que esa autoridad se funda en la naturaleza social del hombre, siendo su origen próximo el consentimiento de la comunidad. Con rara energía condenó Alegre el comercio de los esclavos y las ideas de la llamada superioridad racial del blanco sobre el negro y el indio. Expresó que nadie es esclavo ni siervo por nacimiento, por lo que fue un notable humanista, precursor de muchas de las ideas que fueron luego populares y universales.

Don Francisco García Icazbalceta publicó en México, en 1889, numerosas obras del padre Francisco Javier Alegre, agrupadas con el título genérico de *Opúsculos inéditos, latinos y castellanos, del P. Francisco Javier Alegre.* Éste murió en Bolonia, Italia, el 16 de agosto de 1788.

JOSÉ ANTONIO ALZATE
[1737-1799]
Historiador y polígrafo

Nació el 21 de noviembre de 1737 en el pueblo de Ozumba, perteneciente a la entonces provincia de Chalco, hoy en el Estado de México. Su familia, de origen vasco, estaba emparentada con la ilustre poetista Juana de Asbaje, conocida en el claustro como sor Juana Inés de la Cruz; y al parecer por tal influencia siguió el niño la carrera eclesiástica, dentro de la Compañía de Jesús. Estudió primeramente en el Colegio de San Ildefonso, de la ciudad de México, donde obtuvo el grado de bachiller en teología y derecho. Pero amó todas las ciencias y las artes.

Supo aunar la carrera sacerdotal con su extraordinario amor a las ciencias y a las artes, al saber humano y al estudio y la investigación. A fuerza de constancia y economía, logró reunir una biblioteca de obras clásicas, un museo o gabinete de historia natural y antigüedades del país, y una colección de máquinas e instrumentos necesarios para el estudio práctico y experimental de la astronomía y otras ciencias. En su larga vida abarcó el cultivo de la mayor parte de las ciencias conocidas entonces: botánica, zoología, física, matemáticas puras y aplicadas, ciencias fisiológicas, filología, filosofía, derecho e historia.

Fue además un investigador notable y un geógrafo de amplia perspectiva; hizo observaciones meteorológicas; sus experimentos sobre la electricidad fueron numerosos y variados. Se dedicó también a las letras; en el campo literario tuvo tanto o más valor que en el científico. Su literatura es concisa, sustancial, sin oropel ni formas impresionantes, y en ella emplea con éxito la sátira. Por otra parte, al lado de Clavijero, Díaz de Gomorra, Alegre y otros, Alzate se propuso implantar una tendencia filosófica neohumanista. También se le expulsó de la Nueva España, con los jesuitas, en el año de 1767, radicando en Roma.

Allí siguió escribiendo y trabajando hasta que, cambiadas las condiciones políticas, regresó a México. Ya en su patria, estudió la aurora boreal que apareció en 1789, haciendo interesantes observaciones sobre el fenómeno. En la *Gaceta,* que se publicaba en esa época, escribió numerosos artículos en que narraba sus estudios y descubrimientos, útiles para la agricultura, la minería, las artes y la industria. Escribió sobre la transmigración de las golondrinas, sobre la chuparrosa, sobre la cría de la cochinilla, la producción de la grana, sobre los gusanos de seda y su industrialización. Escribió sobre arqueología y redactó gran número de notas y adiciones a la *Historia Antigua de México,* del padre Clavijero.

Sus últimos años los pasó dedicado a la astronomía. En 1793 estableció en su propia casa un observatorio astronómico, que se quemó años más tarde, destruyéndose en el incendio sus aparatos y muchos de sus manuscritos y obras. Hizo una excursión al Iztaccíhuatl, para practicar numerosas observaciones barométricas, termométricas, meteorológicas y botánicas, descubriendo además que el cráter extinguido del volcán se había ya cerrado. La Academia de Ciencias de París lo nombró su socio corresponsal publicando sus escritos, e igual honor le dispensaron el Jardín Botánico de Madrid, la Sociedad Vascongada y otras instituciones del mundo.

La expedición botánica del Perú, dedicó una planta a su memoria. En México fue puesto su nombre a una sociedad científica. Sus notas históricas conocidas, a la obra de Clavijero, fueron primeramente 78, pero luego se descubrieron 158 más. Dichas notas completan y enmiendan la obra del padre Clavijero, dando a conocer la geografía física, humana, política, social y económica de la época en que dicha historia fue escrita y de aquélla que describe. Alzate murió el 2 de febrero de 1799, en la ciudad de México.

FRANCISCO JAVIER CLAVIJERO
[1731-1787]
Jesuita historiador

Nació el 9 de septiembre de 1731 en el puerto de Veracruz, en el seno de una ilustre familia. Su padre, don Blas Clavijero, era originario de la ciudad de León, España; había recibido muy esmerada educación en París, y vino a la Nueva España para encargarse del gobierno de las alcaldías mayores de Teziutlán y Xicayán, en la Mixteca. Su madre, doña María Isabel Echeagaray, procedía de Vizcaya y era dama distinguida, que contó entre sus parientes a una virreina de México. Clavijero pasó su infancia en el campo. En la ciudad de Puebla hizo estudios de latín, filosofía y teología, en los colegios de San Jerónimo y San Ignacio.

Muy joven ingresó en el noviciado de la Compañía de Jesús, y el 13 de febrero de 1748, vistió la sotana en Tepozotlán. A la manera de los grandes jesuitas de su tiempo, distinguióse Clavijero por su sólida y extensa cultura; lejos de confinarse en la teología, extendió sus conocimientos a las ciencias exactas, físicas y naturales; formó su espíritu artístico en la música, y su buen gusto literario se nutrió en el estudio de los clásicos, así latinos como castellanos, a los que llegó a entender e imitar.

Fue, además, docto en lenguas, pues aparte del español, el griego, el latín, el hebreo; conocía a la perfección las lenguas europeas. De las indígenas, hablaba y escribía náhuatl, otomí, mixteco; conocía gramaticalmente otras 20 lenguas y dialectos del país. En el campo filosófico, destaca su obra: *Diálogo entre Filateles y Paleófilo* y en el literario, se propuso desterrar al hinchado y vacuo estilo gongorino. Se hallaba en el Colegio de Guadalajara, cuando sobrevino la expulsión de los jesuitas, por lo que fue conducido a Veracruz y embarcado con sus compañeros, el 25 de octubre de 1767, para radicar en Italia.

En el propio navío que le condujo a Europa, emprendió estudios de náutica, física y astronomía. Residió sucesivamente en Ferrara y en Bolonia, donde se entregó a sus estudios y experiencias; y con los ojos puestos en la lejana patria, emprendió la composición de la obra que le daría universal renombre, la *Historia Antigua de México,* que publicó en italiano, con el título de *Storia Antica del Messico.* Para componerla, hizo acopio de lo que había visto y aprendido en México de lo cual era testigo de primera mano; hurgó bibliotecas y archivos, consultó y adquirió libros, escribiendo así los diez que forman su copiosa obra.

Su obra la publicó en 1780, y las ediciones españolas que se conocen, son traducción de la obra original en italiano; una fue hecha por don Joaquín de la Mora e impresa en Londres, en 1826; la otra es del doctor Francisco Pablo Márquez, obispo de Puebla, publicada en México, en 1853. Una versión inglesa se publicó en 1787 y otra alemana en 1789. Escribió también Clavijero una *Historia de la Antigua o Baja California,* publicada originalmente en italiano, en Venecia, en 1789, ya muerto el autor, de la que se imprimió en México, en 1852, una traducción castellana, debida al padre Nicolás García de San Vicente.

Su muerte acaeció en Bolonia, Italia, el 2 de abril de 1787, allí quedaron sus restos y sus papeles.

ANTONIO MARÍA DE BUCARELI Y URSÚA
[1717-1779]
Cuadragésimo virrey de la Nueva España

Nació el 24 de enero de 1717 en Sevilla, España, siendo hijo de los marqueses de Vallehermoso y condes de Jerena. A los once años de edad entró de cadete en un regimiento, ascendiendo por escalafón hasta alcanzar el grado de capitán general. Tomó parte en las campañas de Italia, luego fue nombrado gobernador de la isla de Cuba, donde construyó los fuertes del Morro y Aatarés. En 1771 fue designado virrey de la Nueva España, por lo que salió de La Habana el 14 de agosto del mismo año, llegando a Veracruz el 23 siguiente. El 22 de septiembre recibió en San Cristóbal el bastón de mando, tomando posesión del gobierno al día siguiente.

Inmediatamente redujo el ejército, que se había formado para la defensa del país, que se componía de 10,000 soldados de infantería, 6,000 de caballería, más aparte el Regimiento de la Corona, los Cuerpos Urbanos de México, Puebla y Veracruz, y las Compañías de Alvarado y Tlacotalpan. Ordenó la represión de los indios que destruían a Coahuila, y que hacían excursiones contra los vecinos, siendo los apaches y julimes los que servían de guías en tales correrías, por lo que todos los que fueron apresados se les desterró a Cuba, en donde tuvieron que vivir pacíficamente.

Procuró arreglar las diferencias que existían entre franciscanos y dominicos, por la conquista espiritual de la California. En 1772 hizo cumplir la pragmática, que prohibía la introducción y uso de géneros de fábrica extranjeros; mandó recoger la moneda antigua, para sustituirla por la nueva, que traía acuñado el busto de Carlos III. Hizo que se destinara para hospital militar el edificio del Colegio de San Andrés; y en ese mismo año descubrieron el puerto de San Francisco de California, el comandante del presidio de San Diego, don Pedro de Fagos y el padre misionero Juan Crespi, que mantenían tan avanzada la frontera de Nueva España.

El 3 de mayo de 1774, el virrey Bucareli efectuó la primera Junta de Minería, de la que surgieron nuevas ordenanzas para la industria, para la que habría de establecerse un consulado, como el que existía para el comercio. El 17 de enero de ese mismo año, Carlos III expidió una Real Cédula, para permitir a la Nueva España el libre comercio con el Perú, Nueva Granada y Guatemala. Desde 1750 había solicitado el conde de Regla que se le permitiera poner en las cajas reales o en otra parte 300,000 pesos, para erigir un patronato real manejador de un Monte de Piedad o montepío, a imitación del que había en Madrid, con el fin de socorrer a los necesitados; pero hasta el 25 de febrero de 1775 se inauguró tal institución.

En julio de 1776, se concedió al gremio de mineros la facultad de formar un cuerpo autorizado, a manera de los consulados de comercio. Los mineros nombraron a don Lucas de Lasaga su administrador general, y director al célebre hombre de ciencia, don Joaquín Velázquez de León. En ese año el virrey mandó exterminar la langosta, de la que se quemaron 5,997 arrobas; inauguró el hospital de pobres y mejoró el de San Hipólito, para dementes; empezó la construcción del castillo de San Diego, en Acapulco, y concluyó el fuerte de Perote, en el puerto de Veracruz.

Siendo don Teodoro de Croix gobernador de las provincias de Sinaloa, Sonora, California y Nueva Vizcaya, consideró la Corte que los grandes cuidados que esa vasta y lejana región causaban al virrey de la Nueva España, hacía necesario establecer por separado una comandancia y capitanía general de esas provincias, a las cuales se agregaron las de Coahuila, Texas y Nuevo México, en 1776. La concesión del libre comercio entre España y las Indias, empezó a tener efecto en el año de 1779, año en que dejó de existir el virrey Bucareli, el 9 de abril, víctima de un ataque de pleuresía. Sus restos fueron sepultados en la Colegiata de Guadalalupe.

Dejó el virrey varios escritos, entre ellos: *Allosgusstio al Patres Concilii IV, Provincialis Mexicani, die X Octobris ann. 1771, Reglamento para el cuerpo de militares inválidos de la Nueva España, Colección de todas las providencias de gobierno*, etcétera.

ANTONIO LEÓN Y GAMA
[1735-1802]
Cosmógrafo

Nació en 1735, en la ciudad de México, mientras su madre moría de viruela. Su padre, conocido jurista colonial, lo destinó a la carrera del derecho, por lo que cursó gramática, jurisprudencia y filosofía. Recibió la educación escolástica de su tiempo, pero solo y sin maestro. Se dedicó por su cuenta al estudio de las matemáticas, formándose así en las disciplinas científicas. En el correr de sus estudios, en su vida de técnico, pudo conocer trabajos de Newton, Wolfis, Gravesand, Lalande, La Caille, Muskembrock, Bernoullis y otros sabios de su época o anteriores a ella.

Para vivir, tuvo que desempeñar durante más de 40 años el empleo de oficial mayor de cámara de Palacio, perteneciente a la ilustre casa de los Medina. Su cargo le permitió conocer mucho sobre antigüedades, en los archivos que manejaba. Ya dueño de muy vastos conocimientos, se dedicó a pergeñar obras notabilísimas, sobre cronología de los antiguos mexicanos y sobre los satélites de Júpiter; hizo admirables cálculos para fijar con precisión la verdadera latitud de México; estudios acerca del clima nacional, etc. Los calendarios y folletos que publicó estaban escritos en estilo fluido, concisos y persuasivos, siendo del agrado general.

Su celebridad pasó más allá de las fronteras novohispanas: el astrónomo francés, Lalande, pidió noticias científicas a León y Gama, y entre ellas le hizo conocer sus observaciones sobre el eclipse del 6 de noviembre de 1771; sobre la distancia del polo a la ciudad de México y sobre los satélites de Júpiter. El virrey Manuel Antonio Flores lo nombró para trabajar con el capitán de navío Alejandro Malaspina, en diversas comisiones científicas, así describió el eclipse de sol del año 1778, la aurora boreal que tanta sensación y espanto causó en la capital de la Nueva España; y sobre los notables monolitos indígenas encontrados en el subsuelo de la Plaza de Armas, en 1790. Murió el 12 de septiembre de 1802.

FRANCISCO EDUARDO TRESGUERRAS
[1759-1833]
Notable arquitecto

Nació el 13 de octubre de 1759 en la ciudad de Celaya, Guanajuato, donde hizo sus estudios elementales. Pasó luego a la ciudad de México, donde estudió dibujo en la Academia de San Carlos, siendo a los 15 años de edad un notable dibujante. Sin embargo, no pudo colocar sus obras pictóricas, por lo que, decepcionado de su arte, estuvo a punto de convertirse en monje. Sin embargo, empezó a trabajar en diversas construcciones arquitectónicas, y gracias a su talento y dedicación, llegó a convertirse en el mejor arquitecto mexicano de todos los tiempos.

En sus 74 años de vida, muchas fueron las obras arquitectónicas que produjo, todas ellas notables, como son: la casa de los condes de Rul, en Guanajuato; la torre del templo de San Agustín y los altares de San Francisco, en Celaya; el Teatro Alarcón, en San Luis Potosí, notable por su gran bóveda plana; la fuente de Neptuno, en Querétaro; y, sobre todo, sus dos obras máximas: el magnífico puente de cinco ojos, tendido sobre el río de La Laja, y el maravilloso templo de clásico estilo churrigueresco, en Celaya, verdadero calado de piedra que pasma a quien lo mira.

También produjo algunas buenas obras escultóricas y pictóricas, entre las cuales destacan: una estatua de San Elías, en el templo del Carmen, de Celaya, y una pintura que representa la aparición de la Virgen al mismo santo, que se encuentra en el referido templo. En poesía dejó muchas y muy aceptables composiciones en verso. Fue además un eminente patriota; a su iniciativa se debe el primer monumento erigido en México a la Independencia, que él mismo levantó en Celaya, en forma de una esbelta y elegante columna. En política, llegó a figurar como síndico, regidor y alcalde de Celaya; fue diputado provincial por Guanajuato, al restablecerse la constitución española de 1820. Allí murió, el 3 de agosto de 1833, víctima de la epidemia de *cholera morbus* que asolara al país en esa época.

MANUEL TOLSÁ
[1757-1816]
Arquitecto y escultor

Nació el 24 de diciembre de 1757, en la villa de Enguera, Valencia, España, siendo sus padres don Pedro Tolsá y doña Josefina Sarión y Gómez. Desde niño mostró disposiciones para las artes plásticas, fue alumno distinguido de las Reales Academias de San Carlos de Valencia y de San Fernando de Madrid, donde terminó su carrera, obteniendo el primer premio de arquitectura. Comisionado por el rey de España, se trasladó a México, saliendo de Cádiz en el navío Santa Paula, el 20 de febrero de 1791, acompañado de su sobrina, Joaquina, llegando a México el 22 de julio siguiente.

Había sido en España escultor de cámara del rey, ministro de la Suprema Junta de Comercio, Moneda y Minas. Recibió nombramiento de director de la Real Academia de San Carlos, en la Nueva España, siendo académico de mérito de la de San Carlos de Valencia, por incorporación a la de San Fernando, de Madrid. El 24 de diciembre de 1793, contrajo matrimonio en el puerto de Veracruz, de la Nueva España, con doña María Luisa Sanz Téllez Girón, oriunda del mismo puerto, e hija de don Juan Sanz Espinosa de los Monteros, comisario de guerra de la Real Audiencia, y de doña Manuela Téllez Girón y Leyva, originaria de México, descendiente del duque de Osuna.

De esa unión nacieron siete hijos, que entregaron sus vidas a su patria, México, resultando tres generales y cuatro coroneles. Radicado en la capital de la Nueva España, abrió una casa de baños, formó una sociedad para establecer una fábrica de coches, además de otros negocios, mientras ejecutaba sus obras arquitectónicas y de escultura, varias de ellas encomendadas, sin estipendio alguno, por el Ayuntamiento de México: como el reconocimiento del desagüe de la ciudad, nueva introducción de aguas potables, los Baños del Peñón, nueva planta de la Alameda, de la Real del Seminario, del Coliseo, etc. Todavía quedó tiempo y dinero a Tolsá, para sostener de su peculio a 40 huérfanos, asilados en su casa; hizo cañones de bronce y obuses de su invención, que entregó al ejército, también a sus expensas.

El 2 de mayo de 1795 obsequió su colección de moldes y figuras, además 300 medallas y monedas, a la Academia de San Carlos. En octubre de 1798, para obtener el título de académico de mérito en arquitectura, presentó tres dibujos: uno para la construcción del Colegio de Minería, otro para un retablo y otro para una vivienda o celda en el convento de Regina, para que sirviera de habitación a la señora marquesa de Selva Nevada. El proyecto para el edificio de Minería lo hizo en sólo dos meses, siendo uno de los más hermosos edificios de México, sobre todo en sus escalinatas.

Además del palacio de Minería, que es su obra máxima, hizo la casa del marqués del Apartado y muchas otras particulares. Como escultor fue también notable, siendo autor de las esculturas de las Virtudes, que rematan el reloj de la Catedral de México; la virgen tallada en madera que se conserva en el arzobispado de Puebla; dos cabezas de Dolorosas, bellamente coloridas, que están en La Profesa y en el Sagrario de México. Su obra más conocida, la estatua ecuestre de Carlos IV, conocida popularmente como "El Caballito", que adorna la entrada del Paseo de la Reforma, en su confluencia con las calles de Bucareli y Rosales.

Ésta es una de las estatuas más bellas del mundo, fundida en una sola pieza en bronce, que ha merecido, ser comparada con la famosa de Marco Aurelio de la ciudad de Roma. Tolsá, al fundir el metal para esa estatua, perdió la dentadura por los gases, a causa de ello le sobrevino una úlcera en el estómago, de la cual murió más tarde. La muerte lo sorprendió a las 12 de la noche del 24 de diciembre de 1816, siendo sepultado en el presbiterio del Altar Mayor de la parroquia de la Santa Vera Cruz, siendo con posterioridad trasladado al cementerio de San Fernando.

JOSÉ MOCIÑO
[-1819]
Naturalista y botánico

Nació en el último tercio del siglo XVII, en Temascaltepec, hoy Estado de México. En el Seminario de la ciudad de México, realizó estudios médicos, matemáticos, físicos, de química y botánica, siendo uno de los primeros sabios que cultivaron esas ciencias en México. En 1789 estudiaba con el maestro Cervantes, de quien fue discípulo sobresaliente; pero su principal preparación como naturalista, la recibió del sabio francés Sessé, que había sido comisionado por Carlos IV para realizar una expedición científica por la Nueva España.

En los años de 1791 y 1795, Mociño acompañó a Sessé en sus viajes de estudio por la Nueva España, en compañía de dos dibujantes y con varios ayudantes, viajes que duraron ocho años, en los cuales recorrieron los expedicionarios 3,000 leguas, recogiendo y clasificando nuevas y muy raras especies de plantas, algunas de las cuales fueron enviadas al Jardín Botánico de México, que había quedado bajo la dirección del maestro Cervantes. El estudio se fue adueñando cada vez más de Mociño, logrando dar a México en 1804, categoría de país científico, causando admiración sus trabajos sobre plantas hasta entonces desconocidas.

Ese año se trasladaron Sessé y Mociño a España, a dar cuenta de su expedición, llevando consigo un rico herbario y una colección de dibujos iluminados, además de informes, descripciones y estudios, que constituían un verdadero tesoro científico. En 1809 murió en España el sabio francés Sessé, compañero, amigo y maestro de Mociño. Las colecciones reunidas por ambos fueron a dar al Jardín Botánico de Madrid, juntamente con el libro *Flora Mexicana,* escrito por Mociño; allí quedaron, al parecer, olvidados tantos afanes y tan novedosos conocimientos.

En vista de ello, Mociño emigró a Francia, refugiándose en Montpellier, en donde conoció al sabio Decantolle, director del Jardín Botánico. A él enseñó Mociño la colección de más de 3,000 dibujos que llevaba consigo, iluminados, de plantas y animales mexicanos. Decantolle le publicó algo de sus trabajos y los mostró en Ginebra, donde fueron elogiados. En 1817 Mociño regresó a España, dejando copia de sus dibujos a Decantolle, quien contrató a todos los dibujantes de Ginebra para que, en diez días copiaran 800 dibujos y delinearan 109 más; todos los dio a conocer Decantolle en una obra posterior, en la cual se refirió al origen de los mismos, haciendo que el nombre del mexicano Mociño fuera conocido en toda Europa.

Aunque Mociño se empeñó en que sus trabajos fueran aprovechados en España, no encontró eco alguno, posiblemente por su origen novohispano, y desencantado de todo murió en Madrid o en Barcelona, el 12 de junio de 1819, según algunos de sus biógrafos, y de 1822, según otros. Dejó otras obras escritas, una que publicó con el seudónimo de José Velázquez, y que tituló: *Cartas y sátiras contra los aristotélicos y los escolásticos;* una *Descripción del volcán del Jorullo,* varios manuscritos sobre la flora de México y de Guatemala, etc. Una copia de su *Flora Mexicana* fue publicada en México, en los Anales del Museo Nacional.

ANDRÉS DEL RÍO
[1765-1849]
Mineralogista

Nació el 10 de noviembre de 1765 en Madrid, España, destacándose desde pequeño por su afición a las ciencias, por lo que fue pensionado a estudiar en Francia, Inglaterra y Alemania. Estuvo más tarde en Hungría, donde estudió bajo la dirección del profesor Werner, junto con el barón de Humboldt. A la edad de 28 años, en 1793, pasó a México, como profesor de química del Seminario de Minas, hoy Escuela Nacional de Ingenieros, donde fundó un laboratorio y sirvió también la cátedra de mineralogía.

En 1820, fue diputado por México a las Cortes Españolas, en donde demostró su adhesión a nuestro país, que había tomado ya como el suyo, por cuya, independencia abogó. Cuando se acordó la expulsión de los españoles de México, no se hizo extensiva a él; pero por sí mismo marchó hacia los Estados Unidos. Sus trabajos escritos y sus descubrimientos en materias científicas, fueron extraordinarios, llamando la atención del mundo. Descubrió un nuevo elemento, el metal vanadio.

En 1795 publicó el primer tomo de su *Orictognosia,* para uso de los alumnos de su cátedra. Tradujo obras muy notables del alemán, y en 1804 publicó las *Tablas Mineralógicas* de Karsten, cuidadosamente anotadas. En 1827, *El Nuevo Sistema Mineral,* de Berzelius; en 1832, en Filadelfia, de los Estados Unidos de América, sus *Elementos de Orictognosia;* en 1841, un *Manual de Geología;* en 1846, la parte preparatoria de su *Orictognosia,* y en 1848, el suplemento de adiciones y correcciones de su *Mineralogía.* Escribió muchos otros estudios científicos.

Entre sus descubrimientos, destacan los siguientes: En 1802 descubrió la plata azul, cobre carbonatado platoso, en el mineral de Catorce; en 1825 la liga natural de oro y rhodio; pero, sobre todo, en 1800 descubrió el vanadio, que encontró en el plomo pardo del mineral de Zimapán, y que él denominó paneornio o aritronio. Cuando Humboldt estuvo en México, le encargó que diera a conocer su descubrimiento en Europa, pero se ignora por qué el sabio alemán no cumplió con tal encargo, por lo que otros investigadores descubrieron allá otra vez ese metal, llamándolo vanadio.

El sueco Sefstrom dio a conocer el vanadio en 1830, al cual había llamado así en honor de la diosa Vanadis, de la mitología escandinava. El vanadio forma parte, en la actualidad, de varias aleaciones de aplicación industrial; los óxidos de vanadio sirven para la preparación del negro de anilina, y se le emplea especialmente en algunos aceros, a los cuales da gran resistencia, dureza y facilidad de temple, por lo que es indispensable en la moderna industria de fabricación de automóviles y aeroplanos.

Andrés del Río fue miembro de la Real Academia de Ciencias de Francia, de la Sociedad Werneriana de Edimburgo, de la Real Academia de Madrid y de muchas otras sociedades científicas mexicanas y extranjeras. Los sabios Berzelius y Humboldt reconocieron públicamente en 1831, después del redescubrimiento el vanadio en Europa, que la paternidad del descubrimiento le correspondía a don Andrés del Río, quien había adoptado la nacionalidad mexicana, y radicó en la ciudad de México durante los últimos años de su vida. Murió en ella, el 23 de marzo de 1849, siendo muy honrado por su ciencia.

PEDRO SÁINZ DE BARANDA
[1787-1845]
Marino e industrial

Nació el 13 de marzo de 1787, en el puerto de Campeche, o el 13 de septiembre, según otros de sus biógrafos, hijo de una familia acomodada de españoles, por lo que fue criollo por nacimiento. A los 11 años de edad, en 1798, fue enviado a España para que estudiara la carrera de marino, obteniendo el despacho de guardia marina, después de haber estudiado en el Ferrol. El 18 de octubre de 1803, embarcó a bordo del navío San Fulgencio, saliendo a campaña desde luego, a las órdenes de Domingo Grandallana, para participar en varios combates.

En 1805, siendo ya alférez, tomó parte en la famosa batalla de Trafalgar, donde España perdió su imperio en el mar, contra la escuadra inglesa mandada por el almirante Nelson. Éste trató de abrirse paso al través de la escuadra española, el 21 de octubre de ese año, precisamente viajando en el barco Santa Ana, en el que iba Sáinz de Baranda, a las órdenes de don Ignacio M. Alava. La mitad de la tripulación del buque murió en campaña, y el navío quedó desarbolado, mientras la mayor parte de los buques de la escuadra española se iban al fondo del mar, hundidos por los ingleses, que perdieron al almirante Nelson, pero triunfaron.

El navío Santa Ana fue apresado, con los pocos barcos españoles que quedaron a flote, pero no pudieron llevarlo a puerto inglés, pues la pericia de Alava y el valor de sus marinos sobrevivientes, entre ellos Sánz de Baranda, que recibió cuatro heridas de gravedad, pero siguió en pie, lograron arrebatar el barco español de manos de sus captores, llevándolo maltrecho, pero seguro, a puerto español. En octubre de 1806 volvió a embarcarse el joven marino yucateco, sanado ya de sus heridas, llegando a mandar una cañonera. Sirviendo a la marina española, en 1808 regresó a Campeche, para patrullar el Golfo de México y el mar de las Antillas, tarea en la que permaneció hasta 1815, en que pasó comisionado al ramo de guerra, en el mismo puerto en donde había nacido.

En febrero de 1815 fue comisionado al cuerpo de ingenieros, trabajando en algunos aspectos de la fortificación de Campeche. Fue elegido diputado a Cortes por su tierra natal, pero no ocupó tal puesto, en 1820, por haberse restablecido la constitución española. Al sobrevenir en 1821 la Independencia de México, el nuevo país encontró en Sáiz de Baranda un útil elemento. El 7 de noviembre de 1822, el gobierno mexicano lo envió al departamento de marina de Veracruz, donde ocupó el puesto de mayor general de la armada mexicana. Combatió entonces contra las fuerzas españolas, que ocupaban San Juan de Ulúa.

Entre sus cargos de esos años, figuró el de capitán de puerto de Campeche y comandante de marina de Yucatán. En el salón de sesiones del congreso local de Veracruz, quedó inscrito su nombre para recordar que había contribuido decisivamente para expulsar de San Juan de Ulúa a los españoles. En 1826 se retiró del servicio y se estableció en Yucatán, donde introdujo la primera máquina de hilados y tejidos de algodón que hubo en el país, convirtiéndose en un activo industrial, que tecnificó y mecanizó la producción de telas en México. Siendo ciudadano prominente, fue llamado por sus contemporáneos a ocupar puestos públicos.

Fue vicegobernador de Yucatán, comandante militar, jefe político, subdelegado y prefecto de Valladolid, Yucatán. Murió en Mérida, el 16 de septiembre de 1845, aquejado de las dolencias que había contraído en sus largos años de servicio en el mar y en las guerras.

JOAQUÍN FERNÁNDEZ DE LIZARDI
[1776-1827]
Escritor y periodista

Nació en noviembre de 1776 en la ciudad de México, siendo bautizado el 15 del mismo mes, en la parroquia de la Soledad de Santa Cruz. Hijo de don Manuel Fernández de Lizardi, médico y de doña Bárbara Gutiérrez, pasó su infancia e hizo sus primeros estudios en Tepozotlán, de cuyo Seminario de Jesuitas era médico su padre. Volvió a México, donde estudió latín con el profesor Manuel Enríquez, cursando después filosofía en el Colegio de San Ildefonso, hasta alcanzar el grado de bachiller. Empezó a estudiar teología, pero la muerte de su padre acarreó a la familia penuria económica, por lo que interrumpió sus estudios, para trabajar.

Se empleó de amanuense, desempeñando el cargo de juez en Taxco y cerca de Acapulco. Se casó en México en 1805, escribiendo entonces en el *Diario* que acababa de fundarse; pero su aparición en las letras nacionales data de 1808, en que publicó un himno titulado *Polaca en honor de nuestro católico monarca, el señor don Fernando Séptimo*. Al suceder la guerra de Independencia, se hallaba en 1812 en Taxco, como teniente de justicia; al entrar allí Morelos, Fernández de Lizardi le entregó las armas, municiones y pólvora que allí había, por lo que fue llevado preso a la ciudad de México, por las autoridades realistas.

Puesto en libertad, fundó el célebre periódico *El Pensador Mexicano*, cuyo nombre sería después su seudónimo, en el que proclamó la libertad de imprenta, llevándolo a la cárcel sus censuras al virrey Venegas desde donde siguió escribiendo. Publicó en 1815 *Alacena de Frioleras;* en 1819, *Ratos entretenidos;* en 1820, *El Conductor Eléctrico*, publicaciones que sucedieron a *El Pensador Mexicano*. Escribió numerosas obras literarias, especialmente obras de teatro y novelas, que publicó por entregas, en folletines, como su conocido *El Periquillo Sarniento*, *La Quijotita y su prima*, *Don Catrín de la Fachenda* y *Noches tristes y día alegre*. Murió en la ciudad de México, el 21 de junio de 1827.

LA INDEPENDENCIA

JOSÉ MARIANO MICHELENA
[1772-1852]

Caudillo insurgente

Nació el 14 de julio de 1772 en Valladolid, hoy Morelia, Michoacán, en el seno de una familia distinguida, que lo instó a seguir la carrera de las armas, después de que había cursado en el Seminario de Morelia la profesión de abogado. En 1806 se alistó en el Regimiento de Infantería de la Corona, con el grado de teniente, concurriendo al acantonamiento militar de Jalapa, que ordenó el virrey Iturrigaray, en previsión del asalto inglés que preparaba el norteamericano Aarón Burr, en Nueva Orleans.

En 1808, disuelto el acantonamiento por orden del virrey Pedro de Garibay, el 15 de octubre fue enviado Michelena a Valladolid, a reclutar gente para su regimiento, y encontró allí que algunos de sus antiguos compañeros de acantonamiento conspiraban en favor de la Independencia de México. Uno de ellos era su hermano, el licenciado Nicolás, y otro el capitán don José María Obeso; por lo que en septiembre se unió a los conspiradores, yendo a Pátzcuaro y a Querétaro, en misiones de la conspiración, poniéndose en contacto con el capitán Ignacio Allende.

En una importante sesión de los conspiradores, se acordó dejar al iniciador de la conspiración, el capitán García Obeso, el mando político, y conferir a Michelena el militar; pero al fin quedó García Obeso en posesión de ambos. Michelena fue enviado a propagar la revolución en Guanajuato, y los conjurados fijaron el 21 de diciembre para dar el grito de libertad, contando para entonces con 18,000 ó 20,000 partidarios. Pero la conspiración fue descubierta, por la denuncia del cura del sagrario de la catedral de Valladolid, don Manuel de la Concha.

Los conspiradores fueron aprehendidos por el gobierno virreinal, y Michelena fue encarcelado en el convento del Carmen, siendo remitido a la ciudad de México, en unión de sus compañeros. El gobierno no encontró muy peligrosa la conspiración, por lo que mostró bastante clemencia, siendo García Obeso enviado al acantonamiento de San Luis Potosí y Michelena al nuevo que se estaba formando en Jalapa. Pasaron los meses, y en septiembre de 1810 estalló el movimiento armado de Hidalgo y Allende, y algunos de los conspiradores de Valladolid fueron nuevamente aprehendidos, encarcelados y renovados sus sobreseídos procesos. Michelena fue uno de ellos, que fue enviado a San Juan de Ulúa, donde contrajo un grave reumatismo, por la constante humedad y el agua de las fatídicas tinajas.

En 1813 fue sacado Michelena de las tinajas de Ulúa, en brazos, por estar impedido para caminar por la enfermedad, y embarcado para España, donde fue enrolado para que peleara contra el ejército francés, ya repuesto con el viaje y el aire de mar. En 1814 ascendido a capitán del Regimiento de Burgos; le tocó luchar en la toma de Bayona, en febrero de ese mismo año. En 1820 se encontraba Michelena de guarnición en La Coruña, cuando estalló la revolución del general Rafael del Riego y Núñez, el primero de enero, y Michelena tuvo la suerte de prender a su antiguo perseguidor de México, el ex virrey Venegas, que era general de aquel departamento.

En ese mismo año fue designado por su provincia diputado a las cortes, pero no aceptó el puesto. Al saber en 1822 que se había consumado la Independencia de México, regresó a su país, y en debido reconocimiento a sus méritos fue ascendido a general de brigada. Sin embargo, se declaró enemigo de Iturbide, adhiriéndose al Plan de Casa Mata. Como suplente del general Bravo, formó parte más tarde del Poder Ejecutivo. Habiendo llegado Bravo a la capital, el 31 de enero de 1824, Michelena salió del gobierno, siendo enviado en abril a Inglaterra, como ministro plenipotenciario de México. Todavía ocupó otros puestos, en Panamá y en Europa. Murió en Morelia, Michoacán, el 10 de mayo de 1852.

MIGUEL HIDALGO Y COSTILLA
[1753-1811]
Caudillo insurgente y Padre de la Patria

Nació el 8 de mayo de 1753 en el rancho de San Vicente, situado en la llanura de Pénjamo, Guanajuato. Su padre, don Cristóbal Hidalgo y Costilla, natural de Tejupilco, en la intendencia de México, era administrador de la hacienda de San Diego Corralejo, a la que pertenecía el rancho viejo de San Vicente, que ocupaba como arrendatario don Antonio Gallaga. Con Ana María Gallaga, sobrina de don Antonio, casó don Cristóbal, quien tuvo cuatro hijos, todos varones, siendo José Joaquín, Miguel Antonio, José María y Manuel Mariano. El 16 de mayo fue bautizado Miguel Antonio, en la capilla de Cuitzeo de los Naranjos; estudió en el colegio de San Nicolás de Valladolid, hoy Morelia, que había sido fundado por don Vasco de Quiroga, en 1540, distinguiéndose en sus estudios.

Por su perspicacia, sus condiscípulos le pusieron el apodo de "El Zorro", y tal fue su inteligencia y distinción en sus estudios, que no obstante su juventud, fue catedrático y más tarde rector del colegio. En 1779 pasó a la ciudad de México, en donde recibió las sagradas órdenes sacerdotales, con el grado de bachiller en teología; sirvió en varios curatos, entre ellos el de Colima; pasó finalmente a la congregación de Dolores y villa de San Felipe, vacante desde la muerte de su hermano José Joaquín, también sacerdote. Allí extendió el cultivo de la vid, entre los agricultores, y propagó el gusano de seda, haciendo piezas de tela y ropas. Fundó también una fábrica de loza, otra de vidrio y ladrillos y algunos talleres de oficios varios. Propagó la cría de las abejas alentando entre sus feligreses el estudio de la música e instrumentos.

Antes de 1810, se afilió a las conspiraciones que se efectuaban en Querétaro y San Miguel el Grande, para derrocar al gobierno virreinal, ilustrando a los conspiradores con su enorme saber y la lectura de los libros de la Revolución Francesa, prohibidos en la Nueva España, pero que él leía desde su juventud en ese idioma, que dominaba, y por lo cual le habían apodado

111

también "El Afrancesado". En esas reuniones expresaba sus sentimientos con apasionada elocuencia, revolucionando las conciencias, con avanzadas e innovadoras teorías sobre la libertad. Tenía una cultura muy vasta, estando al tanto de cómo se habían hecho las revoluciones de Francia y de los Estados Unidos de América.

Era un hombre de acción; por lo que, al descubrirse la conspiración de Querétaro, por denuncias que contra ella hicieran el 10 y el 13 de septiembre de 1810, no titubeó ni por un momento en lanzarse a la lucha armada, no obstante que no estaba preparado para ello, pues el movimiento debería haber estallado hasta el primero de octubre siguiente. Peleó con valor, ya estando en guerra, en Guanajuato y en el Monte de las Cruces, aunque por su ignorancia del arte de la guerra, fue aniquilado por el mejor militar español de entonces, Calleja del Rey, en Aculco y el Puente de Calderón. Por un excesivo amor propio, no escuchó los consejos que le diera Allende, él sí militar consumado.

En Celaya fue nombrado Hidalgo, por la junta militar, capitán general de los ejércitos insurgentes, o sea el jefe supremo de los mismos, el 21 de septiembre. En Valladolid, el 19 de octubre, publicó Hidalgo el decreto que abolía la esclavitud en la Nueva España, siendo ascendido ese día a generalísimo de los ejércitos insurrectos. El 26 de noviembre, en Guadalajara, organizó un gobierno provisional, nombrando un ministro de guerra y justicia, un secretario de estado y del despacho, y un plenipotenciario que fuera a los Estados Unidos, a procurar el reconocimiento de la Independencia de México y a solicitar ayuda en la contienda.

El 17 de enero de 1811 fue completamente derrotado por Calleja en el Puente de Calderón, por lo que la junta militar lo despojó del mando. Allende acordó entonces retirarse al Norte, cuyas provincias eran adictas a la causa, y todos los caudillos marcharon hacia allá, siendo aprehendidos en Acatita de Baján y remitidos a Chihuahua, donde se les juzgó. Allí fue fusilado Hidalgo, el 30 de julio de 1811, después de ser degradado.

IGNACIO ALLENDE

[1779-1811]

Caudillo insurgente

Nació el 21 de enero de 1779 en San Miguel el Grande, pueblo de Guanajuato, que en su honor lleva ahora el nombre de San Miguel de Allende. Sus padres fueron el español don Domingo Narciso de Allende y doña María Unzaga; al morir su padre, que era rico, dejó algunos bienes para que los administrara su compatriota, el español Berrio, quien proporcionó a la familia una buena posición, educando a Allende en la carrera de las armas. En 1802 tenía Allende el grado de teniente de las milicias de la reina, año en que se casó; pero su esposa murió pronto. Estuvo de guarnición en el cantón de San Luis Potosí, a las órdenes del brigadier Calleja del Rey, y durante el año de 1807 radicó en la ciudad de México.

En 1809 era Allende capitán del regimiento de caballería de las milicias de la Reina, en su villa natal, en donde los militares García Obeso y Michelena lo invitaron a conspirar en Valladolid, contra el gobierno virreinal, causa a la que se entregó con verdadero entusiasmo. Descubierta la conspiración, participó en 1810 en la que se forjaba, en Querétaro, en casa del corregidor Domínguez, y visitaba en Dolores al padre Hidalgo, conspirador también. En San Miguel el Grande, ganó para la causa a los hermanos Aldama y en Celaya al capitán Arias; otro de los militares que acudieron a conspirar, invitados por él, fue el capitán Abasolo.

Allende era el alma de la conspiración, por su dinamismo, valor y prendas personales, y estaba señalado para ser el jefe militar de los ejércitos insurgentes; pero por el respeto que todos tenían al cura Hidalgo, le dejaron el mando supremo de la tropa, aunque él no era militar, con el resultado de que se cometieran muchos errores, que causaron seguramente la derrota de las primeras huestes insurgentes y la muerte de sus principales caudillos, entre ellos los mismos Hidalgo y Allende. La junta militar nombró primeramente a Allende teniente general, y después, en Acámbaro, se le ascendió al grado de capitán general, pero siem-

113

pre supeditado a Hidalgo, que fue capitán general y generalísimo.

Allende participó en el movimiento libertario de México desde los primeros momentos, juntamente con Hidalgo y Juan Aldama. Actuó con valor e inteligencia en todas las batallas libradas. No estuvo de acuerdo con Hidalgo cuando éste se retiró a la vista de la ciudad de México, sin intentar tomarla, después de haber ganado la batalla del Monte de las Cruces. Tampoco aprobó la táctica de Hidalgo, cuando éste evitó llegar a Querétaro, torciendo el rumbo en Chamacuero hacia Valladolid; y discrepó de presentar batallas en Aculco y en el Puente de Calderón, que fueron las acciones de guerra en que la Insurgencia se derrumbó. Esas discrepancias constan en las cartas que se escribieron entre ambos.

Las diferencias en la estrategia y las acciones de guerra, acaecidas entre Hidalgo y Allende, culminaron en que aquél fuera acusado de impericia militar, después de la catástrofe del Puente de Calderón, cerca de Guadalajara. La junta militar le retiró entonces el mando a Hidalgo, y se lo dio a Allende; pero fue ya demasiado tarde para recobrar los primeros triunfos del ejército insurgente, pues allí empezó el éxodo de los caudillos hacia el Norte hasta llegar a la traición de Acatita de Baján. El 13 de diciembre de 1810, Allende firmó con Hidalgo el primer tratado con los Estados Unidos de Norteamérica, constituyendo el primer gobierno provisional del México independiente, que habría de declarar la libertad.

En su viaje al Norte del país, para reponerse de las derrotas sufridas, Allende fue aprehendido en Acatita de Baján, Coahuila, juntamente con los demás cabecillas insurgentes, al ser traicionados por Elizondo. Fue enviado a Chihuahua, donde se le enjuició como rebelde y se le sentenció a morir fusilado. En las norias de Baján vio morir a su hijo único, en la escaramuza que se libró contra los rebeldes que los detuvieron. Allende fue fusilado en Chihuahua, el primero de agosto de 1811, y su cabeza fue enviada a la Alhóndiga de Granaditas, de Guanajuato, para ser exhibida.

JUAN ALDAMA

[-1811]

Caudillo insurgente

Nació en San Miguel el Grande, Guanajuato, siendo hermano del licenciado don Ignacio Aldama. Siguió la carrera de las armas, y al estallar la guerra de Independencia, era capitán del regimiento de caballería de las milicias de la reina, en su pueblo natal, donde también vivían su hermano Ignacio y el capitán Allende. Éste lo invitó, en 1809, a participar en la conspiración que en Valladolid dirigieron García Obeso y Michelena. Asistió a las juntas secretas hasta que la conjura fue descubierta en el mes de diciembre.

Con su hermano Ignacio participó en las juntas secretas de Querétaro, en 1810, en la casa del corregidor Domínguez, así como en las juntas que en San Miguel presidiera su hermano Ignacio. Estuvo en contacto también con el padre Hidalgo, en Dolores. El 10 de septiembre de ese año, la conspiración de Querétaro fue descubierta, por la denuncia que de ella hiciera el capitán Joaquín Arias, de Celaya, que había sido invitado igualmente por Allende a participar en ella. La denuncia la hizo ante el alcalde Ochoa y el sargento José Alonso, quienes se propusieron evitar el levantamiento, anunciado para el primero de octubre siguiente.

Ochoa y Alonso dirigieron al virrey Venegas sendas comunicaciones, participándole los acontecimientos; el 13 de septiembre hubo otra denuncia, en la que se complicaba como conspiradores a los hermanos Epigmenio y Emeterio González, así como al corregidor Domínguez, de Querétaro. Éste se dio cuenta de las denuncias y de que las autoridades se preparaban a actuar, ya que se ordenó catear las casas de los comerciantes González, en busca de armas. El cateo lo efectuó el 14, encontrando algunas armas y deteniendo a Epigmenio González. En vista de ello, 'a esposa del corregidor, doña Josefa Ortiz de Domínguez, se dio prisa en avisar a Allende de lo que ocurría, enviando un correo a San Miguel.

Como el enviado de la corregidora no encontrara a Allende, entrevistó al capitán Juan Aldama y le informó que la conspiración había sido descubierta. Aldama se puso inmediatamente en camino hacia Dolores, para entrevistar a Hidalgo, a quien encontró a las dos de la mañana, discutiendo el movimiento precisamente con Allende, pues ya estaban enterados de los acontecimientos. Los tres caudillos conferenciaron llegando a la conclusión de que antes de que fueran aprehendidos, habría que apresurar el movimiento, haciendo que estallara inmediatamente. En la madrugada de ese día, 16 de septiembre de 1810, Hidalgo mandó llamar al pueblo mediante un rebato de campanas; y así empezó la revolución.

El 17 siguiente, en Dolores nombraron los caudillos una junta directiva de la población de San Miguel el Grande, de la que el licenciado Aldama fue presidente y regidores otros vecinos, siendo el primer gobierno impuesto por los insurgentes. Por su parte, el capitán Aldama siguió al mando de una fracción del ejército, tomando parte en las siguientes batallas. Después de la que se dio en la Alhóndiga de Granaditas, el gobierno virreinal puso precio de $ 10,000.00 a las cabezas de Hidalgo, Allende y el capitán Aldama, que eran los jefes visibles del movimiento, que empezaba arrollador y lleno de victorias.

Más tarde, cuando en Acámbaro Hidalgo reorganizó el mando del creciente ejército insurgente, que contaba ya con 80,000 hombres, el capital Juan Aldama fue ascendido al grado de teniente general, grado con el que participó en las desastrosas batallas de Aculco y Puente de Calderón, en 1811. Después de la derrota sufrida por los insurrectos en estas batallas, contra las huestes realistas de Calleja, se inició la retirada hacia el Norte, acompañando Juan Aldama a los cabecillas, hasta Acatita de Baján, en donde todos fueron aprehendidos, por la traición de Elizondo.

Hidalgo, Allende, Aldama, Jiménez y otros jefes fueron remitidos a la ciudad de Chihuahua, donde el tribunal militar debería juzgarlos por rebeldía. Juan Aldama fue sentenciado a morir, siendo fusilado el 26 de junio de ese año de 1811. Su cabeza fue enviada a la Alhóndiga de Granaditas, para que fuera exhibida en un garfio, junto a las de otros jefes.

IGNACIO ALDAMA
[1780-1811]
Caudillo insurgente

Nació el 7 de mayo de 1780 en San Miguel el Grande, Guanajuato, en donde vivió casi siempre. Hizo los estudios de abogado, de cuya profesión recibió título en la ciudad de México; pero deseando radicarse en su pueblo natal, donde tal profesión era poco lucrativa, se dedicó al comercio, en el que logró reunir cuarenta mil pesos, fortuna considerable en su época. Por invitación de su hermano, el capitán Juan Aldama, ingresó a las juntas de la segunda conspiración de Independencia, en Querétaro, y a su vez organizó en San Miguel un grupo de vecinos dispuestos a tomar las armas o ayudar en alguna forma a la causa.

El 16 de septiembre de 1810, Ignacio Aldama se encontraba en Aculco, Guanajuato, con las familias de su hermano Juan y la propia, cuando se enteró de que la conspiración había sido descubierta y adelantado la fecha del levantamiento armado insurgente. Regresó entonces a San Miguel el Grande, donde preparó a sus adeptos para recibir a Hidalgo y sus huestes insurrectas; Hidalgo llegó y organizó en la ciudad el primer gobierno insurgente, nombrando presidente del ayuntamiento a Ignacio Aldama, por cuyo motivo el Colegio de Abogados lo borró de sus listas.

Al salir de esa ciudad las tropas levantadas, rumbo a Celaya, Ignacio Allende no quiso permanecer allí, por lo que con su familia se unió el ejército y lo acompañó en sus primeras batallas, hasta la del Puente de Calderón, cerca de Guadalajara, donde Hidalgo fuera definitivamente derrotado por Calleja. Ignacio Allende no tuvo mando de tropas, pero asistió a Hidalgo como abogado y consejero en asuntos legales, jurídicos y políticos aunque con el grado de capitán general y de generalísimo que le fue dado, sucesivamente. Por ello el gobierno español ofreció también $ 10,000.00 por su cabeza, exceptuándolo del indulto concedido a los demás insurgentes que abandonaran las filas de la insurrección.

Con el grado de mariscal, figuró en el Estado Mayor de Hidalgo, y al lado de éste, durante los últimos meses de su actuación guerrera, en 1811. Después de la derrota del Puente de Calderón, cuando Allende, al mando de la tropa, por haber sido Hidalgo despojado de él, en vista de su impericia militar, decidió retirarse hacia el Norte, para rehacerse allá, con la ayuda de los Estados Unidos de Norteamérica, Ignacio Aldama precedió a los viajeros. Había sido honrado con el título de embajador de la insurgencia ante los Estados Unidos de Norteamérica, a donde debería ir a gestionar auxilio y comprar armas; para ello recibió una fuerte cantidad de dinero, en efectivo y barras de plata, saliendo con su misión.

El primero de marzo de ese mismo año, estalló en el norte de México una contrarrevolución, auspiciada por quienes tenían miedo, ante los descalabros sufridos por el ejército insurgente en Aculco y Puente de Calderón. El movimiento contrarrevolucionario lo dirigía el sacerdote José Manuel Zambrano, quien al saber que Ignacio Allende se encaminaba al norte del país, lo detuvo en Béjar, remitiéndolo prisionero a Monclova, en Coahuila, donde debería ser juzgado por los contrarrevolucionarios. Después de permanecer preso durante algunos meses, un consejo de guerra lo juzgó, condenándolo a muerte, el 20 de junio de 1811.

Ese mismo día fue fusilado, siendo el primer jefe insurgente muerto fuera de campaña. La misma rebelión del padre Zambrano, con la cual se entendió Elizondo, fue la que aprehendió más tarde a los demás caudillos de la insurgencia, entregándolos al gobierno virreinal para que juzgara, a los civiles en Chihuahua y a los eclesiásticos en Durango. Al concluir la guerra de Independencia, en 1821, el nombre de Ignacio Aldama fue inscrito con letras de oro en el recinto de la Cámara de Diputados del México libre, juntamente con los de los principales caudillos.

MARIANO ABASOLO

[1783-1816]

Caudillo insurgente

Nació en 1783 en el pueblo de Dolores, en Guanajuato, cuna de la Independencia Mexicana. Juntamente con Ignacio Allende y Juan Aldama, servía como capitán en el regimiento de Dragones de la Reina, que guarnecía la villa de San Miguel, cuando empezó la conspiración de Querétaro, para derrocar al gobierno virreinal e independizar a México. En el curso del año de 1809, algunos mexicanos tramaron una conspiración en Valladolid, hoy Morelia, Michoacán, en la que estaban comprometidos los militares de alta graduación: José María García Obeso, José Mariano Michelena, numerosos civiles de relieve, José María Abarca, capitán de las milicias de Uruapan, Ignacio Allende y José Mariano Abasolo, nuestro biografiado.

Esas reuniones secretas las continuaron los conspiradores hasta diciembre del mismo año, en que fueron descubiertas, siendo aprehendidos algunos de los principales concurrentes, quedando los demás en libertad. Allende y Abasolo, estando libres, siguieron conspirando, ahora en torno al corregidor de Querétaro, don Miguel Domínguez, y de su esposa, doña Josefa Ortiz. Abasolo había entrado a ambos movimientos de conspiración invitado por su compañero Allende, quien ejercía cierta influencia sobre él, y quien a la segunda conspiración, la de Querétaro, llevó a otros dos capitanes: Juan Aldama y Joaquín Arias, este último quien habría de ser el que descubriera la conspiración, vendiendo a sus amigos.

Abasolo, en cambio, fue siempre leal a Allende y a los insurgentes; como era rico, ayudó principalmente a la causa de la insurgencia con dinero y bienes de fortuna, aunque no realizara grandes acciones heroicas en la lucha armada. Cuando se inició la revolución de Independencia, en el pueblo de Dolores, entre la noche del 15 y la madrugada del 16 de septiembre de 1810, a Abasolo le tocó apoderarse de las armas que se encontraban en el arsenal del cuartel, y distribuirlas entre los insurrectos. Éstos eran los vecinos del pueblo, que

119

se reunieron en torno de Hidalgo, cuando éste los congregó al toque de las campanas de su templo, y los arengó haciéndoles ver la necesidad de lanzarse a la lucha.

De San Miguel, a donde el ejército insurgente fue primero y en donde Abasolo les entregó las armas del cuartel, marcharon los insurgentes a Celaya, ciudad que tomaron sin encontrar resistencia alguna, en la que Hidalgo recibió de sus tropas el nombramiento de capitán general, Allende el de teniente general, quedando los demás cabecillas, entre ellos Abasolo, como capitanes de las huestes, grado que ya tenían en el ejército virreinal. Después del asedio de Guanajuato y de las enconadas batallas que se libraron entre las huestes de Hidalgo y las que defendían la ciudad, al mando del intendente Riaño, la ciudad fue tomada por los insurgentes el 30 de septiembre, con la caída de la Alhóndiga de Granaditas.

Siguieron los insurrectos rumbo a Querétaro, pero torcieron el rumbo hacia Valladolid, donde entraron después de vencer algunas resistencias. Después de algunos días de descanso, Hidalgo salió hacia la ciudad de México, con el fin de atacarla. En Acámbaro pasó revista al ejército insurgente, que constaba ya de 80,000 hombres, e hizo algunos nombramientos: él quedó como generalísimo, Allende como capitán general; Aldama, Balleza, Jiménez y Arias, como tenientes generales; Ignacio Martínez, José Antonio Martínez, Ocón y Abasolo, como mariscales de campo.

Todavía tomó parte Abasolo en los combates que Hidalgo dirigió en el Monte de las Cruces, Aculco y Puente de Calderón, este último fue el decisivo, cuando Calleja derrotó a la insurgencia. De allí salió con los demás caudillos hacia el norte del país, a buscar adeptos y apoyo en los Estados Unidos de Norteamérica. Pero el 11 de marzo de 1811, en Acatita de Baján, Coahuila, fueron aprehendidos todos los jefes insurgentes, entre ellos Abasolo. Él no fue fusilado, como los demás, en Chihuahua, sino enviado prisionero al castillo de Santa Catalina, en Cádiz, España, donde permaneció durante varios años, muriendo el 14 de abril de 1816.

JOSÉ MARIANO JIMÉNEZ
[1781-1811]
Caudillo insurgente

Nació el 18 de agosto de 1781 en la ciudad de San Luis Potosí, en el seno de una conocida familia de mineros. Hizo sus estudios en la Escuela de Minería de la ciudad de México, en la que recibió el título de ingeniero de minas, el 19 de abril de 1804. Al estallar la guerra de Independencia, Jiménez se encontraba empleado en una mina del marqués de Rayas, y se unió inmediatamente al movimiento, con sus compañeros Chovell y Chico. Hidalgo le dio el grado de coronel, mismo grado que dio en Guanajuato a Casimiro Chovell, Bernardo Chico y José María Liceaga. Al mando de sus tropas, Jiménez derrotó a los realistas Manuel Ochoa y Antonio Cordero.

Cuando Hidalgo marchaba rumbo a Querétaro, fue informado que el intendente y el comandante de armas de Michoacán habían sido aprehendidos por los insurgentes, por lo que decidió marchar a Valladolid, para lo cual envió una avanzada de 3,000 hombres, al mando de Jiménez. En Celaya se le unió Aldama, con quien siguió por Acámbaro a Valladolid, a donde llegó el 16 de octubre. En Acámbaro, camino de la ciudad de México, Jiménez ascendió a teniente general, y su tropa, como vanguardia del ejército, fue la que tuvo el primer encuentro con el enemigo, en el Monte de las Cruces, donde preparó la derrota de Trujillo.

Como la ciudad de México no fuera asediada, los insurgentes se retiraron a Guanajuato, donde Jiménez se encargó de fundir cañones y mejorar las defensas de la ciudad. Cuando Calleja la atacó, el 24 de noviembre, Jiménez se encargó de la artillería, que no dejó de disparar, hasta que la ciudad había sido ya evacuada por las tropas insurgentes. Entonces Jiménez marchó al norte del país, alcanzando a Allende, quien le ordenó, en la hacienda del Molino, que fuera a insurreccionar el Norte. En Charcas aumentó su ejército Jiménez, y el 10 de diciembre salió de Charcas a Matehuala, donde entró el 12, con 7,000 hombres y 28 piezas de artillería, la mayoría de ellas hechas por él.

Jiménez batió a los realistas en el puerto del Carnero, entrando a la ciudad de Saltillo el día 8 de enero de 1811, con lo cual aseguró para los insurgentes el dominio del Nuevo Reino de León, cuyo gobernador, Manuel Santa María, se sumó en Monterrey a la causa de la Independencia. Uno de los capitanes de Jiménez, Juan Bautista Casas, se apoderó de la ciudad de San Antonio de Béjar, capital de la provincia de Texas, con lo cual se sumó a la insurgencia toda esa extensa región; y algunos vecinos de Baton Rouge, proclamaron la independencia de la Florida Occidental, desde el 26 de septiembre de 1810, al empezar el movimiento.

Cuando Hidalgo fue despojado del mando, después de la derrota del Puente de Calderón, Allende acordó retirarse al Norte, en vista de que Jiménez había ganado para la causa insurgente a Coahuila, Nuevo León, Texas y parte de Nuevo Santander, hoy Tamaulipas. A principios de febrero de 1811, salió el pequeño ejército que daría escolta a los caudillos insurgentes, rumbo a Saltillo, pasando por Salinas, El Venado, Charcas y Matehuala. En ese punto quedaron los equipajes, caudales y municiones, al cuidado de Hidalgo, en tanto que Allende avanzó hacia Saltillo, donde se le unió Jiménez, y poco más tarde el mismo Hidalgo y los otros.

De Saltillo salieron rumbo al Norte, pero el 19 de marzo fueron aprehendidos todos los viajeros en los pozos de Acatita de Baján, a donde las tropas tenían que llegar a tomar agua, pues el líquido escaseaba en los desiertos norteños, que iban atravesando. Jiménez fue enviado el 26 de marzo a la ciudad de Chihuahua, juntamente con Hidalgo, Allende, Aldama y Abasolo. Allí fue juzgado y sentenciado a muerte, la que recibió por fusilamiento, el 26 de julio de 1811, juntamente con Aldama y Allende. Las cabezas de los tres fueron cercenadas de sus cuerpos, y enviadas a la Alhóndiga de Granaditas, en la ciudad de Guanajuato, donde fueron colgadas de garfios de hierro, en tres de las esquinas del edificio, para ejemplo a los insurgentes que merodeaban por el Bajío.

JOSEFA ORTIZ DE DOMÍNGUEZ

[1768-1829]

Heroína de la Independencia

Nació en 1768, en la ciudad de México. Desde muy pequeña perdió a sus padres, quedando bajo el amparo de su hermana, doña María Sotero Ortiz. Su padre era un capitán del regimiento llamado de Los Morados, que murió en una acción de guerra. En 1789, a los 21 años de edad, entró en la clase de porcionistas en el Colegio de San Ignacio o de Las Vizcaínas, donde permaneció hasta 1791 en que fue sacada del colegio por don Miguel Domínguez, quien la conoció en una visita que hizo al establecimiento, y se enamoró de ella. Ese mismo año se casó con el señor Domínguez, marchando a Querétaro, donde él fungía como corregidor.

Siempre mostró doña Josefa un carácter extraordinariamente enérgico, al mismo tiempo que era caritativa y generosa, al extremo de auxiliar a los desamparados con sus bienes, y curar a los enfermos con sus propias manos. Quizá por ello abrazó las ideas de independencia de la Nueva España, para redimir a todos los olvidados del gobierno español, como eran los indios y las clases mestizas pobres. A ello contribuyó que el apuesto capitán Ignacio Allende, quien fuera uno de los principales promotores de la guerra de Independencia, fuera novio y presunto esposo de una de las hijas del corregidor de Querétaro.

Con tal entusiasmo y fe abrazó la causa de la Independencia doña Josefa, que convenció a su esposo, don Miguel, para que prestara su casa, con el objeto de que en ella se celebraran las juntas de los conspiradores. Y como si ello fuera poco, gastó la mayor parte de su fortuna en fomentar la insurrección. En aquel tiempo no se enseñaba a escribir a las mujeres, pues se decía que en esa forma se evitaba el que escribieran a sus novios o pretendientes; pero sí aprendían a leer, por lo que doña Josefa, que no sabía escribir o dibujar las letras, se ingeniaba recortando de los periódicos las letras, para formar con ellas palabras que pegaba en papeles, formando así los recados que enviaba a Allende y al cura Hidalgo, jefes visibles de la conspiración, comunicándoles los avisos que deberían conocer con oportunidad, a través de una cohetera que servía de correo.

Allende e Hidalgo habían señalado el primero de octubre de 1810 para que estallara la insurrección armada contra el gobierno virreinal; pero el 11 de septiembre fue delatada la conspiración, por el capitán Arias y el sargento Garrido; el 14 el virrey dio órdenes al corregidor Domínguez de que cateara la casa de don Epigmenio González, uno de los conspiradores, en busca de las armas que se decía estaban siendo almacenadas allí. Apenas supo la corregidora que la conspiración había sido descubierta, se apresuró a comunicar tal noticia a los jefes de la insurrección.

La noche del 13 de septiembre el corregidor, después de revelar a su esposa cuanto acontecía, en torno a la conspiración de Independencia, la encerró con llave en sus habitaciones, temeroso de que hiciera algo que los comprometiera a todos, mientras él se disponía catear al día siguiente la casa de don Epigmenio Gonzáles; pero doña Josefa pudo comunicarse a través de la puerta cerrada con el alcalde de la cárcel, don Ignacio Pérez, que era de los conjurados, y con él mandó avisar a Allende, a San Miguel el Grande, lo que acontecía. El 14 mandó la corregidora instar al capitán Arias para que se levantaran inmediatamente en armas; pero éste delató entonces también al corregidor y su esposa, que fueron apresados.

El corregidor fue remitido al convento de la Cruz y su esposa al monasterio de Santa Clara; aquél salió pronto de su prisión, porque el pueblo se amotinó, pidiendo su libertad, mientras que doña Josefa fue enviada a México, con una fuerte escolta. Fue internada en el convento de Santa Clara, donde estuvo recluida desde el año de 1813 hasta el de 1817, en que se le puso en libertad bajo promesa de que nada haría en favor de la insurgencia. Iturbide quiso hacerla dama de honor de la emperatriz, su esposa; pero no aceptó tal honor, por no ser partidaria del imperio. Vivió en la ciudad de México, donde murió el 2 de marzo de 1829.

MIGUEL DOMÍNGUEZ
[1756-1830]
Independentista y abogado

Nació en 1756, tal vez en la ciudad de México, donde se educó y siguió la carrera de leyes, titulándose de abogado. En 1791 conoció en el Colegio de las Vizcaínas a la que habría de ser su esposa, pues se casó con ella en ese mismo año, doña Josefa Ortiz, 12 años menor que él. Era don Miguel Domínguez un abogado criollo, hijo de españoles, que vegetaba en el ejercicio de su profesión, hasta que el virrey Marquina, conocedor de sus grandes virtudes, lo designó como corregidor de la ciudad de Querétaro, a donde llevó a su esposa, que por su carácter hizo buena amistad entre las principales familias de la población.

El licenciado Domínguez fue siempre partidario de las ideas de independencia, y la primera muestra de su amor patrio la dio en 1808, cuando al ayuntamiento de la ciudad de México pretendió, con los abogados Azcárate y Lezama y Verdad y Ramos, independizar a la Nueva España de la madre Patria, en vista de que se había quedado España sin legítima autoridad, por la invasión de Napoleón. Entonces don Miguel Domínguez propuso a los munícipes de la ciudad de Querétaro que se unieran a los de la capital y establecieran una junta de gobierno, como las que se habían creado en España, en virtud de la ausencia del rey Francisco VII.

Por ello, cuando empezaron las conspiraciones para buscar la libertad del país, a instancias de su esposa dio permiso para que se celebraran en su casa las juntas de los conspiradores. Al descubrirse la conspiración, Domínguez cateó la casa de Epigmenio González, como se le ordenara, y como encontró algunas armas, lo puso preso; pero a su vez él y su esposa fueron aprehendidos, quedando poco tiempo recluido en el convento de la Cruz, de la propia ciudad de Querétaro, mientras que su esposa era enviada tres años después, en 1813, a México, donde duraría recluida hasta 1817 en el convento de Santa Clara, teniendo la ciudad por cárcel.

Sin embargo, el licenciado Domínguez quedó destituido de su encargo, por lo cual marchó a radicarse a la ciudad de México, para estar cerca de su esposa presa, a la que lograba ver en algunas ocasiones. Al triunfo de la insurgencia, el licenciado Domínguez fue designado suplente y después fue propietario, en el triunvirato que gobernó a México, antes de la Constitución Política de 1824. Promulgada ésta, el 4 de octubre del mismo año, se designó a don Miguel como primer magistrado, durante algún tiempo, después como presidente de la Suprema Corte de Justicia de la Nación, cargo del cual tomó posesión el 23 de diciembre de 1824.

Murió en la ciudad de México, el año de 1830, un año después de que su esposa muriera, en la misma capital de la República.

EPIGMENIO GONZÁLEZ
[1778-1858]
Insurgente

Nació en 1778, en la ciudad de Querétaro, donde se dedicó al comercio, desde muy joven. Tanto Epigmenio, como su hermano Emeterio, fueron ardientes partidarios de la Independencia de México, participando en la conspiración que se hiciera en la casa del corregidor Domínguez, a donde concurrían Hidalgo, Allende, Aldama y los principales jefes de la insurrección armada. Tanto se entusiasmó Epigmenio, que en su casa decidió instalar un depósito de armas, y luego una fábrica, en la que producía las armas que habrían de servir para el ejército insurgente.

Tenía una tienda de abarrotes en la Plaza de San Francisco, y en la trastienda se dio a la tarea de hacer cartuchos y armas. Como era un comercio público, la gente llegaba allí sin despertar sospechas; pero el 13 de septiembre de 1810, el español Francisco Bueras denunció ante el cura Rafael de León, que había gran acopio de armas en las casas de Epigmenio González y un tal Sámano. El cura dio aviso al comandante García Rebollo, quien lo hizo saber al corregidor Domínguez, para que cateara la casa de González, y lo pusiera preso si encontraba armas en ella.

El corregidor don Miguel Domínguez tuvo que catear la casa de don Epigmenio González, y como encontrara algunas armas ocultas, se vio en la necesidad de aprehenderlo, enviándolo a la ciudad de México. Fue condenado a destierro, y se le dejó la ciudad por cárcel, mientras había un barco que lo transportara a Filipinas; pero Epigmenio González tomó todavía parte en la conspiración de Ferrer, en la misma ciudad de México, por lo que fue reaprehendido y enviado a Acapulco, donde se le encerró en un calabozo del castillo de San Diego, con grillos en los pies, lo cual lo dejó baldado para toda su vida.

Fue enviado a Manila, donde quedó libre, pero sin recursos económicos, y cuando pudo regresar a México, radicó en Guadalajara, donde murió, el 19 de julio de 1858.

MANUEL ABAD Y QUEIPO
[1751-1825]
Obispo y antiinsurgente

Nació en el mes de agosto de 1751 en Grandas, de la provincia de Asturias, España, pues su partida bautismal es del 28 de ese mes. Era hijo natural de Manuel Abad y Queipo y de Josefina García de la Torre, ambos solteros, aunque posteriormente el varón contrajo matrimonio, en el que hubo tres hijos legítimos. El niño siguió la carrera eclesiástica, ordenándose *in sacris* en 1769, año que pasó a la ciudad de Comayagua, del antiguo reino de Guatemala, con la comitiva del doctor fray Antonio de San Miguel, nombrado obispo de aquella lejana diócesis.

En 1784 acompañó Abad y Queipo al mismo obispo a Michoacán, cuando fue promovido a esa diócesis mexicana, y el obispo, que lo apreciaba, le nombró juez de testamentos, capellanías y obras pías, puesto que desempeñó durante varios años hasta que, estando vacante la canongía penitenciaria de esa catedral, hizo oposición a ella y la ocupó. Para ello tuvo que hacer un viaje a España en 1806, a levantar en Madrid una información para probar su origen ilegítimo y obtener dispensa, en su calidad de hijo natural, la cual consiguió a entera satisfacción. Hizo otro viaje a Francia, y regresó a la Nueva España, para tomar posesión de su canongía.

Más tarde, estando vacante la Mitra, por la muerte del señor Marcos Moriana y Zafrilla, inquisidor que fue de Cartagena y sucesor del señor San Miguel en el obispado de Michoacán, fue nombrado Abad y Queipo gobernador y vicario capitular de la diócesis, a la cual gobernó con la investidura de obispo, aunque no llegó a consagrarse. En 1810, gobernaba la Mitra de Michoacán, cuando estalló la revolución de Independencia, y aunque era amigo de Hidalgo y con él comía con frecuencia, en la casa del intendente Riaño de Guanajuato, se mostró contrario al movimiento, contra el cual publicó edictos y excomuniones.

Abad y Queipo tomó con pasión su encono contra el movimiento libertario de su amigo Hidalgo, y llegó hasta fundir cañones con las campanas de su catedral, para defender a Valladolid de las tropas insurgentes, cuando en octubre se aproximó Hidalgo para tomar esa ciudad. Abad y Queipo, sin embargo, no se quedó a la defensa de la población, sino que huyó hacia la ciudad de México, regresando a su sede hasta fines del mismo año, cuando Valladolid fue recuperada por el brigadier Cruz. En 1815 fue llamado a España, para que informara del movimiento de Independencia, y del estado en que se encontraba la Nueva España, con esa guerra.

Fue entonces, antes de partir hacia España, cuando, escribió su famoso *Testamento Político*, en el que no solamente se lanza contra los insurgentes y su movimiento, sino que deja mal parados al virrey Calleja, al ministro Lardizábal y a los americanos en general. En España, un año después, la Inquisición lo aprehendió y encarceló por liberal y lector de libros prohibidos; pero fue puesto en libertad, viviendo con tranquilidad en Madrid. En 1820 fue nombrado individuo de la Junta Provisional, creada como guarda de la conducta de Fernando VII, hasta la reunión del congreso nacional, y el rey lo nombró después obispo de Lérida y diputado por su provincia de Asturias, puestos que desempeñó poco tiempo.

La reacción absolutista de 1823 lo procesó, por haber pertenecido a la Junta Consultiva, y en julio de

1825 fue sentenciado a seis años de reclusión, en el convento de San Antonio de Cabrera, por el camino de Madrid a Burgos, donde murió el 22 del mismo mes de julio de 1825. Sus escritos se publicaron en México, en 1813, siendo todos de índole política: una *Representación al rey sobre la inmunidad personal del clero* (1799); *Representación sobre la consolidación de vales reales* (1805); *Informe del estado de la Nueva España* (1815), que es su testamento político.

JUAN JOSÉ MARTÍNEZ
El Pípila
[1782-1863]
Héroe insurgente

Nació el 3 de enero de 1782, en la casa número 90 de la calle del Terraplén, de San Miguel el Grande, Guanajuato, con el nombre de Juan José de los Reyes, siendo hijo de Pedro Martínez y María Rufina Amaro. Estudió en su ciudad natal, pero en su juventud entró a trabajar en las minas de Guanajuato, como barretero y después encargado de un grupo de barreteros, a los que manejaba como jefe inmediato. Fue compadre del intendente Riaño, de la Alhóndiga de Granaditas, y cuando llegó la insurrección de Independencia, con algunos de los mineros se enroló en las filas insurgentes, abandonando su trabajo y las comodidades logradas.

Los mineros lo habían apodado, desde muchacho, El Pípila, nombre que se le da en el Bajío al guajolote o pavo doméstico, quizá por las pecas que llenaban su rostro, dándole el aspecto punteado del plumaje de esas aves. Acompañó al ejército de Hidalgo, desde San Miguel el Grande, su pueblo natal, hasta Guanajuato, donde Riaño defendía la Alhóndiga o depósito de granos y semillas, después de que la ciudad había ya caído en manos de los insurgentes. Hidalgo se presentó en Guanajuato el 28 de septiembre de 1810, instando a Riaño para que rindiera la plaza. Éste se negó a entregarla y, como dijimos, se hizo fuerte dentro de la Alhóndiga.

Todos los embates insurgentes contra ella iban resultando inútiles, hasta que Hidalgo y los jefes insurgentes opinaron que sólo podría tomarse la Alhóndiga si se quemaba su puerta principal, por la cual podrían colarse los asaltantes. Juan José Martínez arengaba a algunos soldados, cuando Hidalgo lo llamó y le habló de la necesidad de quemar la puerta. El Pípila dijo que él lo haría: se cubrió las espaldas con una losa, y tomando una tea encendida de las que usaban los mineros en los túneles, se dirigió a la puerta, entre una lluvia de balas, y le prendió fuego. La Alhóndiga pudo así ser tomada. El Pípila tomó parte en muchas acciones guerreras más y volvió luego a sus minas, viviendo una larga vida; pues murió el 25 de julio de 1863, en la ciudad de Allende, Guanajuato.

IGNACIO LÓPEZ RAYÓN
[1773-1832]
Caudillo insurgente

Nació en 1773 en Tlalpujahua, asiento de minas del Estado de México. Hizo sus estudios en el Colegio de San Nicolás de Valladolid, terminándolos en el de San Ildefonso, de la ciudad de México, donde recibió el título de abogado. La muerte de su padre, que tenía intereses mineros en Tlalpujahua, lo hizo regresar a su pueblo natal y dedicarse al laboreo de las minas. En 1810, cuando Hidalgo se dirigió de Valladolid hacia la ciudad de México, le precedió por esas tierras el guerrillero Antonio Fernández, quien a la cabeza de numerosos indios devastaba las haciendas.

López Rayón le propuso al guerrillero un plan que evitase la dilapidación de los bienes embargados a los españoles y sirviesen al sostenimiento de la guerra de Independencia; Fernández consultó con Hidalgo y éste, que aprobó el plan, escribió al autor de él felicitándolo por sus miras patrióticas e invitándolo a unirse a sus huestes. El 24 de octubre publicó López Rayón una proclama, en la que calificaba de justa, santa y religiosa la revolución de Independencia, oponiéndose con ello a las excomuniones que pesaban sobre Hidalgo y su acusación, por parte del clero virreinal, de herético y anticatólico; proclama que causó impacto.

Entonces el gobierno virreinal trató de aprehender a López Rayón, quien huyó a Maravatío, donde se unió al ejército insurgente, ejerciendo desde entonces las funciones de secretario del generalísimo Hidalgo. Al retirarse los caudillos de la Independencia hacia el Norte, después de su derrota de Puente de Calderón, el 16 de marzo de 1811 celebraron una junta en Saltillo, Coahuila, en la cual trataron de nombrar un jefe de las tropas que quedarían en ese lugar, sosteniendo encendida la llama de la rebelión. No admitieron el cargo ni Abasolo ni Arias, a quienes se les propuso, por ser militares de carrera; pero lo aceptó don Ignacio López Rayón, a quien se nombró jefe supremo y se le dio por colega en el gobierno insurgente a don José María Liceaga, otro insurgente notable.

Al saber la captura de los jefes insurgentes en Baján, López Rayón salió de Coahuila, el 26 de marzo, para dirigirse a Zacatecas; pero fue seguido por el realista Ochoa, al cual presentó batalla el primero de abril, en el puerto de Piñones, donde lo derrotó y le quitó algún armamento. Después de varios combates, el 15 de abril tomó a Zacatecas, donde fundió cañones, fabricó pólvora y vistió a sus tropas. De allí marchó a La Piedad, en Michoacán, donde se puso en contacto con José Antonio Torres, el "Amo Torres", marchando juntos a Zitácuaro, donde López Rayón se fortificó y constituyó una Junta de Gobierno, que representó al movimiento.

En enero de 1812, dirigió López Rayón la heroica defensa de Zitácuaro, contra el ataque de Calleja, y al caer la ciudad, la Junta se retiró, con Liceaga a la cabeza, a Sultepec, mientras López Rayón marchaba a Toluca, fortificándose en Lerma. Fue derrotado por Castillo y Bustamante, teniendo que disolver la Junta de Gobierno, pues sus miembros continuaron separados la lucha. López Rayón tomó parte aún en numerosas acciones guerreras, manteniendo encendida la llama de la rebelión en el centro y el occidente del país hasta que, por la proclama que se lanzara contra su hermano, don Ramón Rayón; por la capitulación de Cóporo y por su negativa a reconocer a la Junta de Jaujilla, se vio en situación difícil.

López Rayón tuvo que internarse entonces al sur de Michoacán, hasta el pueblo de Zacapuato, donde fue sorprendido por Nicolás Bravo el 9 de febrero de ese año, que cumpliendo órdenes de la Junta, lo confinó en Patambo. Allí fue reaprehendido por tropas realistas, el 11 de diciembre de 1817, que lo pusieron en prisión en Tacuba, en donde duró hasta el 15 de noviembre de 1820. Al triunfo de la insurgencia, fue intendente de San Luis Potosí, diputado y comandante general de Jalisco; murió en Guadalajara, el 2 de febrero de 1832. Su nombre fue inscrito con letras de oro en el Salón de Sesiones de la Cámara de Diputados de la Unión.

ANDRÉS QUINTANA ROO
[1787-1851]
Insurgente y escritor

Nació el 30 de noviembre de 1787 en la ciudad de Mérida, Yucatán. Sus padres fueron don José Matías Quintana y doña María Ana Roo de Quintana, aquel notable escritor y político, que fue perseguido por los realistas por sus escritos pidiendo la emancipación de la Nueva España. Fue el padre de don Andrés, quien inculcó en éste su acendrado amor a la libertad de México. El niño estudió primeramente en el Seminario de San Ildefonso de su ciudad natal, distinguiéndose por su claro talento y su decidida afición a las letras; en 1808 pasó a la ciudad de México, para continuar sus estudios en la Real y Pontificia Universidad de Nueva España.

Su infancia y su adolescencia transcurrieron en una continua borrasca, pues su padre estableció, con don José María Cos, la primera imprenta que editó periódicos en Yucatán, en los cuales mostró al pueblo sendas de progreso entonces ignoradas. A consecuencia de su actitud subversiva, don José Matías fue aprehendido por las autoridades del virreinato y encarcelado en la fortaleza de San Juan de Ulúa, en cuyas mazmorras sufrió penalidades sin cuenta. El joven Andrés cursó en la Universidad el bachillerato de artes y cánones, y para obtener su licencia de abogado, practicó como pasante en el bufete del doctor Agustín Pomposo Fernández.

En la casa de este abogado de San Salvador, Andrés Quintana Roo conoció a doña Leona Vicario, de quien era tío el referido jurista, enemigo acérrimo de los insurgentes. El joven se enamoró inmediatamente de la señorita, quien le correspondió su amor, y como ya pensara don Andrés sumarse a las huestes de la insurgencia, pidió permiso al abogado Fernández para casarse con su sobrina, permiso que le fue negado, precisamente por las diferencias ideológicas existentes entre ambos profesionistas. Entonces Quintana Roo fue a unirse con los insurgentes; y aprovechando la forzosa separación, doña Leona prestó eminentes servicios a la Independencia.

Descubierta en 1813, fue encerrada en el Colegio de Belén, de donde logró evadirse, disfrazada, huyendo a Tlalpujahua, donde contrajo matrimonio con don Andrés, acompañándolo desde entonces en las vicisitudes de la campaña. Quintana Roo estaba al servicio del licenciado don Ignacio López Rayón, quien organizó la Junta de Zitácuaro, de 1811 a 1812. Allí Quintana Roo publicó dos periódicos para propagar las ideas libertarias: *El Semanario Patriótico Americano* y *El Ilustrador Americano*, cuyos primeros números se imprimieron con gran trabajo con los tipos de madera que elaboró el doctor don José María Cos.

Siendo diputado al Congreso de Chilpancingo, en 1814, Quintana Roo presidió la Asamblea Nacional Constituyente, que hizo la Declaración de Independencia de México; escribió el Manifiesto lanzado a la Nación con tal objeto y sufrió todas las tribulaciones del Congreso. Más de un año anduvieron los constituyentes a salto de mata, por las abruptas serranías. En una cueva de la montaña dio a luz, doña Leona, a su primogénita. Sorprendido el matrimonio en una cueva de la sierra de Tlatlaya, en Sultepec, Quintana Roo tuvo que huir, dejando escrita una carta, en que solicitaba el indulto, para que su esposa la entregara al ser aprehendida.

El virrey concedió el indulto al valeroso matrimonio, por lo que don Andrés y doña Leona pudieron establecerse a partir de 1818, en la ciudad de México. Allí se dedicó Quintana Roo al ejercicio de su profesión de abogado y a escribir sus numerosas obras literarias e históricas. Desde el año de 1810 había empezado a escribir, publicando una oda dedicada al señor don Ciriaco González Carbajal, en su partida a Sevilla como consejero de Indias. Al triunfo de la Independencia, Quintana Roo fue diputado, senador y presidente del Tribunal Supremo de Justicia. Abrazó la logia yorkina y fue secretario de Relaciones Exteriores durante el gobierno de Gómez Farías. Murió el 15 de abril de 1851, en la ciudad de México.

LEONA VICARIO
[1789-1842]
Heroína de la Independencia

Nació el 10 de abril de 1789 en la ciudad de México. Perdió a sus padres, siendo muy niña, y quedó al cuidado de su tío, el licenciado don Agustín Pomposo Fernández, a cuyo despacho entrara a practicar el estudiante de leyes, don Andrés Quintana Roo, para obtener su título de abogado. La joven se enamoró del pasante, que le pidió se casara con él, a lo cual aceptó; pero su tío no permitió su matrimonio con aquel joven que era de ideas revolucionarias, mientras que él era un recalcitrante realista. La joven tenía las mismas ideas de su novio, por lo que, cuando éste se unió a los insurgentes, después del rechazo de su boda, ella le enviaba noticias desde la capital a los campos donde operaba en guerra.

Ella fue quien dio la noticia en México de que los insurgentes acuñaban moneda propia, y gastó todo su patrimonio, aun sus joyas, para ayudar a los insurrectos, a quienes enviaba noticias que les servían, por medio de heraldos secretos, haciendo llegar a los conjurados dentro de la capital los informes que Quintana Roo le enviaba de regreso. En 1813 fue descubierta y denunciada como conspiradora, doña Leona Vicario, por lo que su tío la internó en el convento de Belén de Las Mochas, de donde la sacaron algunos correligionarios, disfrazada de negra y cabalgando sobre un asno que llevaba cueros de pulque, para evitar que fuese reconocida.

Así fue a refugiarse al mineral de Tlalpujahua, donde operaba el licenciado Ignacio López Rayón, a cuyo servicio se hallaba Quintana Roo; se casó con él, y lo siguió desde entonces en todas sus andanzas guerreras, andando a salto de mata y ocultándose en las cuevas de la montaña. Fn 1818 dio a luz a su primogénita, en el interior de una cueva, y fue entonces cuando su esposo pensó amnistiarse, para poder criar a su hija y educarla. Sabiendo que lo buscaban y habrían de encontrar la cueva donde vivían, Quintana Roo huyó, dejando a su esposa, para que fuese recogida, y con ella una carta que debería entregar para que el virrey le concediera indulto al propio Quintana Roo. El indulto le fue otorgado, y en ese mismo año pudo pasar a la ciudad de México, donde residió.

Consumada la Independencia, Iturbide nombró a Quintana Roo subsecretario de Estado y del despacho de Relaciones Interiores y Exteriores, pero ante las ambiciones imperialistas de Iturbide, Quintana Roo se disgustó con él y huyó hacia Toluca, donde vivió con grandes privaciones. En 1823 solicitó doña Leona del Congreso Constituyente que le fueran devueltas las propiedades que el virreinato le había confiscado, cuando se fue a la insurgencia; el congreso accedió a ello, con lo que pudieron vivir con menos penurias. En 1830, cuando ocupó la presidencia don Anastasio Bustamante, Quintana Roo lo atacó también en sus periódicos.

El presidente lo mandó aprehender, y entonces Leona Vicario fue a pedir garantías a Bustamante, que había sido realista y la había perseguido, en 1813. Fue víctima doña Leona de las injurias de los bustamanistas, entre ellos el ministro de relaciones y escritor, don Lucas Alamán. Bustamante accedió a dejar en libertad a Quintana Roo, pero doña Leona no se quedó con las injurias recibidas, sino que con valentía publicó una carta en 1831, en la que públicamente reclamaba su conducta a Alamán y a los que la habían injuriado cuando vio al presidente. Desde entonces la dejaron en paz, "prudentemente".

Doña Leona se consagró entonces a intensas actividades intelectuales, al lado de su esposo, pues su cultura era vasta y sorprendente para una mujer de su época. Colaboró en los periódicos en que su esposo escribía, secundando las campañas políticas de éste, sufriendo enormes contrariedades por ello, según lo demuestran dos cartas ológrafas suyas, dirigidas al presidente don Valentín Canalizo, que se conservan en el

Museo Nacional de Historia. Murió el 21 de agosto de 1842, a las 9 de la noche, en la ciudad de México, siendo sepultada en el panteón de Santa Paula.

SERVANDO TERESA DE MIER

[1765-1827]

Político e historiador

Nació el 18 de octubre de 1765 en Monterrey, Nuevo León, descendiente de una familia de rancio abolengo. Aunque sin vocación para el claustro, a los 16 años de edad tomó en la ciudad de México el hábito de Santo Domingo; estudió en el Colegio de Porta Coeli, recibió las órdenes menores y abrazó el sacerdocio. A los 27 años de edad se doctoró en teología y se hizo de fama como eminente predicador. El 12 de diciembre de 1794 pronunció su célebre sermón sobre la Virgen de Guadalupe, delante del virrey, el arzobispo y la audiencia, con mala fortuna.

El arzobispo consideró osadas y hasta impías algunas aseveraciones del orador, respecto a la aparición de la Guadalupana, por lo que mandó encarcelar y procesar al padre Mier, condenándolo a 10 años de destierro en España, con reclusión en Caldas, cerca de Santander, con pérdida de la cátedra, el púlpito y el confesionario, así como el título de doctor. De allí se fugó Mier en 1795, y fue reaprehendido, recluyéndosele en el convento de San Pablo, en Burgos, donde permaneció hasta fines de 1796. Por segunda vez se fugó de ese lugar y se refugió en Bayona, a donde arribó el viernes de Dolores de 1801, iniciando una vida aventurera.

Al día siguiente de su llegada a Bayona, sostuvo una disputa pública con los rabinos de la sinagoga. Se marchó a Burdeos y enseguida a París, donde abrió una academia para enseñar español; tradujo allí la *Atala* de Chateubriand y publicó una disertación, combatiendo a Volney, que le valió se le levantara el castigo y se le encomendara la parroquia de Santo Tomás. En 1802, sin embargo, abandonó los hábitos y consiguió secularizarse en Roma, donde recibió algunos honores del Papa. Pero al regresar a España fue reaprehendido, a causa de una sátira que escribió en defensa de México, por cuya independencia ya empezaba a pensar.

En 1804 se evadió por tercera vez de su prisión; fue reaprehendido y se fugó por cuarta vez, residiendo en Portugal tres años, donde fue nombrado por el papa Pío VII su prelado doméstico, en pago a que convirtió a dos rabinos judíos. Desencadenada la guerra entre España y Francia, en 1808, peleó en favor de España, como cura castrense; pero sabedor en 1810 del levantamiento de Hidalgo en México, pasó a Londres, Inglaterra, en donde escribió en la prensa en favor de la Independencia Mexicana. Allí conoció a Francisco Javier Mina, quien lo invitó a que lo acompañara, en su expedición de 1817; hizo el viaje a México, en la expedición de Mina.

A la caída de éste, en 1820, el padre Mier fue hecho prisionero y considerado como hombre peligroso, por lo que se le remitió de nuevo a España; pero otra vez logró fugarse, en La Habana, y pasó a los Estados Unidos, donde esperó hasta la consumación de la independencia. En 1822 volvió al país, pero fue inmediatamente encarcelado en San Juan de Ulúa por los españoles que allí hicieron su reducto. Los insurgentes lo sacaron haciéndolo formar parte del primer Congreso Constituyente. Al oponerse al imperio de Iturbide, de nuevo fue a prisión, hasta que la sublevación republicana del año de 1823 lo puso en libertad.

No obstante sus extraordinarias andanzas y aventuras, el padre Mier tuvo tiempo de escribir numerosas obras, entre ellas: *Apología y relaciones de mi vida*, también conocida como sus *Memorias;* numerosas cartas y discursos; una *Historia de la revolución de Nueva España*, que con el seudónimo de José Guerra escribió y publicó en Londres, en 1813, en dos volúmenes. Esta obra está escrita sin plan alguno, desmañada y confusa; pero es la primera que se publicó sobre tal asunto, siendo el padre Mier el primer historiador de la guerra de Independencia. Murió este inquieto y extraordinario hombre mexicano, el 3 de diciembre de 1827, después de haber recibido honores durante la primera República.

FRANCISCO JAVIER MINA
[1789-1817]
Caudillo insurgente

Nació en diciembre de 1789 en Navarra, España, hijo de un labrador de las cercanías de Monreal, que tenía medios suficientes para asegurarle un buen porvenir. Pasó su infancia en las montañas de su tierra natal, en su juventud fue enviado al Seminario de Pamplona, y luego a Zaragoza, donde habría de concluir sus estudios de jurisprudencia. Sin embargo, interrumpió su carrera para alistarse en el ejército del Centro, que combatió a Napoleón, cuando éste invadió a España. Reunió en esa guerra numerosos grupos, que mandó en fieros combates, como coronel.

Fue apresado por las guerrillas francesas y enviado el primero de abril de 1810 a Francia, en donde quedó encerrado en el castillo de Vincennes. Allí estudió matemáticas y ciencias militares. Volvió luego a su patria, con Fernando VII, pero con su tío Espoz, Mina intentó una revolución para restablecer la Constitución; habiendo sido descubierto, tuvo que huir primero a Francia, y luego a Inglaterra. En Londres conoció a fray Servando Teresa de Mier, quien escribía sobre la guerra de Independencia de México, y planeó formar una expedición para ayudar a los insurgentes de la Nueva España, invitando a Mier y a otros a pasar con él a México.

Fletó un bergantín por su cuenta, y acompañado del padre Mier y 22 oficiales españoles, italianos e ingleses, salió del puerto de Liverpool, el 15 de mayo de 1816, rumbo a los Estados Unidos, donde pensaba organizar un ejército. Desembarcó el 30 de junio en Norfolk, Virginia, donde tuvo innumerables dificultades para sacar adelante su empresa. Por fin pudo armar dos embarcaciones, dirigidas por norteamericanos, que mandó adelante, y él salió de Baltimore el 27 de septiembre, hacia Puerto Príncipe. De ese lugar salió con su escuadrilla el 23 de octubre, rumbo a la isla de Galveston, a donde llegó el 24 de noviembre siguiente.

Fue Mina a Nueva Orleans, donde permaneció algún tiempo, embarcándose de nuevo en Galveston, el

16 de marzo de 1817. Llegó a la desembocadura del río Bravo del Norte, donde se detuvo para hacer provisión de agua, y dirigió el 12 de abril una proclama a sus soldados, en la que les pidió disciplina y respeto a la religión, a las personas y a las propiedades. Navegando hacia el Sur, el 15 de abril desembarcó en Soto la Marina, población que tomó por estar abandonada. En una imprenta que llevaba consigo, el 25 del mismo mes imprimió otra proclama, en la que hizo saber los motivos de su intervención en Nueva España.

El 17 de mayo siguiente, la fragata española de guerra, "Sabina", se presentó en Soto la Marina y hundió uno de los barcos de Mina; otro pudo huir y el tercero quedó embarrancado. Mina salió el 24 de su campamento, con 300 hombres, apoderándose de 700 caballos, empezó su expedición punitiva, tierra adentro. El 3 de junio tomó a Valle del Maíz; el 15 a Peotillas; el 19 a Real de Pinos; el 22 se unió a una partida insurgente y el 24 entró al Fuerte del Sombrero, defendido por el insurgente Pedro Moreno. Pero, en cambio, en Soto la Marina fueron derrotados los soldados que dejó y entre ellos fue aprehendido el padre Mier.

El mariscal Liñán se presentó el primero de agosto frente al Fuerte del Sombrero, con un poderoso ejército, y estableció el sitio. Los defensores del fuerte trataron de salir de él varias veces, en busca de víveres, pero no lograron hacerlo, siendo mientras tanto cañoneados, periódicamente. Por fin el 19 intentaron una salida, lográndolo hacer Pedro Moreno; Mina que estaba ya fuera desde el día 8, fue a auxiliar al Fuerte de los Remedios, donde el padre Torres hacía resistencia a los realistas.

Siguió peleando en numerosos lugares hasta que, desalentado por la indisciplina de sus tropas, marchó a Jaujilla, donde estaba la Junta de Gobierno, llegando el 12 de octubre. Se le encomendó que atacara a Guanajuato; pero sus tropas fueron dispersadas por el enemigo. Él se refugió con Pedro Moreno en el rancho de El Venadito, donde fueron atacados el 27 de octubre, en que murió Moreno peleando. Mina fue preso y llevado al cerro del Borrego, donde lo fusilaron el 11 de noviembre.

PEDRO MORENO
[1775-1817]
Caudillo insurgente

Nació en 1775, en las cercanías de Lagos, Jalisco, que en su honor lleva ahora su nombre. Estudió en el Seminario de Guadalajara, y vuelto a su lugar natal, se dedicó al comercio y al cuidado de sus propiedades, pues su familia era solvente. Ya en los primeros meses de 1814 se hizo sospechoso a las autoridades de Lagos, de que estaba de acuerdo con los insurgentes, vigilándolo estrechamente. Receloso Moreno también, salió de la ciudad, para establecerse en la hacienda de La Sauceda, donde se le reunió su esposa, doña Rita Pérez, con sus hijos pequeños,

Y en efecto, Moreno empezó a trabajar en favor de la causa de la Independencia, llegando a reunir a la gente que trabajaba en sus haciendas y a otros muchos campesinos, para unirse con ellos a los guerrilleros de la Sierra de Comanja. Desde ese tiempo y hasta mediados de 1817, Moreno sostuvo numerosos encuentros con las tropas realistas, distinguiéndose por su celeridad en los ataques, por la disciplina y valentía de su tropas. Defendía el Fuerte de El Sombrero, cuando el 24 de junio de 1817 se le unió Mina, quien el 26 comunicó a la Junta de Gobierno de Jaujilla su incorporación al movimiento armado de la insurgencia.

Los coroneles Ordóñez y Castañón y el teniente coronel Castañón, con tropas realistas, marcharon contra las posiciones de El Sombrero, y el 27 del mismo junio salieron del fuerte Mina y Moreno, dispuestos a cortarles el paso en San Felipe; pelearon el 28, matando a Ordóñez y a Castañón y a más de 300 realistas. Algunos días después volvieron a salir juntos a la hacienda de El Jaral, donde su propietario, el marqués Juan de Moncada, hacía constante guerra a la insurgencia. El 7 de julio tomaron la hacienda, recogiendo de allí 140,000 pesos que llevaron al fuerte.

Después del sitio que el coronel Liñán puso al Fuerte de El Sombrero, Moreno dispuso que el 19, la guarnición, que había resistido al asedio, abandonara sus posiciones a altas horas de la noche; pero fue sorprendida en la maniobra y destrozada por los sitiadores. Moreno pudo ponerse a salvo; pero en la mañana del día 20, Liñán entró en el fuerte, y ordenó que todos los prisioneros fueran fusilados, incluyendo a los heridos y enfermos que había en el hospital, no sin que antes, los sentenciados a morir, trabajaran en la demolición de las fortificaciones.

Pedro Moreno siguió desde entonces, por acuerdo de la Junta de Jaujilla, a las órdenes de Mina, quien tomó el mando de las fuerzas que operaban en la Sierra de Comanja. Con él siguió incursionando por diversos lugares y, finalmente, el 25 de octubre de 1817, en la madrugada, atacó a Guanajuato. Allí las tropas fueron dispersadas, Mina y Moreno se retiraron a la hacienda de La Luz, donde los restos de sus tropas fueron disueltos, recomendándoles que se reincorporaran a sus respectivos distritos. Con una escolta de 60 hombres, ambos caudillos llegaron la mañana del 26 de octubre al rancho de El Venadito, perteneciente a la hacienda de La Tlachiquera, donde pernoctaron y descansaron.

Al amanecer del día 27 del mismo octubre, encontrándose el insurgente Pedro Moreno desarmado y de pie, tomando una taza de café, una partida de realistas, de las tropas de Orrantia, cayó sobre el lugar, disparando sus armas sobre los insurgentes guarecidos. Moreno cayó acribillado a balazos, y los demás que no murieron, por estar en otros sitios, fueron hechos prisioneros, entre ellos Francisco Javier Mina. El cadáver de Pedro Moreno fue decapitado, y su cabeza llevada por Orrantia en triunfo. Mina fue aprehendido por un dragón llamado Juan María Cervantes, y llevado también ante Arrantia, quien lo trasladó al campamento de Liñán.

JOSÉ MARÍA MORELOS Y PAVÓN
[1765-1815]
Caudillo insurgente

Nació el 30 de septiembre de 1765 en Valladolid, Michoacán, ciudad que después de su muerte habría de llamarse Morelia, en su honor. Su padre, don Manuel Morelos, ejerció el oficio de carpintero, primero en Valladolid y luego en San Luis Potosí; su madre, doña Juana Pavón, era hija de un maestro de escuela. Morelos sufrió durante su niñez numerosas privaciones, y en su juventud tuvo que trabajar muy duro para ganarse la vida, hasta que se empleó como arriero de una recua de su tío Felipe Morelos, que trajinaba entre la ciudad de México y el puerto de Acapulco.

Como quería ser sacerdote, a los 30 años de edad entró a estudiar al Colegio de San Nicolás de Valladolid, cuando Hidalgo era rector del mismo. Se ordenó sacerdote en 1799, y ocupó sucesivamente los curatos de Churumuco y La Huacana, recibiendo después el nombramiento de cura propietario y juez eclesiástico de Necupétaro y de su agregado, Carácuaro. Allí trabajó personalmente, pues carecía de dinero para pagar peones, en la obra de edificar su iglesia. Era un pobre cura de aldea que, falto de medios para vivir, y de relaciones que lo hicieran ascender, no tenía más porvenir que el de seguir sirviendo los curatos más olvidados.

En 1810, después de que estalló el movimiento de Independencia, Hidalgo pasó con su ejército triunfante por Indaparapeo, pasando desde Valladolid rumbo a la ciudad de México. Morelos lo abordó y le ofreció sus servicios para la causa; Hidalgo reconoció a su antiguo alumno de San Nicolás; pidió recado de escribir a su secretario, y entregó a aquel cura de pueblo un papel, mientras le decía: "Seréis mejor general que capellán; ahí tenéis vuestro nombramiento". El papel decía: "Por el presente comisiono en toda forma a mi lugarteniente, el brigadier don José María Morelos, cura de Carácuaro, para que en las costas del Sur levante tropas, procediendo con arreglo a las instrucciones verbales que le he comunicado".

Las instrucciones verbales se referían al ataque de la plaza de Acapulco y a la organización del gobierno en los pueblos que fuera tomando. Morelos no pidió a Hidalgo ni armas ni dinero; enteramente solo se marchó a hacer su revolución, y la hizo mejor que nadie. Por el rumbo de lo que hoy es el Estado de Guerrero, reunió, en diciembre de 1810, 25 hombres mal armados, entre los antiguos compañeros de arriería, y se lanzó a la lucha armada. No volvería a ver ni una sola vez más a Hidalgo; pero siempre fue respetuoso de su mando, y cuando el Padre de la Patria murió, siguió respetando a quienes quedaron como cabezas visibles del movimiento.

Pronto fue aumentando el contingente de su ejército y en Tecpan, ahora llamado de Galeana, se le unieron los hermanos Galeana, que le fueron muy útiles, pues reclutaron una gran cantidad de gente y pusieron sus bienes al servicio de la causa. Su primera resonante victoria sobre los realistas, la obtuvo Morelos en El Veladero, en diciembre de 1810, en donde se apoderó de 800 prisioneros, 700 fusiles, cinco cañones y gran cantidad de víveres y dinero. A fines de 1810 se le unieron don Leonardo y don Nicolás Bravo, en Chilpancingo, los que también le fueron muy útiles.

Sus hechos heroicos de valor temerario llenan muchas y muy brillantes páginas de la guerra de Independencia de México, pero la mejor de todas es la epopeya que vivió en el sitio de Cuautla, ciudad en la que su ejército resistió los embates de todo el virreinato durante 72 días, del 18 de febrero al 2 de mayo de 1812; ese sitio le costó al virrey dos millones de pesos y gran pérdida de vidas humanas, sin que lograra acabar con Morelos. Éste ocupó el 20 de agosto de 1813 el puerto de Acapulco, cumpliendo con la única orden que le diera Hidalgo en 1810.

Cumplida tal orden, Morelos dejó de luchar y se convirtió en estadista, instalando el 13 de septiembre de 1813 el Congreso de Chilpancingo, donde dio la doctrina de la Independencia y se mostró como americanista. El 5 de noviembre de 1815 perdió su última batalla contra el jefe realista Concha, siendo aprehendido por el teniente Matías Carranco, quien lo remitió encadenado a México. Fue fusilado el 22 de diciembre de ese año, en San Cristóbal Ecatepec, después de estar prisionero.

NARCISO MENDOZA
[1800-]
Niño héroe insurgente

Nació en el año de 1800 en Cuautla, hoy Estado de Morelos, y figuró en 1812 en el cuerpo de tropas infantiles que Morelos puso, durante el sitio de esa población, a las órdenes de su hijo, Juan Nepomuceno

Almonte. La gente de la ciudad quiso ayudar a la defensa de la misma, y aun los niños se agruparon para auxiliar en la defensa. Sitiada Cuautla por las fuerzas realistas de Calleja, fue defendida por los ejércitos de Morelos, sus columnas al mando del generalísimo y de sus lugartenientes, los Galeana, los Bravo y Matamoros, así como por los civiles de la población misma.

Calleja dispuso el primer ataque para el 19 de febrero de ese año de 1812, y lo inició a las 7 de la mañana, en que se trabó un fuerte combate en la plaza de San Diego, que estaba bajo la vigilancia de don Hermenegildo Galeana. El coronel realista Sagarra disparó su pistola en contra del jefe insurgente, sin lograr herirlo, y entonces Galeana disparó su rifle, matando a Sagarra de un tiro de carabina. Murieron en la lucha otros dos coroneles realistas: el conde de Casa Rul y Juan Nepomuceno Oviedo, con lo cual se enfurecieron los realistas.

Ya en tal estado de ánimo, los realistas penetraron a la ciudad, con gran esfuerzo, tomando las casas que quedaban a ambos lados de la calle, horadando las paredes divisorias para proseguir, a cubierto, hasta la posición de San Diego. Entonces una voz gritó que Galeana había sido derrotado, pues los realistas aparecían ya dentro de la ciudad, y los soldados que defendían la trinchera de San Diego, al escuchar tal grito, huyeron hacia el centro de la población, abandonando armas y parque.

Los españoles, viendo tal cosa, salieron de las casas en que se guarecían, y por media calle corrieron, en grupo, para apoderarse de San Diego; pero entonces un niño de 12 años, Narciso Mendoza, vio que un cañón que apuntaba a la calle había quedado cargado, y que cerca de él había quedado tirada una tea encendida; tomó ésta y la acercó a la mecha de la pólvora del cañón, con lo que se produjo una gran explosión lloviendo metralla sobre los españoles que se acercaban corriendo por la calle. Sorprendidos en plena carrera, los realistas vieron caer a algunos de sus compañeros, creyendo que los insurgentes habían vuelto a San Diego, y empezaban a dispararles, retrocedieron a su vez espantados, saliendo de la ciudad, en los momentos en que Galeana y Matamoros llegaban a las trincheras.

Galeana rehizo sus tropas, acudieron en su auxilio Morelos y Leonardo Bravo, y volvieron a defender el fuerte de San Diego, rechazando en sus ataques posteriores a los realistas. Morelos mismo felicitó al niño héroe, Narciso Mendoza, frente a la tropa, ante la que le dio el grado de alférez, tomándolo bajo su protección. El niño creció a su lado y llegó a ser teniente coronel del ejército mexicano, una vez lograda la Independencia de México; pero por veleidades de la política, posteriormente fue desterrado a Centroamérica, en una de cuyas Repúblicas ocupó diversos puestos.

Al pasar los años, sintiéndose enfermo y viejo, regresó a Cuautla, su pueblo natal, en donde murió, en fecha que se ignora.

HERMENEGILDO GALEANA
[1762-1814]
Caudillo insurgente

Nació el 13 de abril de 1762 en Tecpan, Guerrero, siendo hijo de un marino inglés que se radicó en la región y fundó una acomodada familia de agricultores. Por mucho tiempo administró la hacienda de El Zanjón, propiedad de un primo hermano suyo, a instancias del cual ingresó, junto con sus hermanos Juan Pablo y José, al ejército insurgente que comandaba el generalísimo don José María Morelos y Pavón, a fines de 1810. Muchos de sus trabajadores y amigos lo siguieron en la aventura, ya que su familia gozaba de grandes simpatías y respeto en la región guerrerense, por lo que pudo formar un cuerpo de ejército bastante respetable.

Desde entonces, la historia recoge la narración de sus frecuentes hechos de armas, en los que demostró siempre valor y sagacidad, como el del cerro de El Veladero, del 4 de enero de 1811, en que Morelos derrotó a los realistas, gracias a la inteligente y valerosa intervención de los hermanos Galeana, que quitaron al enemigo 800 prisioneros, 700 fusiles y siete cañones, así como gran cantidad de parque y víveres, con lo cual reforzaron notoriamente su ejército. Cinco meses después, Galeana volvió a obtener otra sonada victoria en Tixtla, y a poco arrebató a los españoles que lo atacaron, 400 prisioneros, 400 fusiles y cuatro cañones.

En 1812, don Hermenegildo Galeana participó destacadamente en el sitio de Cuautla, haciendo prodigios de valor y llegando a salvar la vida de Morelos, a quien protegió la huída, a costa de la vida de sus lugartenientes. En ese sitio tocó a Galeana defender el principal lugar por el que trataba de colarse al interior enemigo, teniendo por ello que luchar con constancia, sin reposo casi, durante los 72 días que duró el mismo. Sólo en una ocasión, en que sus tropas flaquearon, se recobró milagrosamente gracias a la intervención fortuita del niño artillero, Narciso Mendoza, quien al ver abandonado un cañón cargado, le acercó la mecha encendida, en los precisos momentos en que los realistas entraban a la plaza, creyendo abandonada esa fortificación, siendo recibidos con la metralla que sobre ellos disparó.

En el sangriento combate de Citlala, posterior al sitio de Cuautla, don Hermenegildo Galeana, llamado cariñosamente por sus soldados "Tata Gildo", en vista de su cariñosa índole paternal, contuvo a los españoles que perseguían a Morelos, y en el histórico sitio de la ciudad de Huajuapan, el 13 de julio del mismo 1812, hizo 40 prisioneros españoles, a los que agregó 30 cañones, mil fusiles y parque en abundancia, recogidos a los derrotados. En 1813, en el sitio de Acapulco, sorprendió al enemigo en la isla de La Roqueta, decidiendo con esa acción la toma del puerto.

Se dice que este aguerrido caudillo insurgente, pleno de vitalidad y amor por la vida, fue casado seis veces, teniendo numerosos hijos de varios de sus matrimonios. Murió el 26 de junio de 1814, en una emboscada que le tendieron los realistas mandados por Calleja, en El Salitral. Cuando iba con una reducida escolta atravesando un bosque, para ir a reunirse con su tropa, después de cumplida una comisión de Morelos, fue muerto por un soldado llamado Joaquín León, que con su destacamento estaba escondido en su camino. A su cuerpo le fue cercenada la cabeza, la cual fijaron los realistas en la punta de una lanza, llevándola a Coyuca. El comandante realista Avilés mandó fijar la cabeza de Galeana en una ceiba, en la plaza misma del pueblo; pero viendo que era causa de befa y mofa de algunas gentes, la mandó retirar y enterrar en la iglesia. En cuanto al cuerpo abandonado de don Hermenegildo Galeana, se recogió del lugar por dos de sus soldados, los que lo enterraron secretamente, para evitar mayores injurias, por lo que se ignora en qué sitio quedó. Al consumarse la Independencia, el 19 de julio de 1823, el Congreso de la Unión lo declaró Benemérito de la Patria.

JUAN PABLO GALEANA
[1760-1814]
Caudillo insurgente

Nació en 1760 en Tecpan, Guerrero, siendo hijo de padre inglés y de madre mexicana. Con sus hermanos, Hermenegildo y José, se dedicó a los trabajos del campo, en las haciendas y propiedades campestres que su familia poseía en la región, logrando una desahogada posición, que le acarreó influencias y simpatías. Cuando Morelos empezó a operar por ese lugar, siguiendo las instrucciones de Hidalgo, al empezar la guerra de Independencia, a fines de 1810, Juan Pablo y sus hermanos se unieron al ejército insurgente con mando de tropas, pues llevaron consigo un buen contingente de hombres, caballos y armas, sacados de las haciendas.

Casi siempre juntos los tres hermanos Galeana, tomaron participación en numerosas hazañas guerreras, en las que don Hermenegildo, por ser el mayor de ellos, fungió siempre como jefe. Juan Pablo ayudó mucho a Hermenegildo en los triunfos que aquél obtuvo en El Veladero, Tixtla, Huajuapan y otros lugares; pero también solo y separado de sus hermanos, tomó al pueblo de Tepecuilco y el rico mineral de Taxco, en muy honrosas acciones guerreras, que fueron elogiadas por Morelos. Cuando éste se fortificó en Cuautla, en 1812, mientras que Nicolás Bravo levantaba las fortificaciones defensivas, Juan Pablo Galeana dirigió la fortificación de la única toma de agua que existía dentro de la ciudad.

Para ello propuso a Morelos hacer un torreón artillado, que protegiera la referida toma, y el generalísimo aprobó su idea, encomendándole la construcción de la obra, que realizó a la perfección. Terminado el famoso sitio el 2 de mayo, Juan Pablo siguió en las batallas de Huajuapan y Acapulco, donde dio muestras de valor a toda prueba y muy grande cariño a Morelos. Se ignora la fecha y lugar de su muerte, pero con gran certeza se cree que murió en la emboscada que las tropas de Calleja pusieron el 26 de junio de 1814 a su hermano Hermenegildo, y en la cual éste resultó muerto también. Juan Pablo acompañaba a su hermano ese día, en su paso por El Salitral, donde los insurgentes fueron sorprendidos por una partida enemiga, de las fuerzas de Calleja, y batidos hasta aniquilarlos.

Su cuerpo no se encontró entre los muertos que se recogieron más tarde, pero se cree que, o bien se despeñó en alguna de las barrancas cercanas, o herido pudo continuar su huída, muriendo en otro sitio que se ignora. Lo cierto es que desde entonces, los dos hermanos Galeana no volvieron a aparecer en ninguna acción de armas, y también a Juan Pablo se dio por muerto. Morelos perdió con ellos a dos de sus mejores lugartenientes, y sólo le quedó Guerrero para continuar la lucha en el Sur, pues Morelos murió al año siguiente, en 1815, a manos realistas.

LEONARDO BRAVO
[1764-1812]
Caudillo insurgente

Nació el año de 1764 en Chilpancingo, Guerrero, como miembro de una acomodada familia española, dedicada a las labores del campo. Vivió con sus cuatro hermanos, y se había casado teniendo a su hijo Nicolás, cuando empezó la guerra de Independencia, por la cual expresó sus simpatías desde un principio. Esta actitud, que era la misma de toda su familia hizo que los Bravo fueran hostigados y perseguidos por el virreinato, por lo que tuvieron que emigrar de Chilpancingo; se escondieron en una de sus haciendas cercanas, la de Chichihualco, que tiene cerca las inaccesibles cuevas de Michapa, que pensaban usar en caso de apuro.

El comandante español Garrote, fue comisionado para que aprehendiera a la familia de los Bravo, y marchó con sus soldados a cumplir con su cometido; pero entonces se hicieron fuertes los Bravo en Cichihualco, junto con numerosos peones y vecinos que se les unieron, con los que derrotaron a Garrote. Esto fue muy bien visto por Morelos, quien invitó a los Bravo a unirse a sus huestes, lo cual hicieron, desde mayo de 1811. Morelos pudo ocupar Chilpancingo, Tixtla y Chilapa y fue luego al Veladero, a reprimir la conspiración de Tabares; encargó allí a don Leonardo el castigo de los traidores, encomendándole además la administración de la provincia de Tecpan, que acababa de fundar.

Don Leonardo Bravo se ocupó allí de recolectar salitre para hacer pólvora; construyó sacos y útiles de guerra; reparó y cuidó el armamento existente; expidió pasaportes y administró bien la región. Morelos lo llamó para darle el mando de una división y la defensa de Izúcar; fue atacado por Soto, el 17 de diciembre de 1811, al que derrotó por completo. El 25 de diciembre fue ocupada Cuautla, y mientras que Morelos salía a expedicionar, Leonardo Bravo levantaba trincheras, acopiaba víveres, instruía a la gente y adoptaba medidas pertinentes para defender la plaza, en el sitio de la misma, que se había ya decidido.

Desde el primer asalto de los realistas a Cuautla, el 19 de febrero de 1812, Leonardo Bravo defendió la posición de Santo Domingo, donde rechazó a los asaltantes. Resistió todo el sitio, hasta que hubo que abandonar la ciudad, en la madrugada del dos de mayo; y al dispersarse las tropas insurgentes, logró reunir una veintena de hombres, con los que marchó a la hacienda de San Gabriel, perteneciente a don Gabriel Yermo, con objeto de alojarse allí y pasar la noche del día cinco. En la hacienda los insurgentes habían enterrado armas, municiones y un cañón; Bravo trataba de recuperarlas, para seguir la lucha.

Estando en la hacienda de San Gabriel, un destacamento de realistas, comandado por un filipino, rodeó el lugar y atacó a los guarecidos; los insurgentes se batieron heroicamente, pero fueron dominados, siendo aprehendidos los supervivientes, entre ellos don Leonardo Bravo, que había sido sorprendido cuando estaba comiendo, pero hizo frente a sus captores. Los presos fueron llevados a la barranca de Tilzapotla, a tres leguas de la casa de la hacienda. Calleja comisionó a Armijo para que fuera a recoger a los presos, y los condujera a Cuautla, de donde fueron remitidos más tarde a la ciudad de México, para ser juzgados por rebelión.

La causa que se le siguió a don Leonardo Bravo fue llevada con lentitud, para ver si, sabiendo de la suerte que corría el insurgente, su hijo don Nicolás y sus hermanos don Miguel y don Víctor, se separaban de la insurgencia y pedían clemencia. Morelos, por su parte, escribió al virrey, ofreciendo entregarle 800 prisioneros que tenía en su poder, si dejaba con vida y en libertad a don Leonardo; pero como el virrey lo que deseaba era que depusieran las armas los principales insurgentes, a ningún acuerdo llegaron, y don Leonardo Bravo y sus compañeros, don Mariano Piedras y don Manuel Pérez, fueron condenados a ser muertos por garrote, lo que se efectuó el 13 de septiembre de 1812, en la ciudad de México. El 19 de junio de 1823 fue declarado Benemérito de la Patria.

NICOLÁS BRAVO
[1786-1854]
Caudillo insurgente

Nació el 10 de septiembre de 1786, en Chilpancingo, Guerrero, siendo hijo del insurgente don Leonardo Bravo, y sobrino de los hermanos de éste, también insurgentes distinguidos, don Miguel y don Víctor Bravo. En 1811, cuando el cura don José María Morelos y Pavón, después de que se presentara en Indaparapeo al cura Hidalgo y fuera comisionado para levantar en armas a las costas del Pacífico, uno de los primeros que se le unieron en esas tierras fue don Pablo Galeana; éste reclutó alguna gente, estando entre ellos los Bravo, conocidos rancheros de la región. El 16 de mayo de ese año, empezó Bravo su carrera militar.

Muchas fueron las acciones de guerra que libró Nicolás Bravo, desde 1811 hasta que se consumó la Independencia de México, diez años después. Una de las principales batallas que ganó fue la de El Palmar, en Veracruz, donde hizo 300 prisioneros a los realistas, siendo capitán de un importante ejército, cuyo mando le confiara Morelos. Después de esto, Morelos le avisó que su padre, don Leonardo, era prisionero de los realistas, quienes se negaron a canjearlo por los 800 prisioneros que tenían los insurgentes, por lo que ordenaba a Bravo que ejecutaran a los 300 que tenía en su poder, después que don Leonardo fuera muerto.

Nicolás Bravo, al saber lo ocurrido a su padre con los realistas, reunió a todos los prisioneros que tomara en El Palmar, y cuando creían que iba a ordenar su fusilamiento, los arengó diciéndoles cómo su padre acababa de morir a manos de los realistas; pero que él, en nombre de esa infamia, les daba su libertad para que se fueran. La mayor parte de ellos se unieron a sus filas insurgentes, peleando desde entonces a su lado y contra sus antiguos compañeros de armas. En 1817 hicieron prisionero a don Nicolás Bravo, pero fue indultado por el virrey y puesto en libertad, en recuerdo de su magnánima acción en que perdonara la vida a 300 realistas.

Bravo siguió luchando sin descanso en el sur del país, contra el virreinato, y en 1823 se adhirió al Plan de Iguala, consumada la Independencia. El Congreso Constituyente lo nombró consejero de Estado e individuo de la regencia, que tomó la autoridad del país, hasta que Iturbide se coronó emperador. Republicano de corazón, Bravo no transigió con la monarquía, por lo que se lanzó a la lucha armada contra Iturbide, siendo derrotados él y don Vicente Guerrero el 25 de enero de 1823, por el brigadier Armijo en Almolonga. Bravo no desistió de su empresa, y junto con el general Antonio León formó en Oaxaca una junta de gobierno.

Destronado Iturbide, Bravo fue nombrado individuo del Poder Ejecutivo, como jefe del Partido Escocés masón. Ocupó la vicepresidencia de la República, don Guadalupe Victoria. Como sostuviera luego la candidatura de Gómez Pedraza a la presidencia del país, se le juzgó como rebelde y fue desterrado de México; radicó en Guayaquil, Ecuador, donde conoció a Simón Bolivar mezclándose en las luchas libertarias de Sudamérica, regresando hasta 1829. Diez años después, Antonio López de Santa Anna lo envió al destierro, por haberse opuesto a su dictadura; cuando regresó, ocupó la presidencia del país, interinamente, en 1844.

Durante la invasión norteamericana, en 1847, como militar se encargó de la defensa de México, en acciones de guerra libradas contra los invasores en Tabasco, Veracruz, Oaxaca y Puebla; pero en la defensa de Chapultepec fue hecho prisionero, el 13 de septiembre de 1847; después que terminó la invasión fue puesto en libertad retirándose a la vida privada. El 22 de abril de 1854 murió en Chilpancingo, Guerrero, al parecer envenenado, junto con su esposa. Fue declarado Benemérito de la Patria, y sus restos trasladados a la Columna de la Independencia, del Paseo de la Reforma, en la ciudad de México; mientras que su nombre fue inscrito con letras de oro, en la Cámara de Diputados.

MARIANO MATAMOROS
[1770-1814]
Caudillo insurgente

Nació en agosto de 1770 en la ciudad de México, y su partida de bautismo fue registrada el 15 de ese mes, en el templo de Santa Catarina. Debe haber hecho sus estudios en la misma ciudad, hasta recibirse de sacerdote. En 1810, al estallar la guerra de Independencia, era cura de la parroquia de Jantetelco, en Morelos. Sufrió vejaciones del gobierno español, que lo tachó de conspirador y adicto a los insurgentes, habiéndolo encarcelado. Logró fugarse de la prisión, y el 16 de diciembre de 1811 se presentó al generalísimo Morelos en Izúcar, llamado ahora en su honor de Matamoros, solicitando ser admitido en filas.

Lo aceptó inmediatamente Morelos, dándole el grado de coronel; le encomendó que formara su propio cuerpo de ejército, y pronto organizó Matamoros un gran contingente de tropa armada, pues era muy estimado en todos los lugares. Con el tiempo habría de llegar a ser "el brazo derecho de Morelos", según la expresión de éste. Morelos, acompañado de Hermenegildo Galeana, Matamoros y Nicolás Bravo, entró a Cuautla, que era ya fortificada, el 9 de febrero; desde entonces dirigió las obras de la plaza, cuya defensa se apresuró, pues se supo del avance de Calleja a esa ciudad, frente a la cual se presentó el 18 de febrero, en que empezó el sitio de 72 días, único en la historia.

El 19 entraron los realistas, furiosos, hasta la posición de San Diego, y muchos insurgentes huyeron, gri-

tando que Galeana, que defendía ese punto, había sido
vencido; entonces fue cuando un niño, llamado Narciso
Mendoza, disparó un cañón que había quedado abandonado, contra las tropas realistas, a las que hizo retroceder. Matamoros llegó entonces a ese lugar, en donde restableció el orden y prosiguió la defensa. Tocó
luego al cura defender la plazuela de Buenavista, la
que mantuvo libre de realistas, hasta que fue comisionado para que saliera a conseguir víveres, ya que las
provisiones escaseaban dentro de Cuautla.

Matamoros salió con Bravo en abril, y pudo conseguir en Ocuilco una considerable cantidad de subsis-
tencias; se trasladaron ambos caudillos a la barranca de
Tlayacac, desde donde avisaron a Morelos que en la
mañana del día 27 introducirían a la ciudad sitiada
el convoy con provisiones. Ese día, Matamoros y Miguel
Bravo atacaron las líneas realistas, por Amelcingo y el
barranco de La Hedionda, pero fueron rechazados y
tuvieron que retirarse a sus posiciones de Tlayacac. Fue
entonces cuando Morelos pensó en serio romper el
sitio, lo cual logró hacer hasta el 2 de mayo siguiente,
con grandes pérdidas pero sin quedar vencidos.

De allí marcharon los insurgentes a la campaña de
Oaxaca, en la que correspondió a Matamoros ocupar
el convento de Santo Domingo, convertido en fuerte por
los realistas. Siguieron a Chiapas, en donde Matamoros
derrotó al realista Lambrini, por lo cual le otorgó Morelos, el 28 de mayo, el grado de teniente general. El
16 de agosto siguiente, Matamoros derrotó a los españoles en San Agustín del Palmar, matándoles 250 soldados y haciéndoles 400 prisioneros. Después de la
derrota que Iturbide infligiera a Morelos, en Valladolid y las lomas de Santa María, a fines de 1813, Morelos se detuvo en Chupio, donde logró reunir algunos
dispersos, y prosiguió su marcha hasta la hacienda de
Puruarán, a 22 leguas de Valladolid.

En ese lugar se reunieron Ramón y Rafael Rayón,
con las pocas tropas que les quedaban, después de los
descalabros de Jerécuaro y Santiaguito. Resuelto el español Llano a terminar la campaña con un golpe decisivo, el 13 de diciembre de 1813 salió de Valladolid
hacia Tacámbaro y el 3 de enero de 1814 se dirigió hacia
Puruarán, acampando en la mañana del 5 cerca de las

posiciones que defendía Matamoros. Morelos se retiró con su escolta a la hacienda de Santa Lucía, distante algunas leguas de la de Puruarán; el realista Llano atacó y arrolló a los insurgentes. Entre los prisioneros quedó el mismo Matamoros, que fue llevado a Valladolid, donde se le fusiló el 3 de febrero del mismo año de 1814, en el portal de la plaza.

PEDRO ASCENCIO

[-1821]

Caudillo insurgente

Nació en Acuitlapan o Tlatlaya, Estado de Guerrero, en fecha que se ignora. Era de raza indígena pura y su nombre el de Pedro de la Ascensión Alquisiras, que los insurgentes convirtieron en Pedro Ascencio. Además de español, hablaba las lenguas indígenas tlahuica, mazahua y otomí. Ingresó como soldado en las filas insurgentes, al parecer desde 1810, y don José María Rayón, en 1811, lo nombró capitán de caballería, poniendo a sus órdenes 50 hombres de esa arma. Pedro Ascencio encontró ocultos en una barranca algunos fusiles, con los que armó a sus indios, presentándose poco después a don Vicente Guerrero, a quien acompañó desde entonces.

Su incontenible bravura lo hizo rápidamente famoso, aun en las filas de sus enemigos, los realistas. Y cuando la revolución de Independencia parecía que iba a ser sofocada para siempre, en 1820, Ascencio se fortificó en el cerro de la Galeta, del cual salía a incursionar por Taxco e Iguala, causando grandes estragos a los realistas. Su valor, su constancia y la fe inquebrantable en la causa que sostenía, le hicieron entonces célebre. En ese mismo año, una de las más memorables acciones de guerra que tuvo, fue la de Santa Rita, en la que mostró tanto valor, sangre fría y sobre todo tanta pericia militar, que dejó asombrados a los soldados realistas.

El mismo Iturbide lo tomó muy en serio, y se propuso vencerlo, para lo cual fue decididamente a su encuentro; sin embargo, Ascencio lo derrotó en el Cerro de San Vicente. Por fin, en 1821, un español llamado Francisco Aguirre logró derrotarlo, en el asalto de Te-

tecala, matando a Ascencio, el 3 de junio de 1821. La cabeza le fue cercenada y en la punta de una lanza, en triunfo, la llevaron a Cuernavaca, para exhibirla como sangriento trofeo. El comandante Huber la mandó colocar en un paraje público, con la leyenda que decía: "Cabeza de Pedro Ascencio".

VICENTE GUERRERO
[1783-1831]
Caudillo insurgente y presidente

Nació el 10 de agosto en Tixtla, del hoy Estado de Guerrero, llamado así en su honor. Invitado por los hermanos Galeana, ingresó en 1810 en las filas insurgentes del generalísimo Morelos, llegando a ser uno de los principales generales de la revolución del Sur. Inicialmente militó a las órdenes de don Hermenegildo Galeana, pero habiéndose distinguido en la lucha, lo nombró teniente general Morelos, con mando separado de tropas. Con ellas sostuvo vigorosamente la lucha en el sur de Puebla, y después de la derrota de Puruarán, lo comisionaron para extender la insurgencia a Veracruz, de donde se le nombró capitán general.

Por esa región oriental luchó con denuedo, organizando un ejército bien armado y disciplinado. En 1815, con la captura y muerte de Morelos, la revolución en el Sur perdió ímpetu y el mismo Guerrero, que quedó como jefe único de la región, sufrió un descalabro en la Cañada de los Naranjos. Pero después de ese combate volvió a surgir con coraje, convirtiéndose en los siguientes cinco años en el guerrillero indomable del Sur, verdadero jefe visible de toda la insurgencia. Por ello, en 1820, convencido el virrey Apodaca que los medios ordinarios no bastarían para someter a Guerrero, le envió como emisario de paz a su propio padre; pero Guerrero no accedió a deponer las armas y siguió inflexible.

Perseguido tenazmente por el realista Armijo, logró derrotar a éste en Tamo, el 16 de septiembre de 1818, quitándole todo el armamento. Con él organizó el poderoso ejército que tanto preocupaba al virrey Apodaca en 1820, contra el cual envió todas las fuerzas del virreinato, en ese año, a cargo de don Agustín de Iturbide. Éste salió de la ciudad de México, para batir a Guerrero, el 16 de noviembre de ese año, teniendo varios encuentros con Guerrero, comprendiendo que nunca podría vencerlo. Por ello el 10 de enero de 1821, Iturbide cambió de táctica, y en vez de enfrentarse con las armas al guerrillero, le envió una carta en la que le proponía tener una entrevista, para tratar la forma de alcanzar la Independencia de México, que juzgaba también necesaria.

Guerrero asistió a la entrevista con Iturbide, y aprobó el plan que éste había ya formulado, dejándole generosamente la dirección del movimiento. Tal entendimiento de los dos jefes enemigos, se conoce en la historia como el Abrazo de Acatempan, por ser este pueblo el sitio en que se efectuara la entrevista. Después de ello se firmó en Iguala el plan que ponía fin a la guerra de Independencia, al proclamarse ésta, se le llamó Plan de Iguala, en 1821. Todavía tuvieron que luchar los dos jefes unidos, contra las autoridades virreinales durante unos meses, hasta lograr que abandonaran el poder en sus manos.

El 27 de septiembre de 1821, los ejércitos insurgentes y realistas unidos, en número de 16,000 hombres, entraron triunfantes a la ciudad de México, llamándose Ejército Trigarante o de las Tres Garantías. Al frente de él iba Iturbide, quien se encargó provisionalmente del gobierno del país; Guerrero colaboró con él en la regencia, pero cuando se nombró emperador de México se distanció de Iturbide, lanzando el Plan de Casamata para derrocarlo. El 13 de enero, en la batalla de Almolonga, fue derrotado por las tropas iturbidistas y resultó herido.

Al terminar el gobierno del presidente Victoria, después del derrocamiento de Iturbide y su muerte, estando en el poder el partido de los masones yorkinos, al que pertenecía Guerrero, éste fue elegido presidente de la República, puesto que ocupó del 1º de abril de 1829 al 17 de diciembre del mismo año, en que fue depuesto, retirándose al Sur para mantenerse en armas otra vez hasta 1830. En 1831 sus enemigos contrataron al marino italiano Francisco Picaluga, que era su amigo, para que lo aprehendiera. Picaluga, invitó a Guerrero a comer a bordo del navío "Colombo", que estaba a su mando en la costa de Acapulco, y lo detuvo, para entregarlo al capitán Miguel González, quien lo condujo a Oaxaca. Fue fusilado Guerrero, en Cuilapa, el 14 de febrero de 1831.

AGUSTÍN DE ITURBIDE
[1773-1824]

Consumador de la Independencia

Nació el 27 de septiembre de 1773 en Valladolid, hoy Morelia, Michoacán. Estudió en el Seminario de su ciudad natal, ingresando luego al ejército virreinal, como alférez del regimiento provincial de su ciudad natal. En 1809 tuvo que ver en la conspiración encabezada por García Obeso y Michelena, para dar libertad a México, la cual se dice que fue descubierta por él mismo, porque no se le ofreció el mando de la tropa. En 1810, al estallar la guerra de Independencia, Iturbide rechazó el grado de teniente coronel que Hidalgo le ofrecía, y marchó a México para ponerse a las órdenes del virrey, quien lo envió contra los insurgentes.

Iturbide tomó parte en numerosas acciones bélicas contra los levantados en armas, a partir de la famosa batalla del Monte de las Cruces; ganó fama por su valor, crueldad, falta de escrúpulos, buena apariencia física y modales distinguidos, que hacían la delicia de las damas. En 1820 era coronel del ejército realista. Entonces el virrey Apodaca le encomendó el mando del más poderoso ejército, para que fuera a someter a Guerrero, que se encontraba dueño del sur del país; pero no habiendo logrado someterlo, entró en arreglos con él, pensando independizar a México y gobernarlo, por lo que quedó al frente del movimiento.

En 1821 se firmó el Plan de Iguala, formulado por Iturbide, que declaraba la Independencia de México. El 27 de septiembre de 1821 entró Iturbide triunfante a la ciudad de México, al frente del Ejército Trigarante, que consumó la Independencia. Tomó inmediatamente la dirección de los asuntos públicos, nombrando una Junta Provisional Gubernativa, de la que fue presidente. Más tarde se constituyó una regencia de cinco individuos, a la cual dirigió con el tratamiento de alteza serenísima. Durante el tiempo en que formó parte de la regencia, Iturbide dio muestras de talento y energía personal para gobernar.

El 18 de mayo de 1822, el sargento Pío Marcha, en una revuelta callejera, proclamó públicamente a Iturbide como emperador de México, proclamación que se ratificó por el Congreso el 20 del mismo mes, efectuándose la coronación de Iturbide y su espo,a el 21 de julio siguiente. Durante su breve reinado creó la Orden de Guadalupe, para premiar a sus partidarios, la que se restableció más tarde por Santa Anna y luego por el emperador Maximiliano. Habiendo tenido dificultades con el Congreso, que se oponía a algunos actos de su gobierno, lo disolvió.

El 24 de enero de 1823, cuando se efectuó su jura, ya había estallado la revolución en su contra, acaudillada por el general Antonio López de Santa Anna, que proclamó el Plan de Casamata o de Veracruz, el primero de febrero, al cual se unió Guerrero, estando ambos contra el Imperio. Iturbide se vio obligado a abdicar, el 20 de marzo siguiente, desterrándose a Florencia y a Inglaterra, siendo desde el 28 de abril declarado traidor y fuera de la ley, por el Congreso que él disolvió. Sin embargo, no cejó Iturbide en su empeño de regresar a México y reconquistar el trono que tan hábilmente había creado y ocupara, de acuerdo con Pío Marcha.

Siguió trabajando en el extranjero para regresar a México, entendiéndose con los partidarios que tenía en todo el país. Por fin, el 4 de mayo de 1824 salió de Londres, donde radicaba, rumbo a México; el 14 de julio siguiente desembarcó en Soto la Marina, donde inmediatamente se le capturó, siendo remitido a la capital tamaulipeca, donde el congreso de esa provincia lo juzgó y sentenció a muerte, como traidor a la patria y fuera de la ley. La pena se cumplió en Padilla, Tamaulipas, el 19 de julio de 1824, siendo fusilado. Antes de morir arengó a sus ejecutores, afirmando que no había sido traidor a México, a quien había dado su Independencia. Su nombre se inscribió más tarde, con letras de oro, en la Cámara de Diputados de la Unión; fue retirado después, a iniciativa del licenciado Antonio Díaz Soto y Gama.

MÉXICO INDEPENDIENTE

JOSÉ MARÍA LUIS MORA
[1794-1850]
Político e historiador

Nació en octubre de 1794 en Chamacuero, Guanajuato, en cuya parroquia fue bautizado el 12 del mismo mes, a los pocos días de su nacimiento. Estudió las primeras letras en Querétaro, y luego en la ciudad de México, en el colegio de San Ildefonso, donde se ordenó sacerdote, recibiendo más tarde el grado de doctor en teología. Liberal por convicción, en 1851 redactó el *Samanario Político y Literario* de esas tendencias; al siguiente año fue nombrado vocal de la diputación provincial de México. En 1824, por oponerse al encumbramiento de Iturbide como emperador, se le puso en prisión; pero caído el Imperio figuró como diputado a la Legislatura Constituyente del Estado de México, haciendo un buen papel político.

En 1827 se recibió como abogado, uniéndose al bando escocés de la masonería, que entonces monopolizaba la alta política del país; luchó contra el bando opuesto, de los yorkinos. La contienda la hizo desde las vehementes columnas de su periódico *El Indicador*. En las obras que entonces escribió: *Catecismo político de la Federación Mexicana* y *Disertación sobre la naturaleza y aplicación de las rentas y bienes eclesiásticos*. En 1834, al caer los suyos con Gómez Farías, Mora huyó a Europa y estableció su residencia en París, donde, en medio de una precaria existencia, casi miserable, tuvo ánimos para consagrarse a sus tareas literarias.

Publicó dos libros: *México y sus revoluciones*, en 1836, y sus *Obras Sueltas*, en dos volúmenes, en 1838. Desde 1828 había estado haciendo acopio de material para el primero de ellos, que empezó a escribir en 1830 y que, conforme al plan trazado, debería comprender una primera parte estadística, relativa al estado general de la República y particular de cada uno de los Estados y Territorios; y una segunda, histórica, que abarcaría

159

desde la conquista española hasta la administración de Santa Anna. Pero el autor no llegó a realizar sus propósitos, pues de esa obra sólo aparecieron tres tomos: el primero, en que se trata de la situación, extensión, estructura física y productos naturales de México; minería, industria y comercio, administración pública bajo el régimen español, organización política y social, relaciones exteriores y rentas, etc.

El segundo tomo no llegó a publicarse, y el tercero se refiere a la conquista y a las diversas tentativas para establecer la Independencia; el cuarto, en que se estudia desde la iniciación de la Independencia, hasta la muerte de Morelos. Las *Obras Sueltas* son un documento inestimable para conocer la interesante personalidad política del doctor Mora: "Son —dice él mismo—, la historia de mis pensamientos, de mis deseos, de mis principios de conducta". En 1847 pasó Mora a Inglaterra, nombrado ministro plenipotenciario de México ante aquella corte, donde estuvo poco tiempo.

Habiéndose trasladado a París, de más benigno clima, por agravamiento de la tisis que padecía y que contrajo en sus años de miseria, falleció en esa ciudad, el 14 de julio de 1850. De su obra histórica, dice Carlos González Peña: "Como historiador, se destaca Mora por la rectitud de sus juicios, por la armoniosa justeza de sus generalizaciones, por el afán notorio de rehuir, en la apreciación de los hechos que estudia, al influjo pasional de la política, mantenerse siempre en un plano de serenidad y sinceridad. Sin ser impetuoso como Zavala, ni tener la vigorosa abundancia de Alamán, narra con sobriedad y precisión y observa sagazmente. Con estar incompleta y haber quedado trunca su mejor obra *México y sus revoluciones*, puede considerársela como clásica para el estudio de la historia".

LORENZO DE ZAVALA
[1788-1836]
Político e historiador

Nació el 3 de octubre de 1788, en Mérida, Yucatán. Hizo sus estudios en el Seminario de San Ildefonso de esa ciudad y muy joven tomó parte activa en las Juntas de San Juan, siendo un activo "sanjuanista" o precursor de la Independencia de ideas liberales. Fundó el primer periódico que se editó en Yucatán. En 1814, por sus ideas liberales, fue confinado en el fuerte de San Juan de Ulúa, frente al puerto de Veracruz, donde permaneció durante tres años, los que utilizó para estudiar medicina y aprender inglés, logrando salir de prisión ya con sus nuevos conocimientos.

En 1820 fue elegido diputado por Yucatán, a las cortes españolas, a donde se le envió a cumplir con su encargo. En 1822, de regreso de España, ocupó una curul de diputado en el Primer Congreso Nacional, representando a Yucatán en el Congreso Constituyente de 1824. Luchó por los principios federalistas, escribiendo numerosos artículos políticos en el periódico *Águila Mexicana*, a la par que sus discursos le dieron renombre en el Congreso. Fue senador y después gobernador del Estado de México, cuya Legislatura votó por él para que ocupara la vicepresidencia de la República; el general Vicente Guerrero lo incluyó en su gabinete, en 1829.

Divididos los masones que dirigían entonces la política mexicana, en "yorkinos" y "escoceses", Zavala se adhirió a aquéllos y contribuyó a las agitaciones que ocurrieron de 1828 a 1830. Comisionado en noviembre de ese año para conferenciar con los centralistas de Yucatán, no pudo desembarcar en la Península, yendo a los Estados Unidos y después a Europa, continente éste que recorrió en casi toda su extensión. En París escribió su obra: *Ensayo histórico de las Revoluciones de la Nueva España*, que es un completo estudio histórico-social.

En 1832 regresó a México a ocupar el gobierno del Estado de México, el cual desempeñaba cuando ocurrió la primera epidemia de cólera. A fines de 1838, fue enviado como ministro plenipotenciario de México a Francia y allí escribió su *Viaje a los Estados Unidos*, libro que es un grupo de observaciones de primera mano, sobre diversos hechos políticos y sociales mexicanos. Regresó a México y se estableció en Texas, donde tenía algunas propiedades; en esa región lo sorprendió la revolución separatista de los texanos, a los cuales se afilió, luchando con ellos para conseguir la independencia de Texas.

Fue elegido diputado en Harribourg; al aceptar tal representación política, perdió la nacionalidad mexicana. Fue designado delegado por Texas a la Convención de Washington, que proclamó la Independencia de Texas, que al constituirse en República nombró a Zavala su primer vicepresidente, siendo presidente el general norteamericano Samuel Houston. Zavala murió en Texas, el 15 de noviembre de 1836, siendo considerado por México como "traidor" a su patria. Escribió, además de sus obras mencionadas, un *Manifiesto*, un *Juicio imparcial sobre los acontecimientos de México en 1828 y 1829* y un *Programa, objetivo, plan y distribución del estudio de la Historia*.

LUCAS ALAMÁN
[1792-1853]
Político e historiador

Nació el 18 de octubre de 1792 en la ciudad de Guanajuato, hijo de padres españoles acomodados, dedicados a la minería. Hizo sus primeros estudios en el Colegio de la Purísima Concepción, de su ciudad natal, distinguiéndose en las matemáticas. Los prosiguió en el Colegio de Minas de la ciudad de México, donde destacó como uno de los mejores discípulos de don Andrés del Río; dominó la mineralogía, la física, la química y la botánica, conocimientos que hicieron que el barón de Humboldt lo calificara más tarde como "una de las inteligencias mejor cultivadas".

En 1814 viajó por España y Francia, donde conoció a Napoleón Bonaparte, cuando su imperio se desmoronaba. Recorrió Italia, Escocia, Suiza y las orillas del Rhin, deteniéndose en Freyberg, donde completó sus estudios de minería. Estuvo después en Prusia y Hannover; estudió el griego en la Universidad de Gottinga, visitó también Holanda y Bélgica. En París siguió los cursos de química, en el Colegio de Francia; de ciencias naturales, en el Jardín de Plantas. Al volver a México, el virrey conde del Venadito lo nombró secretario de la Junta de Salud Pública.

Habiendo sido nombrado más tarde diputado por la Provincia de Guanajuato, a las Cortes de España, marchó de nuevo a ese país. Allí publicó un largo ar-

tículo sobre las causas de la decadencia de la minería
en la Nueva España, rindiendo un dictamen, que fue
aprobado, el 8 de junio de 1821. Estando en España le
llegó la noticia de la consumación de la Independencia de México y la Junta Provisional Gubernativa del
Imperio de Iturbide, a moción de José María Fagoaga,
discutió y aprobó el 15 de octubre su dictamen sobre
la minería. Alamán redactó la exposición que presentaron los diputados de México en Madrid, sosteniendo
el plan del conde de Aranda, aunque sin resultado alguno.

Trabajó en París, en abril de 1822, para formar una
compañía que trabajara las minas mexicanas, pero tampoco llegó a resultados satisfactorios. Fue entonces a
Inglaterra, donde constituyó la Compañía Unida de
Minas, con capital de seis millones de pesos; regresó
a México, pasando antes por París, donde el ministro
príncipe de Polignac le proporcionó un buque de
guerra, para que convoyara a su navío hasta La Mar-
tinica, ya que el seno mexicano estaba entonces infes-
tado de piratas. A la caída del imperio de Iturbide,
la Junta Provisional, integrada por Negrete, Bravo y
Michelena lo nombró secretario de Estado del Despacho de Relaciones Exteriores, cargo que ocupó, con
pequeña interrupción del 16 de abril de ese año, hasta
el 20 de septiembre del año siguiente.

Además de sus tareas políticas, se dedicó a organizar el Archivo General y estableció el Museo de Antigüedades e Historia Natural. En 1825 dirigió su Compañía Unida de Minas. Estableció en el Cerro de Mercado, cerca de Durango, la primera ferrería que hubo
en México. En 1829, a consecuencia del pronunciamiento del general Anastasio Bustamante, la presidencia de la República recayó, por breve lapso, en el licenciado Pedro Vélez, presidente de la Suprema Corte,
quien tuvo como asociados al general Luis Quintanar
y a don Lucas Alamán, muy conocido entonces.

Al año siguiente, Bustamante llamó otra vez a Alamán al Ministerio de Relaciones Exteriores, donde trabajó por fijar los límites territoriales entre México y
los Estados Unidos. En 1832, Fació y Alamán fueron
acusados por el general Juan Álvarez y el diputado
José Antonio Barragán, de haber permitido la captura

a traición del general Guerrero, muerto por el gobierno de Bustamante, por lo que Alamán tuvo que esconderse, siendo absuelto de tal cargo hasta 1834. Entonces se retiró a la vida privada, fundando una fábrica de hilados y tejidos de algodón en Cocoloapan, cerca de Orizaba; estableció otra en Celaya, de tejidos de menor calidad; introdujo en México los carneros merinos, las cabras del Tibet, y mejores ganados. Murió en la ciudad de México el 2 de junio de 1853.

GUADALUPE VICTORIA
[1779-1843]
Primer presidente de México

Nació en 1779 en Tamazula, Durango, con el nombre de Manuel Félix Fernández, que cambió al realizarse la Independencia de México, por el de Guadalupe Victoria, en honor de la Virgen de Guadalupe, patrona de los mexicanos, y de la victoria obtenida por la insurgencia, a la cual pertenecía. En 1811, el Estado de Veracruz se llenó de partidas armadas, con motivo de la guerra de Independencia; al frente de ellas se puso el guerrillero Félix Fernández, que había estudiado jurisprudencia en el Colegio de San Ildefonso de México y que por propia iniciativa se enroló en las filas insurgentes, en las que ocupó destacado lugar.

Para el mes de enero de 1812, todo Veracruz se hallaba en pie de guerra, en favor de la Independencia de México; entonces Morelos llamó a su lado a Manuel Félix Fernández, para que le auxiliara en la toma de Oaxaca. El ataque empezó el 25 de noviembre de ese año; uno por uno los parapetos cayeron en poder de los insurgentes; uno de los últimos en caer fue el del Juego de Pelota, atacado por el entonces coronel Fernández. En una actitud heroica, que pasaría a la historia por su originalidad, se dice que Fernández lanzó su espada hasta donde se hallaban los realistas, al tiempo que gritaba: "¡Va mi espada en prenda, y voy por ella!"; arrojándose al foso que defendía la posición realista, para rescatar su arma, en gesto sorpresivo seguido por su gente, que tomó la fortificación.

Para el año de 1814 se había adueñado de la provincia de Veracruz el comandante Rosains, quien con crueldad sometió a los demás jefes insurgentes a sus órdenes. Rosains nombró en mayo de ese año, jefe superior de la provincia a Juan Pablo Anaya, como su segundo al coronel Victoria, y confió el mando de armas de la costa de Barlovento a don Mariano Rincón. El 22 de junio, Fernández o Victoria, desbarató en los manantiales un gran convoy, que iba de Jalapa a Veracruz.

A la caída de Iturbide, después de consumada la Independencia y del efímero imperio que él instituyera, el gobierno recayó en una Junta, de la cual formó parte don Guadalupe Victoria, que había ya adoptado ese nombre, en lugar del de Manuel Félix Fernández. Victoria nunca gozó de la estimación de Iturbide, ya que éste lo menospreció siempre como militar y no lo tomó en cuenta como político; pero a la vez Victoria nunca consideró insurgente leal a Iturbide. Llegado el momento de elegir presidente del México independiente, convertido en República, la opinión se dividió en favor de Victoria, de Guerrero y de Nicolás Bravo.

Los sufragios emitidos por el pueblo, favorecieron al primero de los tres, siendo Bravo elegido vicepresidente. El 4 de octubre de 1824, el congreso proclamó y juró la Constitución de los Estados Unidos Mexicanos; el día 10 hicieron su juramento el presidente y el vicepresidente, entrando el primero de ellos en el ejercicio del Poder Ejecutivo. Muchos problemas tuvo que afrontar y resolver don Guadalupe Victoria, ya que se trataba de organizar por primera vez un gobierno republicano. Como Santa Anna agitara en Veracruz, envió allí a don Vicente Guerrero, cuya sola presencia bastó para hacer volver el orden a esa provincia.

Pero llegó el año de 1827, y el general Manuel González se levantó en armas en el Ajusco, saliendo el 31 de diciembre del mismo año, de la ciudad de México, el general Nicolás Bravo, vicepresidente del país, para unirse en el Mezquital a la revolución. Guerrero marchó contra él y lo derrotó, siendo Bravo desterrado a Guayaquil, Ecuador. Durante su gobierno, Victoria celebró por primera vez el Grito de Dolores; hizo efectiva la abolición de la esclavitud; en ese año de 1827 decretó la expulsión de los españoles, que se oponían a su gobierno y proporcionaban los medios económicos para la rebelión.

Entre motines y asonadas, pudo Victoria terminar su gobierno, entregando el mando, el primero de abril de 1829, al general Vicente Guerrero, como presidente, y a Anastasio Bustamante, como vicepresidente. Se retiró Victoria a la vida privada, y murió el 21 de marzo de 1843, en la ciudad de México, víctima de una larga y penosa enfermedad.

MARIANO GALVÁN RIVERA
[1782-1876]
Librero y editor

Nació el 13 de septiembre de 1782 en Tepotzotlán, Estado de México, siendo sus padres don José Antonio Galván y doña Gertrudis Rivera. Fue el fundador del comercio de libros en México, y el más antiguo y animoso editor que estimulara a los escritores mexicanos a que formularan obras originales y tradujeran las extranjeras, estando dispuesto a editárselas. En los comienzos del siglo XIX, ya tenía Galván Rivera un comercio de libros en la casa número 3 del Portal de los Agustinos; en 1824 figuró su nombre en la lista de los diputados de la Archicofradía de Ciudadanos de la Santa Vera Cruz, fundada por Hernán Cortés en 1526.

El 3 de junio de 1825, contrajo matrimonio con doña Rafaela Rodríguez Galván, natural de Tepeji del Río, Puebla, con la cual lo ligaban lazos de parentesco. Al año siguiente estableció un taller de imprenta y encuadernación de libros, en la antigua calle de la Cadena, número 2, en la que realizó muchos trabajos tipográficos. Lo que más fama y popularidad dio a Galván fue, sin duda, la edición de su calendario, aparecido en 1826 y que sin interrupción alguna se ha publicado, año por año, desde entonces, primero por su autor y luego por sus herederos.

Dicho Calendario Galván se empezó a publicar en julio de ese año de 1826, como una colección de cálculos y predicciones astronómicas, útil para las cosechas y las estaciones, con tablas de fiestas religiosas fijas y movibles además datos interesantes para la generalidad de las gentes. Desde 1827 y hasta 1830, publicó Galván

El Observador de la República Mexicana; de 1830 a 1842, *El Periquillo Sarniento,* de Fernández de Lizardi; en 1831 reimprimió la Sagrada Biblia en latín y en castellano; en 1833 editó el *Ingenioso Hidalgo don Quijote de la Mancha,* de Cervantes; de 1833 a 1834 publicó *El Indicador de la Federación Mexicana,* que con el *Observador,* ya mencionado, fue otro de los famosos periódicos que redactó don José María Luis Mora. En 1824 publicó Galván la interesante *Colección Eclesiástica Mexicana,* obra de gran envergadura.

Trastornos políticos y circunstancias apremiantes hicieron que Galván Rivera traspasase su negocio de librería, en 1842, al distinguido bibliógrafo don José María Andrade, y el de imprenta a don Vicente García Torres; pero ese mismo año, aunque en menor escala, abrió otro establecimiento de libros, en la casa número 7 del Portal de Mercaderes. En política, profesó siempre Galván ideas conservadoras, por lo que en 1862 aceptó formar parte de la Junta de Notables, que decidió el establecimiento de la Monarquía en México, propiciando el Imperio de Maximiliano.

Por tal motivo, a la caída de ese Imperio, en 1867, juntamente con otras distinguidas personas, Galván Rivera fue reducido a prisión y recluido en el Convento de la Enseñanza, donde permaneció hasta el 9 de julio de ese año, en que fue puesto en libertad, atendiendo a su avanzada edad y al delicado estado de salud en que se encontraba. Murió en la ciudad de México, el 28 de abril de 1876, víctima de una congestión cerebral.

FRANCISCO GARCÍA GRANADOS
[1786-1841]
Militar y gobernador

Nació el 20 de noviembre de 1786, en la hacienda llamada Labor de Santa Gertrudis, Zacatecas, cercana a Jerez. Fue hijo de don Víctor García y doña Blasa Salinas, quienes lo mandaron a estudiar al Seminario Conciliar de Guadalajara, Jalisco. Regresó luego a Zacatecas y se empleó en la mina La Quebradilla, donde adquirió grandes conocimientos de minería. Consumada la Independencia de México, fue elegido diputado ante el Primer Congreso General, y más tarde al Constituyente de 1824, después del derrocamiento de Iturbide. En dicho congreso logró la aprobación de un magnífico sistema rentístico para la República, que él mismo ideara. En vista de ello, el primer presidente, don Guadalupe Victoria, lo nombró ministro de Hacienda.

Esto acaeció el año de 1827, después de que García Salinas revisara escrupulosamente la Memoria presentada por el ministro de Hacienda anterior, en la que mostró numerosos errores. Sin embargo, sólo duró un mes en su encargo, pues no encontró en el presidente la decisión suficiente para acometer la reforma hacendaria, que quiso llevar a cabo. En 1828 fue elegido gobernador de Zacatecas, puesto en el que se distinguió, llegando a ser el mejor gobernador que esa entidad haya tenido, pues transformó totalmente al Estado.

Durante su administración, García Salinas creó numerosas fuerzas de policía, para perseguir a los bandidos que asolaban la región. Con atinadas disposiciones hacendarias y económicas, salvó al Estado de la inminente ruina. Protegió la industria fabril, la agricultura; fundó manufacturas de algodón, seda y lana en los partidos de Jerez y Villanueva y una maestranza en Jerez. Dedicó su atención a la minería, principal fuente de riqueza de Zacatecas. Con audaces medidas puso en movimiento las minas, invitando al capital privado a que se sumara al del Estado, eximiéndolo de gabelas y protegiéndolo con lo que creó nuevas fuentes de producción y trabajo. No descuidó las mejoras materiales y las obras públicas, embelleciendo a los pueblos, uniéndolos mediante caminos, a la par que les daba presas y sitios de recreo.

En 1835 estableció la instrucción obligatoria en Zacatecas, siendo así el primer gobernador de México que adoptara tan benéfica medida. Fundó la Escuela Normal para Profesores, en la ciudad de Zacatecas, además un Instituto Literario en Jerez; también abrió academias de dibujo en Zacatecas y en Aguascalientes. En general, todos los ramos de la administración pública fueron mejorados: organizó la Guardia Nacional del Estado, para hacer de ella un brillante cuerpo de ejército, el cual dirigió por algún tiempo. En ese mismo año, en que entregó el gobierno a su sucesor, Zacatecas era llamado el "Modelo de los Estados", por su prosperidad y su orden, y García Salinas era llamado por su pueblo "Tata Pachito".

Apenas dejó el gobierno de Zacatecas, García Salinas se rebeló contra la dictadura de Santa Anna; pero como éste enviara contra aquél su más poderoso ejército, lo derrotó en Guadalupe, el 11 de mayo del mismo 1835. Retirado a la vida privada en Zacatecas, falleció en esa ciudad, el 2 de diciembre de 1841; sus restos fueron exhumados con gran solemnidad, el 20 de noviembre de 1907, para colocarlos en el Panteón de los Héroes, donde reposan.

JUAN CORDERO
[1824-1884]
Pintor

Nació el 16 de mayo de 1824 en Teziutlán, Veracruz, que luego fue de Puebla, siendo hijo de un comerciante español, que al conocer sus facultades para la pintura, lo envió siendo niño a la Academia de Bellas Artes de la ciudad de México, para que estudiara. Como deseara el joven ir a Italia, a perfeccionarse en su arte como pintor, y careciera de los medios para hacerlo abandonó la Academia para dedicarse al comercio ambulante, por los pueblos mexicanos, logrando reunir así lo necesario para marchar a Italia. Fue al Viejo Continente en 1844, a los 20 años de edad.

Se estableció en Roma a partir de junio de 1845; desde allí empezó a enviar a México obras originales y copias de los grandes artistas europeos, por lo que fue nombrado agregado cultural a la legación mexicana en Roma, y más tarde la junta directiva de la Academia de San Carlos le concedió una pensión. En 1846 obtuvo el primer premio en un concurso de pintura, en Roma. En 1850 expuso en la Academia de Bellas Artes de México, dos magníficos cuadros suyos: *Moisés* y *La Anunciación,* que fueron mandados litografiar, por la propia Academia, para popularizarlos.

A fines de 1854, después de un viaje a España, regresó a México, con algunas de sus mejores obras. Se convirtió en opositor al pintor español Pelegrín Clavé, que dirigía la Academia, y pintó un retrato a Santa

Anna, que lo nombró director de ella, puesto que no llegó a ocupar. Hizo decoraciones murales, al temple, en la capilla de Cristo, de Santa Teresa; otras en el templo de San Francisco, que concluyó en 1859; un fresco en la iglesia de Jesús María, representando a Jesús entre los doctores; e hizo cuadros famosos como: *La mujer adúltera, Colón en la corte de los reyes católicos*, etc. Murió en Popotla, cerca de la ciudad de México, el 28 de mayo de 1884, siendo uno de los mejores pintores mexicanos.

PEDRO GARCÍA CONDE
[1806-1851]
Militar y geógrafo

Nació en Arizpe, Sonora, el 8 de septiembre de 1806, hijo de don Alejo García Conde y doña Teresa Vidal de Lorca. Su padre era mariscal de campo y gobernador de las Provincias Internas de Occidente, por lo que Pedro fue destinado a la carrera militar. A los 11 años de edad, terminada su instrucción primaria, ingresó como cadete en la Compañía Veterana de Cerro Gordo, Durango, el 29 de noviembre de 1817. Militando en el ejército virreinal llegó a capitán; tal grado tenía en 1821, cuando fue consumada la Independencia de México, por lo cual dejó la provincia.

Se trasladó entonces a la ciudad de México, inscribiéndose en el Colegio de Minería, donde cursó matemáticas, mineralogía y química, y después hizo estudios de astronomía, fortificación y arquitectura. Por sus conocimientos, en 1825 fue ascendido a segundo ayudante de Estado Mayor; en 1828 a capitán de ingenieros. En 1829 se recibió como ensayador, siendo comisionado en 1832 para levantar la estadística del Estado de Chihuahua, con cuyos trabajos formó un voluminoso libro. A su paso por San Luis Potosí, fortificó a dicha ciudad y al Puerto del Gallinero.

En 1834 ascendió a teniente coronel; en 1838 lo nombraron director del Colegio Militar, en cuyo puesto duró hasta 1844. En 1840 fue honrado con el grado de general, y se le encomendaron las obras de reparación del Palacio Nacional. El 3 de agosto de 1842, el Estado de Sonora lo designó consejero, y el 23 de diciembre del mismo año formó parte de la junta legislativa de esa entidad. En 1844 fue diputado por Sonora, cuando Santa Anna dio su famoso golpe de Estado; García Conde tomó parte en la revolución de 6 de diciembre, al triunfo de la cual desempeñó la cartera de Guerra, que dejó al poco tiempo, obligado por la revolución.

En 1847 tomó parte activa en la guerra contra los norteamericanos, haciendo el 28 de febrero de ese año heroica resistencia en el rancho de Sacramento. En ese mismo año, el Estado de Sonora lo eligió como senador, después fue nombrado presidente de la Comisión de Límites que, en virtud de los Tratados de Guadalupe Hidalgo y La Mesilla, debería fijar los nuevos límites de México y los Estados de Norteamérica, una vez que pasaron a poder de este país los territorios que habían pertenecido a México. En esa comisión tuvo que sostener enconadas controversias con el jefe de la comisión americana; pero apoyado en sus principios de justicia y patriotismo, defendió hasta el último puñado de tierra que pudo tomar.

La Comisión Mexicana de Límites quedó casi abandonada por el gobierno mexicano, en una situación lamentable; entonces García Conde, para evitar que sus subalternos se dieran cuenta de tal abandono, y menos aún que lo notaran los norteamericanos, comprometió su crédito particular para sostener boyantes a sus colaboradores, cubrir los gastos y salvar el decoro nacional. Pero los largos meses de privaciones y duros trabajos a que se sometió, ya que personalmente hizo trazos, mediciones y cálculos sobre los inhospitalarios desiertos norteños, sobre todo en el Distrito de Altar, minaron su salud y quebrantaron su fortaleza.

Tuvo que abandonar su comisión y reintegrarse a Arizpe, Sonora, bastante enfermo; allí murió el 19 de diciembre de 1851. Dejó muchos trabajos geográficos y cartográficos notables; a él se debió la formación de un mapa general de la República Mexicana, instrumento del cual dotó a nuestro país desde el año de 1839. Fue amigo personal del general don José Joaquín de Herrera, quien apreció sus servicios como militar y hombre de ciencia, cuando ocupó la presidencia de la República.

PEDRO MARÍA ANAYA

[1795-1854]

Defensor de la patria

Nació en Huichapan, Hidalgo, en 1795, dedicándose a la carrera de las armas, al parecer en las filas insurgentes y después al lado del general Antonio López de Santa Anna. Estando suprimida la vicepresidencia de la República y habiendo pedido permiso el mismo Santa Anna, que fungía como presidente de México, para ausentarse del poder e ir a combatir al Norte a los norteamericanos, en la invasión que hicieran contra nuestro país, el Congreso de la Unión nombró presidente sustituto al entonces general Anaya, quien gobernó del primero de abril al 20 de mayo de 1847, entregando entonces nuevamente el mando al general López de Santa Anna.

Éste decidió continuar la guerra contra los norteamericanos, para lo cual "obligó al clero a contribuir con dinero para la defensa; estableció el servicio militar obligatorio para todos los mayores de 16 años; fundó una maestranza de artillería; reclutó y disciplinó tropas; dio una ley, condenando a los desertores a la pena de muerte, y procedió a fortificar varios puntos de la capital". El 19 de agosto del mismo año de 1847, los invasores norteamericanos atacaron las lomas de Padierna, cercanas a la capital de la República, que estaban defendidas por Gabriel Valencia.

Este general era jefe de los veteranos que habían peleado en el norte del país y, Santa Anna, que estaba cerca, al mando de una división, no lo ayudó en la defensa de Padierna, porque previamente había ordenado a Valencia que abandonara ese sitio. Valencia estaba decidido a permanecer allí y Santa Anna dejó que fuera aniquilado. Por órdenes del mismo Santa Anna, las tropas nacionales que estaban en San Ángel y en sus alrededores fueron concentradas en la ciudad, quedando un numeroso contingente en el convento y puente de Churubusco, para que protegiera la retirada.

El 20 de agosto, los norteamericanos cargaron contra el convento, cuyos soldados estaban al mando del general Anaya, quien los rechazó cuantas veces inten-

172

taron el asalto, hasta que los defensores del convento se vieron obligados a capitular, por la absoluta falta de municiones. Cuando el general Twigs, después de tomar posesión del convento de Churubusco, requiriera al general Anaya para que le entregara las armas y el parque, el ilustre defensor del convento le contestó arrogante: "Si hubiera parque, no estaría usted aquí", frase que pasó a la historia como símbolo del valor mexicano, y que es la que glorificó en la historia al general Anaya.

Santa Anna se retiró del poder, ante la derrota sufrida. Fue elegido interinamente don Manuel de la Peña y Peña, para ocupar la presidencia, la que entregó luego, por disposiciones del congreso, al general Pedro María Anaya, quien por segunda vez gobernó al país, del 14 de noviembre de 1847, hasta el 7 de enero de 1848. No quiso Anaya resolver nada acerca de las peticiones de territorio mexicano que hacían los norteamericanos y se retiró del poder sin haber entregado ninguna fracción del país al extranjero; pero regresó de nuevo Peña y Peña a la presidencia, y él sí firmó los Tratados de Guadalupe, el 2 de febrero de 1848, por lo cual reconocía que pasaba a poder de los norteamericanos más de la mitad del territorio que entonces tenía la República Mexicana.

Anaya vivió amargado los últimos años de su vida, por las grandes derrotas mexicanas, debidas más a la cobardía de algunos de sus directivos, que a la falta de medios para luchar contra los países extranjeros. Murió en la ciudad de México, el 21 de mayo de 1854.

LUCAS BALDERAS
[1797-1847]
Defensor de la patria

Nació el 18 de octubre de 1797 en San Miguel el Grande, Guanajuato. Su familia era muy pobre, por lo que de niño tuvo que aprender un oficio para ganarse la vida. Muy joven llegó a la ciudad de México, donde se empleó en una sastrería, que el español Manuel Alcalde tenía en 1815, en la calle de San Francisco; allí trabajó poco tiempo, pues se alistó en el batallón realista Fieles de Fernando VII, en el cual sirvió hasta 1820. Al consumarse la Independencia, al año siguiente, se dio de alta en las milicias cívicas, como artillero, ascendiendo muy pronto, por su valor y pericia en el empleo de esa arma, a capitán.

En 1828 tomó parte en el pronunciamiento de La Acordada, que realizaron los generales Múzquiz, Filisola y Gómez Pedraza; pero después contribuyó a sofocar el tumulto de El Parián. Se alistó a poco en las tropas que salieron rumbo al puerto de Tampico, a batir al español Barradas, que realizaba una expedición punitiva, con el fin de recuperar a la Nueva España. En 1847, con el grado de coronel, pudo haberse retirado del ejército, pues tenía 50 años de edad; pero deseoso de defender a México contra la invasión norteamericana, al frente del batallón de artillería Mina, de la Guardia Nacional, tomó parte en la campaña del Valle de México, al lado del general Antonio León, contra los norteamericanos.

En la batalla del Molino del Rey, el 8 de septiembre de ese año, hizo una salida con sus valientes soldados, para contener al enemigo; pero recibió una herida de bala en el vientre, a consecuencia de la cual murió ese mismo día. Sus últimas palabras fueron: "Pobre patria mía". El 6 de mayo de 1853, por decreto del presidente López de Santa Anna, fue declarado coronel de artillería permanente, siendo inscrito su nombre entre los que murieron por la patria. Una calle de la ciudad de México lleva su nombre.

JUAN ESCUTIA
[1827-1847]
Niño héroe

Nació el 22 de febrero de 1827, en Tepic, Nayarit, ignorándose quiénes fueron sus padres, pues en el Colegio Militar no existía expediente suyo, ya que era sólo alumno irregular, presentándose algunos días antes de su muerte en Chapultepec, siendo admitido como agregado a la Escuela Militar, mientras podía tramitar su debido ingreso.

Estando Juan Francisco Escutia haciendo guardia en el edificio del Colegio Militar, la mañana del 13 de septiembre de 1847, al ver que irrumpían a él los invasores norteamericanos, por las rampas de acceso hacia el Castillo, les presentó resistencia, disparando sobre ellos su rifle. Como los invasores siguieran avanzando, se replegó y vio una bandera mexicana, perteneciente a alguno de los varios cuerpos de la Guardia Nacional que defendían el Castillo, y para evitar que la insignia patria cayera en manos del enemigo, se envolvió en ella y saltó a las rocas.

Su cuerpo rodó pendiente abajo, envuelto en la bandera que había salvado de que cayera en manos del enemigo, muriendo antes que dejarla al alcance del invasor. Tenía 20 años de edad, y era un joven robusto y animado. Su cuerpo fue encontrado, despeñado y todavía envuelto en la bandera de su patria. En 1952, como los restos de sus compañeros niños de heroicidad, los suyos fueron objeto del homenaje encendido de todo el pueblo mexicano, en imponente ceremonia que se efectuó en el Palacio Nacional y en la plaza principal de la ciudad de México.

Las urnas de cristal y de plata, en las que fueron puestos los restos de los Niños Héroes, sobre armones de artillería y cubiertas con la bandera nacional, fueron llevados por las calles de México, entre escoltas militares vestidas de gala y a los marciales acordes de las bandas de música, hasta su destino final, en el Monumento a los Niños Héroes, que se levanta majestuoso en el Bosque de Chapultepec, frente al Castillo.

VICENTE SUÁREZ
[1833-1847]
Niño héroe

Nació el 3 de abril de 1833, en la ciudad de Puebla, siendo hijo del primer ayudante de caballería, Miguel Suárez, y de la señora María de la Luz Ortega de Suárez. Sin embargo, en su acta de bautizo se dice ser hijo legítimo de José Ignacio Suárez y de María Tomasa Vázquez. En 1845, cuando contaba con 13 años de edad, ingresó al Colegio Militar, seguramente mintiendo en cuanto a su edad, pues sólo eran recibidos muchachos entre 14 y los 18. En su solicitud de ingreso, de fecha 21 de octubre, dice haber estudiado ya gramática y cuentas.

También pudo ingresar a esa edad, porque los hijos de los militares eran aceptados desde los 12 años de edad, aunque contra el reglamento del colegio, que se alojaba entonces en el Castillo de Chapultepec. Vicente Suárez era de familia humilde, y en su breve vida cargó a cuestas una gran pobreza. Estando ya en el colegio, a una solicitud de ayuda, que hizo en 1846, se le contesta que si hay dos alumnos a los que se les proporcionan zapatos, "es porque uno de ellos es indigente de solemnidad y el otro descendiente de don José María Morelos y Pavón". En febrero de 1847, un escrito señala a seis jóvenes que pedían seis pesos mensuales para poder subsistir, y entre ellos está Vicente Suárez, quien en septiembre de ese año, asciende al pináculo de la gloria por haber sido de los cadetes que ofrendaron su vida en defensa de la patria, y a quienes la historia conoce como los "Niños Héroes". Su mención honorífica dice de su muerte, acaecida el 13 de septiembre de 1847, que se encontraba apostado como centinela en el vigía, del mirador del Castillo, cuando empezó el asedio de los norteamericanos contra Chapultepec.

Los invasores subieron por el cerro, y entonces el cadete "marcó el alto a los asaltantes, que continuaron avanzando. Mató de un balazo a uno de ellos, hirió con una bayoneta en el estómago a otro, y fue muerto en su puesto, luchando al arma blanca. Murió por su bravura, pues su juventud hizo a los asaltantes vacilar en su ataque, hasta que fueron atacados por él". Tenía entonces 14 años de edad, sin grado alguno todavía. La patria lo ha glorificado, juntamente con sus compañeros de sacrificio, y tan grande fue la hazaña de todos ellos, que colocaron a México entre los pocos países del mundo que cuentan con héroes niños, muertos por defender a la patria de las invasiones extranjeras.

Los restos de los niños héroes fueron rescatados de Chapultepec, en 1952, y mediante una identificación pericial, se les colocó en urnas de plata sobredorada y de cristal, que fueron depositadas en el Altar de la Patria, que en su honor se erigiera en el Salón de Banderas del Cuerpo de Defensores de la República, del Palacio Nacional. Recibieron los honores del presidente de la República, su Gabinete y los otros Poderes del

Estado, para ser llevados en andas de cedro al túmulo que se levantó ex profeso en el Zócalo o Plaza de la Constitución, donde todo el pueblo de México pudo venerarlas. Veintiún cañonazos fueron disparados en su honor.

FRANCISCO MÁRQUEZ
[1834-1847]
Niño héroe

Nació en 1834 en la ciudad de Guadalajara. Quedó huérfano de padre, y su madre se unió en segundas nupcias con el capitán de caballería don Francisco Ortiz, de quien el niño acarició el amor a las armas. El 4 de enero de 1847, cuando contaba 13 de edad, ingresó al Colegio Militar de Chapultepec, cuando ya el general Zacarías Taylor, jefe de las tropas invasoras norteamericanas, se encontraba en Saltillo, y el general Wilfield Scott preparaba la invasión de México, por el puerto de Veracruz.

Su madre se presentó a las autoridades militares del colegio, con el siguiente escrito: "Digo yo, Micaela Paniagua de Ortiz, que por ésta me obligo a sostener con todo aseo posible y decencia regular, en el Colegio Militar, a mi hijo Francisco Márquez, que ingresa a dicho establecimiento con el objeto de instruirse en los ramos que allí se enseñan; y para que conste, doy la presente obligación en México, a 14 de enero de 1847".

Era Francisco Márquez el más joven de los seis Niños Héroes, que meses después habrían de morir por la patria, y su edad consta en el escrito que acompañó al de su madre, como solicitud de ingreso al colegio, y que dice así: "Exmo. señor: El C. Francisco Márquez, de 13 años de edad, entrados a 14, ante la justificación de S.E., con el respeto debido pasa a manifestar que, deseoso de emprender la carrera de las ciencias, a la que ha tenido una positiva afición, sus padres han movido cuantos resortes han estado a su alcance para darle este cultivo; mas dos circunstancias lo han impedido: la primera ha sido que el capitán del 9º Regimiento de Caballería, D. Francisco Ortiz, padrastro del que representa, se halla continuamente expedicionando hasta hoy en el Ejército del Norte, y la madre existe en esta capital, con muy escasos recursos para vivir; la segunda causa es la carencia de otros arbitrios, pues no contando con más haberes que la paga del expresado capitán y ésta repartida, no puede absolutamente alcanzar para la educación que desea el exponente..."

El colegio lo recibió, atendiendo sobre todo a que era hijastro de un capitán del ejército, que se encontraba luchando contra los norteamericanos en Coahuila, y lo destinó a la Primera Compañía de Cadetes, donde empezó su instrucción de soldado. Poco debe haber aprendido en los ocho meses que duró su aprendizaje de las armas, cuando llegó el mes de septiembre, y tuvo que defender su colegio contra los invasores extranjeros. Los norteamericanos cañonearon al Castillo de Chapultepec y las defensas aledañas, los días 12 y 13 de septiembre de 1847, tomando este último día la fortaleza y el Colegio Militar que en ese lugar funcionaba.

Subieron los invasores por las rampas hasta el cerro de Chapultepec, donde se levanta el Castillo, luchando cuerpo a cuerpo con sus defensores; se sorprendieron al mirar que muchos de ellos eran niños que vestían el uniforme de los cadetes, y que hacían frente contra ellos, disparando sus armas. Francisco Márquez, el menor de los seis héroes que murieron ese día, entre los alumnos mayores y los soldados destacados para la defensa del Castillo, perdió también la vida luchando, sin amedrentarse ante el enemigo de su patria.

El mayor Montenegro, encargado de rendir el parte correspondiente, puso en su expediente las fases finales de su sacrificio, en estos términos: "En la falda del cerro que mira al Este, se encontró su cadáver, cerca del de D. Juan Escutia, ambos acribillados a balazos".

FERNANDO MONTES DE OCA
[1829-1847]
Niño héroe

Nació el 29 de mayo de 1829 en Atzcapotzalco, siendo hijo de don José María Montes de Oca y de doña Josefa Rodríguez de Montes de Oca. En 1847, al ver invadida su patria por los norteamericanos, sintió deseos de aprender a defenderla, por lo que solicitó su ingreso al Colegio Militar, en el mes de enero de ese año. Ingresó el 24 de ese mes, causando alta en la Primera Compañía de Cadetes, en la que empezó su aprendizaje en la carrera militar, que duró tan poco.

Su solicitud de ingreso fue concebida en los siguientes términos: "Señor director: Fernando Montes de Oca, hijo de D. José María Montes de Oca, difunto, y de doña Josefa Rodríguez, ante V.S., con el debido respeto, hace presente que, deseando servir en la gloriosa carrera de las armas y teniendo la suficiente edad para comprenderla, así como los conocimientos necesarios de primeras letras, viendo al mismo tiempo lo invadida que está nuestra República y queriendo serle útil en la actual guerra con los Estados Unidos del Norte; juntando con ésta los certificados y escritos que se me piden, a V.S. suplica encarecidamente se sirva admitirlo en la clase de alumno en el Colegio Militar, que dignamente manda..."

Montes de Oca fue uno de los alumnos del Colegio Militar que, el 13 de septiembre de 1847, a la vista de los norteamericanos que amagaban a la ciudad de México, no hizo caso a las recomendaciones que les hiciera el director, general Monterde, para que se refugiaran en sus casas, dejando el colegio a los soldados defensores; sino se quedó dentro del Castillo, y cuando se enteró que lo atacaban los invasores, se armó y se dispuso a presentar batalla. En su expediente se narra su muerte como sigue:

"...Muerto por la patria... al saltar una ventana que daba al rancho de Anzures, para incorporarse al resto de los alumnos, que defendían la entrada del Bosque, desde el Jardín Botánico. Fue cazado por los norteamericanos, que ya se habían adueñado de la azotea. Su cadáver quedó abandonado por tres días..." "Su madre obtuvo, después, ocho centavos diarios de pensión. Y como a los demás Niños Héroes, a Montes de Oca le fueron rendidos los honores de la patria, en el año de 1952, con las imponentes ceremonias con que sus restos fueron rescatados y depositados en urnas de cristal y de plata, en el Monumento de Chapultepec.

Naturalmente que en las batallas contra el invasor
americano, se produjeron muchos actos de heroísmo,
entre los soldados y los civiles mexicanos, pero a los
Niños Héroes se les ha distinguido en la veneración
patria, porque ofrendaron sus vidas cuando apenas empezaban a vivir.

Manuel Ruiz, por ejemplo, luchando
en Padierna, ya herido, salvó una bandera mexicana;
Alejandro Argandar perdió heroicamente el brazo izquierdo, en la batalla del Molino del Rey; cuatro aspi-
rantes de marina: dos de primera, Francisco Villaseñor
y Manuel Marabato, y dos de segunda, Félix Gómez y
Joaquín Marabato, murieron también combatiendo a los
americanos.

AGUSTÍN MELGAR

[1829-1847]

Niño héroe

Nació el 28 de agosto de 1829 en la ciudad de Chihuahua, siendo sus padres el coronel Esteban Melgar y
la señora María de la Luz Sevilla. Al cumplir los dos años
de edad, murió su padre; la viuda quedó en la penuria.
Terminó la instrucción primaria y perdió a su madre,
quedando solo en el mundo, por lo que marchó a la
ciudad de México, ya con la idea de ingresar al Colegio Militar. El 4 de noviembre de 1846 se presentó
en Chapultepec y solicitó su ingreso en el Colegio Militar allí instalado, llevando escrita una carta de solicitud, que en parte decía:
"Exmo. señor: El ciudadano Agustín Melgar, ante
S.E. respetuosamente comparezco y digo: que deseoso de pertenecer a la gloriosa carrera de las armas,
a que mi padre sirvió y murió de inspector en Chihuahua, y tal vez útil a mi patria, impetro la gracia de
V.E. a fin de que se digne admitirme en el Colegio
Militar, para cuyo efecto acompaño los documentos de
estilo, exceptuando la Fe de Bautismo, por hallarse
en Chihuahua, pero protesto hacerlo tan luego como
llegue..." Fue recibido, al día siguiente, el 7 de noviembre; pasó por cajas, para recibir su equipo de cadete, el cual vistió con orgullo.
En el mes de febrero de 1847, durante la rebelión
de los "polkos", Agustín Melgar era recluta, pero como

faltara a la revista del comisario, el 4 de mayo, fue dado de baja. Sin embargo, el 19 de agosto fue readmitido al colegio, después de que diariamente se presentaba a solicitar su reingreso, ofreciendo sus servicios ante la invasión norteamericana. Se le recibió en calidad de "agregado", y así concurrió a la defensa del Castillo, pues carecía de familia con la cual vivir, cuando se les envió a sus casas a los cadetes, deseando además ayudar a su defensa.

El 13 de septiembre, cuando el asalto al Castillo por los norteamericanos, Melgar se portó con gran valentía, rechazando casi él solo al enemigo, en el puesto que defendía, por lo que recibió numerosas heridas: dos balazos, uno en la pierna derecha y otro en un brazo, más una herida de bayoneta en el costado derecho, cuando luchó cuerpo a cuerpo con el enemigo. En 1924 fue rehabilitado como cadete efectivo del Colegio Militar, *in memoriam,* en premio a su heroica hazaña, quedando agregado en su expediente el siguiente relato, que la describe:

"Alumno Agustín Melgar: Muerto a consecuencia de las heridas de bala y bayoneta recibidas por defender a la patria, el 13 de septiembre de 1847. Habiendo quedado solo, intentó detener al enemigo que bajaba por la escalera del lado norte del Mirador. Mató de un balazo a uno de los asaltantes en dicha carrera. Siendo perseguido, se parapetó detrás de unos colchones, en el interior de una de las piezas, donde continuó haciendo fuego, hasta que no pudo resistir más por las heridas recibidas. Fue recogido y se le recostó sobre una mesa en la pieza cuya puerta es la primera que se encuentra, subiendo por la escalera... Quedó abandonado y en la mañana del 15 se le encontró muerto y caído en el suelo..."

Sus restos fueron objeto del homenaje que la patria hizo a los Niños Héroes en el año de 1952, ante la admiración y cariño de todo el país.

JUAN DE LA BARRERA
[1828-1847]
Joven héroe

Nació el 26 de junio de 1828 en la ciudad de México. Era hijo del general de división, artillero, don Faustino de la Barrera, fundador de la fábrica de pólvora de Santa Fe, y de la señora doña Dolores Valenzuela, hija del oidor del virrey. Tuvo 23 hermanos, entre ellos Francisco, que después de alcanzar el grado de coronel en el ejército, siguió la carrera eclesiástica; y el general Faustino de la Barrera. Contaba apenas doce años de edad, cuando en 1842 fue admitido gracias a la posición de su padre en el Colegio Militar, aunque no tenía la edad requerida.

Hizo con verdadero empeño su carrera, con muy buenas calificaciones en sus estudios, que le gustaban mucho. Pronto, por su conducta en la asonada conocida como el Plan de Regeneración Política, obtuvo el grado de subteniente de artillería, y al salir del colegio fue destinado al Batallón de Zapadores, ya que sus preferencias eran hacia la construcción militar y la ingeniería. Pero no estuvo satisfecho con tal situación, ya que deseaba seguir estudiando, para "ser un oficial verdaderamente científico", por lo que hizo una solicitud para que se le permitiera estudiar por su cuenta, dejando el servicio.

En su petición decía lo siguiente: "...desde que abracé la carrera gloriosa de las armas, me propuse seguirla en la clase facultativa; por esta razón... V.E. tuvo la bondad de conferírmelo para el cuerpo en que me hallo, en el cual creí poder conseguir mi objeto... ya estoy desengañado de que no he de poder sacar todo el aprovechamiento que necesito para realizar mis miras, en razón de que hace largo tiempo que lo recargado del servicio de las armas, como que sólo algunas horas cada dos días dejo de estar de guardia, me impide tener toda la dedicación necesaria al estudio, debiendo manifestar, igualmente, que por la misma causa se han suspendido las lecciones de matemáticas que diariamente me daba una maestra particular". Y enseguida insertaba sus peticiones:

"...deseando por lo mismo hacer mi carrera en la Plana Mayor General, he decidido impetrar de la magnanimidad de V.E., la gracia de que se digne concederme licencia por el tiempo necesario para que, dedicándome exclusivamente al estudio, sin las distracciones del servicio activo del Cuerpo, pueda lograr por este medio ser un oficial facultativo..." No consiguió lo que quería; pero en cambio, al saberse de la amenaza norteamericana a la capital de la República, se le concedió regresar al Colegio Militar y ayudar en la construcción de sus fortificaciones de defensa.

Con el grado de teniente de zapadores, De la Barrera se dedicó a forzar los alrededores del bosque, para lo cual construyó un hornabeque y dos medios baluartes, trabados por una cortina, casi frente a la entrada del bosque, por la parte Sur, junto a la actual glorieta de entrada, en donde empezaba el camino que iba a La Condesa y se unían las calzadas de Tacubaya y Chapultepec. Al acercarse el enemigo, fue encargado de la defensa de ese punto, quedándose con algunos soldados, con las baterías que el general Monterde, director del Colegio Militar, colocara, dejándolas al cuidado del joven teniente, de 19 años de edad.

El general norteamericano Quitman ocupaba La Condesa, frente a las ligeras fortificaciones que había construido De la Barrera, y sobre ellas cargó el 13 de septiembre de 1847, con una andanada de proyectiles. Juan de la Barrera defendió el punto a su cargo, hasta que las balas enemigas segaron su vida; quedó muerto en la primera fortificación militar que había construido cuya defensa le encargaran, en una guerra tan seria como fue la invasión americana.

SANTIAGO FELIPE XICOTÉNCATL

[-1847]

Defensor de la patria

Nació en la ciudad de Tlaxcala, el primero de mayo de uno de los últimos años del siglo XVIII, siendo descendiente de los famosos generales del mismo apellido indígena, que se opusieran al paso de Hernán Cortes por la primitiva Tlaxcala, cuando iba a conquistar a México. En 1815 causó alta en la compañía que su padre mandaba, dentro del ejército insurgente, en el que combatió hasta la consumación de la Independencia, y solicitó entonces su baja. Volvió al ejército el 30 de septiembre de 1829, con el grado de teniente permanente; alcanzó todos los ascensos, hasta el grado de teniente coronel, conforme al escalafón de aquella época.

El 14 de noviembre de 1847, fue nombrado por decreto coronel, por haber muerto heroicamente en defensa de la patria. Este bravo soldado había sido incansable, en tal servicio, en diversos cuerpos de ejército y lugares de México: en la capital, Yucatán, Chiapas, Tabasco, Oaxaca, Veracruz, Puebla, San Luis Potosí, Jalisco, Tepic, Sinaloa, Sonora y finalmente en Chapultepec. Estuvo en muchos combates de importancia bajo la dirección de generales de valor temerario, así como con soldados a los que supo dirigir con acierto.

Con un reducido destacamento, defendió el puerto del Rosario, que era atacado por el rebelde general Urrea, siendo hecho prisionero cuando se encontraba herido; al sanar, se fugó de la cárcel y organizó una fuerza, para volver a combatir contra los sublevados de Urrea. Por encontrarse vacante la jefatura del Batallón de San Blas, en la Plaza de San Luis Potosí, se le expidió despacho de comandante, en junio de 1847, cuando el país estaba en guerra contra la invasión norteamericana. A poco de su nombramiento, emprendió la marcha para acuartelarse en Tlalnepantla, ayudando en los preparativos de la defensa de la ciudad de México.

El teniente coronel Xicoténcatl recibió órdenes de sus superiores, el 13 de septiembre del mismo año de 1847, durante la batalla que se libró ese día contra los invasores americanos, en Chapultepec y sus alrededores, de que con sus hombres auxiliara a los escasos defensores que se sostenían en el Castillo, para lo cual tendría que romper el cerco que los atacantes habían puesto al Alcázar. Xicoténcatl marchó decidido a cumplir con tal misión, que bien sabía era suicida, pues sus fuerzas eran escasas y el enemigo disponía de numerosas gentes, armas, pertrechos de guerra, vehículos y fortificaciones muy sólidas.

Más tarde, el general Nicolás Bravo rindió el parte oficial de tal acción de armas, haciendo en él mención del heroico comportamiento del Batallón de San Blas, y principalmente de su jefe, el teniente coronel Xicoténcatl, quien fue acribillado por 30 balas. Con los intestinos perforados, tuvo fuerza para llegar hasta donde había caído el abanderado de su batallón, recoger la bandera y salvarla, cubriéndola con su desgarrado chaquetín, para seguir luchando al frente de los pocos soldados que le quedaban y que pelearon hasta morir.

Seiscientos hombres, entre ellos su comandante, perdió en esa batalla gloriosa el heroico Batallón de San Blas, tratando de auxiliar a los soldados que estaban sitiados en el Castillo de Chapultepec, donde los Niños Héroes también morían en la heroica defensa del Alcázar. Xicoténcatl pereció envuelto en la bandera mexicana, desgarrada, llena de sangre y lodo; pero evitando que cayera en manos del enemigo. Esa gloriosa bandera se encuentra ahora en el Museo Nacional de Historia de México, que se admira en el Castillo de Chapultepec.

ANTONIO LÓPEZ DE SANTA ANNA
[1795-1876]
Dictador de México

Nació el 21 de febrero de 1795 en Jalapa, Veracruz. El 6 de julio de 1810, sin tener la edad reglamentaria, ingresó como cadete al ejército realista, luchó contra las tropas de Hidalgo con bravura, por lo cual se ganó el grado de alférez. En 1821, concluida la guerra de Independencia, Iturbide lo ascendió a coronel, más por la adulación de que lo hizo objeto, que por simpatías y méritos militares. En 1822, el general Vicente Guerrero, por motivos semejantes a los de Iturbide, elevó a Santa Anna a la jerarquía militar de general del ejército republicano.

Comisionado por el presidente Bustamante para reprimir la expedición de Barradas a Tampico, Santa Anna salió victorioso en 1829, empezando con ello su gran popularidad en el país, la cual supo aprovechar. Su inquieta carrera lo llevó a innumerables hechos de armas y políticos, en los siguientes años, al grado de que ningún otro mexicano ha participado más veces que él en el gobierno de su país. Ocupó por primera vez la presidencia de la República, del 16 de mayo al primero de junio de 1833, siendo diez veces más las que llegó a ser presidente, siendo su último periodo gubernamental del 20 de abril de 1853 al 9 de agosto de 1855.

Al sobrevenir la guerra de México con los Estados Unidos, por el asunto de Texas, Santa Anna, que hizo un buen papel, fue preso y enviado a los Estados Unidos, de donde regresó ileso más tarde. En 1838 participó en la llamada Guerra de los Pasteles, contra Francia. En 1843, en una acción librada en Veracruz contra las tropas francesas, una granada le voló una pierna, la cual hizo que fuera paseada con pompa y honores de heroicidad por las calles de la ciudad de México, y que se enterrara luego con gran ostentación. Poco tiempo después, en uno de sus numerosos altibajos, dicha pierna fue desenterrada, arrastrada por el populacho y escarnecida públicamente, como repudio al dictador.

En 1847 tomó parte Santa Anna en la guerra contra los Estados Unidos, demostrando ya entonces más amor propio que patriotismo, como lo demostró en Padierna, donde hizo perder la guerra sólo porque no acataron sus órdenes. En ese periodo de su gobierno llegó al pináculo del despotismo, haciéndose llamar Alteza Serenísima, como lo hiciera antes Iturbide, recibiendo honores de emperador. Perdió la guerra contra los norteamericanos, dejando abierta la puerta para negociar la anexión de Texas y otros territorios norteños de México, a los Estados Unidos de América. Más de la mitad del entonces territorio mexicano pasó a poder de esa nación.

En 1855 terminó su último periodo presidencial, al ser derrocado definitivamente del poder por don Juan Álvarez y los seguidores del Plan de Ayutla. Santa Anna huyó al extranjero, en donde permaneció durante algunos años, esperando que lo llamaran otra vez sus partidarios, lo cual ya no volvió a suceder. En 1862 regresó a México, al saber la invasión francesa, y ofreció sus servicios al presidente Juárez, para la defensa de la patria; pero el Benemérito lo repudió. Fue entonces con Maximiliano, tratando de venderle sus servicios; pero tampoco el archiduque austriaco los aceptó. Por lo que se retiró desilusionado a la vida privada, viviendo en la oscuridad y miseria sus últimos años, en la ciudad de México, donde murió el 21 de junio de 1876, olvidado de todos.

FRANCISCO GONZÁLEZ BOCANEGRA
[1824-1861]
Autor del Himno Nacional

Nació el 8 de enero de 1824, en la ciudad de San Luis Potosí, siendo hijo de don José María González Yáñez, de nacionalidad española, militar al servicio del ejército realista, y de doña Francisca Bocanegra y Villalpando, nativa de Pinos, Aguascalientes; hermana del licenciado don José María Bocanegra, ministro de Relaciones Exteriores en el Gabinete de don Vicente Guerrero. En diciembre de 1827 se promulgó la ley de expulsión de los españoles radicados en México, y aunque el señor González Yáñez estaba excluido de tal disposición, por estar casado con mexicana por nacimiento, no quiso acogerse al indulto saliendo a España con su familia.

Permaneció el militar, con su esposa, dos hijos, una niña y Francisco, el menor, que cumplió los doce años de edad en la Madre Patria, residiendo en el puerto de Cádiz. Por fin, el 28 de diciembre de 1836, la familia González Yáñez regresó a México, a la ciudad de San Luis Potosí, donde el joven Francisco se dedicó al comercio. Tiempo después pasó a la ciudad de México, donde vivía el licenciado Ramón Pacheco, de Guadalajara, casado con doña Mariana Villalpando, tía de Francisco. Tenía dicho matrimonio una hija, Guadalupe González del Pino y Villalpando, del primer matrimonio de la señora, y Francisco se enamoró de su prima.

González Bocanegra encontró en México el medio que le hacía falta; le sedujo desde un principio el trato con las bellas letras y sus cultivadores. Concurría a los más renombrados centros de reunión literaria, como la Academia de Letrán, en donde cultivaba lazos de amistad con destacados poetas, literatos y periodistas, como don Francisco Manuel Sánchez de Tagle, don Vi-

cente Segura Argüelles, don José María Roa Bárcena
y otros. Empezó a escribir versos inspirados, que pocas
veces publicó; pero para dedicarse a ello, abandonó el
comercio, ingresando a la administración pública.

Desempeñó diferentes cargos, entre otros el de administrador general de caminos, censor de teatros y
director del *Diario Oficial*, en la época del presidente
conservador, Miramón. El 12 de noviembre de 1853 el
gobierno del general López de Santa Anna lanzó una
convocatoria, para que se presentaran composiciones
poéticas entre las que habría de seleccionarse la que
formara el Himno Nacional Mexicano, y a la cual arre-
glara música algún destacado maestro. Se ofrecía al triun-
fador un premio, que no se determinó cuál sería, además del honor nacional.

Pasaron días desde esa convocatoria, y González Bocanegra no se animaba a escribir una composición para
el concurso, hasta que su novia Guadalupe se propuso
hacerlo concursar. Un día que llegó a visitarla, lo
invitó a pasar a una de las piezas interiores de la casa,
y le mostró sobre un escritorio, papel para escribir, diciéndole que no lo dejaría salir de esa pieza, hasta que
hubiese compuesto la letra del Himno Nacional. Salió
y cerró con llave la puerta.

Eran las dos de la tarde, a las seis el novio llamó
a voces, diciendo que había cumplido. Ante los habitantes de la casa, la propia Guadalupe leyó los vibran-
tes versos que había escrito González Bocanegra, que
empiezan así: "Mexicanos, al grito de guerra el acero
aprestad y el bridón..." Todos aplaudieron tan bellas
estrofas y Guadalupe se comprometió en matrimonio
con Francisco. Los jurados de la comisión calificadora
escogieron el poema de González Bocanegra, entre las
24 composiciones que fueran recibidas, y aunque ningún
premio se otorgó al autor, a última hora, sí quedó su
himno eternamente en el corazón de los mexicanos.

González Bocanegra casó con su prima teniendo
con ella cuatro hijas, y siguió dedicado a sus empleos
públicos, hasta que, perseguido por los enemigos de
la administración que servía, en 1861 tuvo que refugiarse en la casa de un amigo. Separado de su familia,
enfermó de tifus, muriendo en la ciudad de México,
el 11 de abril de 1861, a los 23 años de edad.

JAIME NUNÓ

[1824-1908]

Autor del Himno Nacional

Nació el 8 de septiembre de 1824 en San Juan de las Abadesas, pueblo de la provincia de Gerona, en Cataluña, España. Fue el último de los siete hijos que tuvieron Francisco Nunó y su esposa Magdalena Roca, personas pobres, que vivían de una pequeña fábrica de estameña. El padre de Jaime murió en un accidente, entonces la madre, que tenía parientes en Barcelona, pasó con su hijo Jaime a esa ciudad; falleció víctima del cólera, que azotaba a la región, y Jaime quedó huérfano a los nueve años de edad, siendo adoptado por su tío Bernardo, que tenía un comercio de sedas en la ciudad condal, y que fomentó sus aptitudes musicales.

Ya desde San Juan, Jaime había recibido los fundamentos de su educación musical, de parte de su hermano Juan, que era organista de la iglesia del lugar. Al darse cuenta sus protectores de sus aptitudes musicales, lograron que fuera admitido como solista en la Catedral. Siete años permaneció en ese puesto, cuando por su edad le cambió la voz, los conocimientos que había adquirido le hicieron merecedor de que fuera enviado a Italia, donde estudió composición con el maestro Severio Mercadante. Terminados sus estudios, volvió a Barcelona, donde pensaba ejercer su profesión; para entonces había compuesto unas 200 piezas para baile, especialmente valses, motetes, arias y misas.

En 1851, el gobierno lo nombró director de la Banda del Regimiento de la Reina, que en octubre del mismo año fue enviado a Cuba, para que organizara las bandas militares en esa posesión española. Hizo Nunó especial amistad con el gobernador y capitán general de la isla, don Manuel Concha. En Cuba conoció también al general López de Santa Anna, que estuvo expatriado, en algunos de sus lapsos fuera del poder; pero que, al regresar a México, invitó a Nunó para que pasara a ese país, como director de todas las bandas de música militares, disfrutando de magnífico sueldo. Nunó aceptó, y en 1853 se trasladó a México, año

189

en que el gobierno de Santa Anna convocara a los poetas para dar un himno al país.

Como se extendiera la convocatoria para que los compositores musicales enviaran sus partituras, siguiendo determinadas normas musicales, Nunó pensó en concursar; escribió un vibrante himno, cuya música envió escrita al jurado, y éste escogió su obra. La declaratoria del triunfo se le hizo saber hasta el 12 de agosto del año de 1854. Ese mismo año, en abril, el ministro de Fomento convocó a los músicos, para nombrar de entre ellos al director del Conservatorio Nacional de Música; pero aunque Nunó salió agraciado, no llegó a realizarse el proyecto.

En eso llegó la derrota de Santa Anna, y Nunó salió también del país, en octubre de 1856, por Veracruz a La Habana. De allí pasó a los Estados Unidos de Norteamérica, donde organizó una jira, dando conciertos con su banda. Se estableció en Nueva York, trabajó como concertista y director de compañías de ópera. En 1862 fue contratado como director de ópera italiana, para hacer una jira por Estados Unidos, México, Cuba y Centroamérica, por lo que volvió a nuestro país en 1864, sólo de paso. Se radicó en Buffalo, en los Estados Unidos, donde fundó una academia de música.

Fue a España en 1851; pero regresó a Buffalo, en donde, en 1901, lo descubrió un periodista mexicano, que lo identificó como el autor de la música del Himno Nacional de México. Pronto todo nuestro país supo la noticia; el gobierno de Porfirio Díaz invitó a Nunó para que pasara a México, a recibir el homenaje que se le debía. El 6 de septiembre de ese año, hizo Nunó su tercer viaje a México, llegando el 12 siguiente a la ciudad de México, que le preparó homenajes y lo vitoreó en las fiestas patrias. El 21 de noviembre del mismo año regresó a Buffalo; pero volvió a México en 1904, al cumplirse el cincuentenario del Himno Nacional Mexicano. Viejo y enfermo, vivió sus últimos años con su hijo Jaime, en Nueva York, donde murió el 18 de julio de 1908, a los 84 años de edad.

MANUEL OROZCO Y BERRA

[1816-1881]

Historiador y arqueólogo

Nació el 8 de junio de 1816 en la ciudad de México, estudió en el Colegio de Minería, recibiendo el título de ingeniero topógrafo. Pasó en 1847 a la ciudad de Puebla, a estudiar en el Seminario de esa ciudad, donde logró titularse de abogado. Por esos años, se inició en el cultivo de las letras, ensayando el periodismo con su hermano Fernando, el novelista. Radicado en México a partir de 1851, desempeñó diversos empleos, entre otros, por su erudición y con la ayuda de don José Fernando Ramírez, el de director del Archivo General de la Nación.

Tomó además, a su cargo, importantes comisiones científicas, como la de formar una carta geográfica del Valle de México; paleografiar los primitivos libros de actas del Cabildo; intervenir en la entrega de bibliotecas de las comunidades religiosas suprimidas; dictar cátedras de historia y geografía. En 1857 fue nombrado ministro de Fomento, dentro del gobierno liberal, ocupando después un sitial en la Suprema Corte de Justicia. Al sobrevenir la intervención francesa, contra la que protestara airadamente, se vio obligado a permanecer en la capital al ser tomada por los invasores, se rehusó a ser miembro de la Junta de Notables que nombraron.

Urgido por la pobreza, aceptó más tarde servir al imperio de Maximiliano; lo hizo en puestos relacionados con su profesión y cultura, al margen de la política. Alcanzó así señaladas distinciones siendo nombrado consejero de Estado. Derrotado Maximiliano de Habsburgo, Orozco y Berra estuvo en prisión por dos meses, pero sus relevantes méritos lo libertaron, siendo llamado a la Sociedad de Geografía y Estadística y a la Academia de Literatura y Ciencias. En ese tiempo escribió su obra maestra: *Historia antigua y de la conquista de México.*

Desde su mocedad se había dedicado Orozco y Berra a la investigación histórica, especializándose en la historia primitiva. Guiado por su amigo y maestro, don

191

José Fernando Ramírez, ahondó en la arqueología, dedicándose a descifrar jeroglíficos, a leer la escritura de las piedras, a buscar el sentido de los códices, auxiliándose, para todo esto, con los viejos cronistas, con los filólogos misioneros, los historiadores y lingüistas contemporáneos. Su *Historia antigua y de la conquista de México* fue publicada en 4 volúmenes, de 1880 a 1881.

Dicha obra se divide en cuatro partes: La civilización, El hombre prehistórico, Historia antigua y La conquista. Digno complemento de ella hubiera sido la *Historia de la dominación española en México,* que Orozco y Berra empezó a escribir, llegando hasta la expulsión de los jesuitas; pero que no llegó a terminar, por haber fallecido. Esto acaeció el 27 de enero de 1881, en la ciudad de México, cuando su *Historia antigua y de la conquista de México* se imprimía, por orden del gobierno de la nación, que adoptó tal acuerdo como un homenaje.

Otras obras suyas, entre las publicadas, pues dejó algunas inéditas, son: *Diccionario Universal de Historia y Geografía,* en el que de modo sobresaliente colaboró, y cuyo *Apéndice,* en tres volúmenes, es obra suya (1855-56); *Noticia histórica de la conjuración del marqués · del Valle* (1853); *Geografía de las lenguas y carta etnográfica de México* (1867); *Materiales para una cartografía mexicana* (1871) y *Estudio de cronología mexicana,* publicado al frente de la crónica de Alvarado Tezozómoc.

JOAQUÍN GARCÍA ICAZBALCETA
[1825-1894]
Historiador y bibliógrafo

Nació el 21 de agosto de 1825, en la ciudad de México. Su familia, de origen español, tuvo que trasladarse a España en 1829, huyendo de las turbulencias políticas que asolaron a México en los primeros años de su vida independiente, por lo que García Icazbalceta pasó en la Madre Patria sus primeros años. Volvió a México en 1836, para estudiar en su propia casa algunos idiomas y ciencias. Bajo la dirección de don Lucas Alamán, se despertó en él su vocación por la historia.

Durante los años de 1849 y 1850, tradujo y publicó la *Historia de la Conquista del Perú*, de Prescott, adicionándola con nuevos capítulos y notas. Desde 1852 y hasta 1856, aparecieron sus primeros trabajos originales históricos, en el *Diccionario Universal de Historia y Geografía*. Entonces se reveló como investigador erudito el historiador que asociaría dos limpideces: la del estilo y la del juicio. Estableció en su domicilio una pequeña imprenta formando también una magnífica biblioteca. Se dio a coleccionar raros y valiosos impresos, manuscritos y documentos, unos ignorados y otros que se tenían por perdidos; en 1858 lanzó el volumen inicial de su primera colección de documentos, del cual fue a la vez colector, anotador, editor e impresor.

Hizo impresiones y reimpresiones de obras de Mendieta, Cervantes de Salazar, González de Eslava y el Padre Alegre; publicó memoriales, cartas, relaciones, itinerarios, ordenanzas y otras piezas ajenas, raras o escasas, en su *Colección de documentos para la Historia de México*, cuyos dos volúmenes publicó en 1866, para su *Nueva Colección de documentos para la Historia de México*, que en cinco volúmenes publicara de 1886 a 1892. Entre sus obras originales deben mencionarse: *Apuntes para un catálogo de escritores en lenguas indígenas de América* (1866); *Don fray Juan de Zumárraga, primer obispo y arzobispo de México* (1881).

En 1886 publicó su *Bibliografía Mexicana del siglo* xvi, obra que, según Menéndez Pelayo, es "en su línea de las más perfectas y excelentes que posee nación alguna", pues es el fruto de 40 años de hábil investigación y constituye un catálogo razonado de libros impresos en México, de 1539 a 1600, con biografías, ilustraciones, facsímiles de portadas antiguas, extractos de libros selectos y eruditas notas bibliográficas. Además de esas obras, dejó 104 biografías que, incluida la de Zumárraga ya mencionada, forman cuatro volúmenes de la *Colección Agüeros;* numerosas monografías, opúsculos y discursos, que integran otros seis volúmenes de la misma colección, sobre las más variadas cuestiones de la historia mexicana.

García Icazbalceta es, según González Peña, de la misma estirpe intelectual de Orozco y Berra; pocos habrán servido a la historia mexicana con la sabiduría, el celo y la noble generosidad con que él lo hizo. "Gran maestro de toda erudición mexicana", le llamó Menéndez Pelayo, y no sin razón pasa por ser también la primera autoridad en asuntos de América. Su trabajo póstumo fue un *Vocabulario de Mexicanismos*, que dejó inconcluso al morir, el 26 de noviembre de 1894, en la ciudad de México, publicado en 1905.

LA REFORMA

VALENTÍN GÓMEZ FARÍAS
[1781-1858]
Presidente de la República

Nació el 14 de febrero de 1781 en Guadalajara, Jalisco, siendo hijo de don José Lugardo Gómez de la Vara y doña Josefa Martínez y Farías, ambos españoles. Estudió la carrera de medicina; como alumno, hizo brillante papel en la literatura. Para perfeccionar sus estudios, leía obras francesas censuradas, por lo que la Inquisición lo puso en sus listas negras. Ejerció la medicina en la ciudad de Aguascalientes, donde en 1820 lo eligieron diputado a las Cortes Españolas; pero prefirió sumarse a la causa de la Independencia, por lo que levantó un batallón, que mantuvo con sus propios medios, para hacer la guerra al régimen de España.

Ayudó a Iturbide a ser emperador; después influyó en la elección de don Guadalupe Victoria para presidente de la Primera República Federal. En 1824 resultó diputado al Primer Congreso Constituyente, sobresaliendo de él por su ideas liberales. Esto lo acercó al general Antonio López de Santa Anna, al cual ayudó en sus levantamientos contra los diversos gobiernos a los que combatió. Al renunciar Manuel Gómez Pedraza, bajo la presión de Santa Anna y Gómez Farías, éste ocupó la presidencia, por primera vez, del primero de abril al 15 de mayo de 1833, porque Santa Anna, que se debía haber hecho cargo del poder, se encontraba enfermo.

Santa Anna lo dejó otra vez en la presidencia, por ausentarse del puesto, del 2 al 17 de junio del mismo año de 1833; por tercera, del 6 de julio al 27 de octubre del mismo año; por cuarta, del 5 de diciembre de 1833 al 23 de abril de 1834. Cuando Santa Anna cayó, en 1835, Gómez Farías fue desterrado al igual que su jefe y radicó en Nueva Orleans, de los Estados Unidos de Norteamérica, donde tuvo que vender hasta sus efectos personales, entre ellos una vajilla de plata que llevaba consigo, para poder subsistir en el destierro, que duró tres años.

Regresó Gómez Farías al país, en febrero de 1838, siendo recibido con júbilo por sus partidarios; pero de nuevo fue aprehendido, acusado de conspiración, y enviado otra vez al destierro, en Nueva Orleans, en donde permaneció hasta 1845. Nombrado vicepresidente, en 1846, con el gobierno de don José Mariano Salas, ocupó la presidencia, por quinta vez, del 24 de diciembre de ese año, al 20 de marzo de 1847, estando ya liberado de la tutela de Santa Anna, por lo que se manifestó abiertamente liberal, iniciando el movimiento de Reforma, acto que le valió ser llamado en la historia oficial, "Padre de la Reforma".

Durante su gobierno, asestó rudos golpes a los privilegios de toda especie; sostuvo que el poder civil es superior al militar; impulsó la educación pública y abolió la pena de muerte. En 1857 se adhirió al Plan de Ayutla, que jefaturó el general Juan Álvarez, del cual nacieron la consolidación del liberalismo mexicano y la Constitución reformista de ese año. En él fue diputado constituyente, siendo llevado a hombros a la Cámara, el 5 de febrero de ese año, por su mal estado de salud.

Murió el 5 de julio de 1858 y oficialmente fue inhumado en el panteón de San Fernando; pero sus deudos, temerosos de un atentado de parte de sus enemigos, ocultaron sus restos en el jardín de su propiedad, que estaba en Coyoacán, en donde permanecieron hasta 1933 en que, con motivo del centenario de la Escuela de Medicina, fueron exhumados y llevados a la Rotonda de los Hombres Ilustres.

JUAN DE LA GRANJA
[1785-1856]
Introductor del telégrafo

Nació en 1785 en Balmaseda, España. Llegó a México en 1814, dedicándose de 1820 a 1827, a actividades mercantiles, que lo llevaron en viajes por todo el país, Guatemala y los Estados Unidos de Norteamérica. Buscando que sus empresas mercantiles fueran protegidas por México, en sus tratos con Norteamérica, adoptó la ciudadanía mexicana e ingresó al servicio consular de México. Radicado en Nueva York, fundó allí *El Noticioso de Ambos Mundos*, periódico editado para defender a los españoles y mexicanos, siendo el primero de habla hispana que se estableciera en la gran urbe del hierro, en agosto de 1838.

Ese mismo año fue nombrado vicecónsul de México en Nueva York, más tarde cónsul general, a partir de octubre de 1842. Estando en esa ciudad norteamericana, vio inaugurarse la primera línea telegráfica que hubo en el mundo, advirtiendo los beneficios que tal servicio llevaría a ese país. Como buen comerciante, meditó sobre la conveniencia de introducir a México el invento, para realizar un gran negocio con ello. Regresó a México el 13 de enero de 1847, siendo diputado al Congreso de la Unión, y minero en San Luis Potosí.

Juan de la Granja dejó ese año a los Estados Unidos, porque le declararon la guerra a México, deseando estar con su patria adoptiva. Inmediatamente a su arribo a México, empezó a tratar de introducir el telégrafo a nuestro país; el 10 de mayo de 1849 obtuvo la concesión exclusiva para establecer ese nuevo y moderno sistema de comunicaciones en la República. El 5 de noviembre de 1851, en la casa número 6 de la vieja calle del Coliseo, hoy Bolívar, se estableció la primera oficina telegráfica de México, con servicio de México a Puebla.

En 1867 se elaboró el plan para extender una red telegráfica en toda la República; en 1898 se fundó la primera Escuela de Telegrafistas. Juan de la Granja murió en la ciudad de México, el 6 de marzo de 1856, y en su honor, una calle de la capital mexicana lleva su nombre.

JOSÉ MARÍA YÁÑEZ
[1803-1880]
Defensor de la patria

Nació en 1803, en la ciudad de Valle de Santiago, Guanajuato, siendo hijo de padres humildes. Tuvo desde su infancia un gran espíritu de aventuras, por lo que escapó de su hogar, siguiendo a unos arrieros, que lo llevaron a conocer otras tierras y costumbres. En 1821 causó alta en el Ejército Trigarante, y fue logrando ascensos en las muchas asonadas y revoluciones que hubo en el país, en esos años, a las cuales concurrió como soldado, siempre para combatirlas. Sus principales hechos de armas empezaron con la defensa de Tampico, contra la expedición de Barradas, en el año de 1829, apenas consumada la Independencia.

En 1838 contribuyó a la defensa del puerto de Veracruz, cuando los franceses atacaron en la Guerra de los Pasteles. El 20 de mayo de 1846 se pronunció en Guadalajara, contra el presidente Paredes y Arrillaga, de filiación conservadora, que pretendía sustituir el régimen republicano por el monárquico. Siendo comandante militar de Jalisco, con 500 hombres y seis piezas de artillería marchó a atacar a los norteamericanos, que habían desembarcado en el puerto de San Blas, obligándolos a reembarcarse. En 1852 fue designado gobernador de Jalisco, por la facción conservadora que se pronunció con Blancarte, por el Plan del Hospicio.

Pero uno de los hechos más notables de la vida militar del general Yáñez, por el cual ha pasado a la historia, fue el de la defensa que hizo del puerto de Guaymas, en agosto de 1854, contra la invasión de un ejército extranjero, que mandaba el conde francés Raousset de Boulbón. En ese mes fue invadido el Estado de Sonora por 400 filibusteros, acaudillados por el aventurero conde francés, que intentaba apoderarse de esa entidad mexicana, para fundar un Estado autónomo. Dicho aventurero había nacido en 1817 en las ruinas de un castillo de Aviñón, en Francia; en su niñez le decían "el pequeño lobo", por su carácter altivo y terco.

Raousset de Boulbón fue colono en Argelia y periodista en París; gastó en orgías la fortuna que heredó de sus padres, soñando en las fabulosas bonanzas de oro de Juan Augusto Suter, atravesó el istmo de Panamá desembarcando en San Francisco, California, el 22 de agosto de 1850. Celebró un contrato con el norteamericano Jecker, para organizar un ejército que se apoderara de las minas de Sonora, creando un imperio a su servicio. En su goleta "La Belle", fletada en San Francisco, el aventurero francés y sus secuaces desembarcaron, el primero de julio de 1854, en un punto cercano a Guaymas, llamado Tetas de Cabra.

Empezó el conde francés a tener conferencias con el general Yáñez, para que éste le entregara el puerto, sin derramamiento de sangre, al negarse el general mexicano a tal cosa, Raousset de Boulbón atacó al puerto de Guaymas, el 13 del mismo julio, con cañones enviados sobre él a sus 400 soldados, bien armados y pertrechados, para tomarlo. Se luchó en todas partes, en las calles y casas de la ciudad, los vecinos acudieron al llamado del general Yáñez, para auxiliar a sus soldados; con el valor de éstos y de los vecinos del puerto, guiados por la atinada dirección de Yáñez aunado su valor personal, éste triunfó ya que se mezcló con la gente y luchó igual que ellos.

Raousett de Boulbón fue aprehendido y sometido a un consejo de guerra, que lo condenó a muerte, por lo que el 13 de agosto fue fusilado por las tropas del general Yáñez, terminando así otra invasión a nuestro país. Sin embargo, el general Santa Anna, celoso de la gloria que había alcanzado el héroe de Guaymas, criticó su acción. Caído Santa Anna, a Yáñez se le proclamó Benemérito de Sonora y Jalisco. Sirvió al Imperio de Maximiliano. Después fue leal a la República, retirándose a la vida privada. Siendo secretario de Guerra y Marina, murió en la ciudad de México, el 10 de agosto de 1880.

SANTOS DEGOLLADO
[1811-1861]
Militar y político

Nació el 31 de octubre de 1811, en la ciudad de Guanajuato, siendo hijo de don Francisco Degollado y de doña Mariana Sánchez. Fallecido su padre, se encargó de él el cura de Copupao, Michoacán, hoy Quiroga, al lado del cual se educó en la ciudad de México. Casado vivió en Morelia, donde obtuvo un empleo en la catedral, en la que trabajó por 20 años, siendo muy estimado de todos los funcionarios eclesiásticos, llegando a ocupar el puesto de contador. En 1836 se unió al movimiento federalista del coronel Enrique Angón, alcanzando por su valor en los combates, el grado de subteniente, con lo cual empezó su carrera militar.

Su carrera política la inició en 1845, logró ser diputado local, y consejero del gobierno del Estado, al año siguiente. En funciones de secretario de la Junta Subdirectora de Estudios de Michoacán, favorecido por el gobernador don Melchor Ocampo, gestionó la reapertura del Colegio de San Nicolás, el 17 de enero de 1847, logrando ser rector del mismo. Luego, por renuncia de Ocampo a la gubernatura de Michoacán, Degollado pasó a sustituirlo, siendo gobernador del 27 de marzo al 6 de julio de 1848. Al triunfo de la Revolución de Ayutla, en 1855, Comonfort lo hizo gobernador y comandante general de Jalisco, distinguiéndose como militar y político.

Durante las guerras de Reforma, Degollado fue uno de los más esforzados paladines de la libertad y la democracia; pero en noviembre de 1859, propuso un pacto de paz en Guadalajara, a los conservadores, con base en la representación nacional, emanada del sufragio libre, la libertad religiosa y otros puntos, y aunque los conservadores aprobaron tal plan e iban a firmarlo, Juárez y los liberales extremistas se opusieron. Degollado fue destituido del mando de tropas y sujeto a proceso. En 1861 hizo su defensa en la ciudad de México y solicitó le dejaran perseguir a los asesinos de don Melchor Ocampo, para lo cual formó un ejército, con el cual atacó muriendo en el primer encuentro, el 15 de junio de 1861.

JUAN ÁLVAREZ
[1790-1867]
Presidente de la República

Nació el 27 de enero de 1790, en el pueblo de Santa María de la Concepción Atoyac, Guerrero, en el seno de una familia acomodada, que lo envió a estudiar al colegio de Ignacio Avilés, en la ciudad de México. A la muerte de sus padres, siendo apenas adolescente, tuvo Álvarez que regresar a su pueblo nativo, porque así lo dispuso un mal tutor. En noviembre de 1810, casi para huir de su casa, Juan Álvarez sentó plaza como soldado raso, en las filas del ejército insurgente de Morelos y por su carácter fuerte e indómito ascendió pronto a sargento.

Como tal, asistió al combate de Aguacatillo, de Tres Palos, Arroyo del Moledor y Tonaltepec. En diciembre combatió en La Sábana y obtuvo el grado de capitán; por méritos en campaña. Antes de terminar el año de 1810, recibió un tiro de fusil, que le atravesó las piernas siendo ascendido a comandante del Regimiento de Guadalupe. Con don Hermenegildo Galeana asistió al asalto de la plaza de Tixtla, en la madrugada del 15 de mayo de 1811, saliendo otra vez herido y esta vez consiguiendo el grado de coronel. En 1813 fortificó el Cerro del Veladero, del que se hizo cargo hasta 1814, en que fue batido por Armijo en Pie de la Cuesta.

Fue coronel y comandante militar de Zacatlán. Desde el 11 de agosto de 1819, libró doce nuevas acciones de guerra, haciendo retroceder al enemigo hasta la plaza de Acapulco. En 1821, se encontraba Álvarez en Iguala, cuando se proclamó la Independencia de México; pero todavía batió a los realistas en cinco encuentros derrotándolos. Le fue encomendada la capitulación de Acapulco, y desde el 5 de octubre de 1821 hasta el 17 de agosto de 1822, peleó con éxito al recibir de los realistas el puerto de Acapulco, del que fue nombrado comandante general.

Ese mismo año, Álvarez secundó el movimiento revolucionario de Guerrero y Bustamante, quienes desconocieron a la autoridad imperial de Iturbide, y declaró que para siempre se afiliaba al partido republicano. En 1828, sin rencor para los españoles, se opuso a la expulsión de ellos y fue su protector dando amparo a cuantos se lo solicitaron. Proclamando el Plan de Jalapa, en 1830, Juan Álvarez se pronunció contra él, el 6 de abril; sostuvo la presidencia de Guerrero, en acciones militares que libró en Venta Vieja, Acapulco, El Manglar, Dos Arroyos y Chilpancingo; fue ascendido por Bustamante a general de brigada.

Se encontraba en Acapulco el 14 de enero de 1831, cuando el aventurero Picaluga se apoderó del general Guerrero; vanos intentos hizo Álvarez para salvar a su jefe y compañero. En 1833 combatió contra el Plan de Escalada, y en 1835 reprimió un motín en Acapulco, que favorecía a Santa Anna. No obstante ser enemigo de éste, cuando sobrevino en 1828 la Guerra de los Pasteles, con Francia, le ofreció sus servicios para defender a la patria. En 1841 secundó el Plan de Regeneración; al final de ese año fue ascendido a general de división. Hasta 1845 se opuso a Santa Anna; pacificó la sierra de Chapala y la Mixteca oaxaqueña.

Al frente de la División del Sur, luchó en 1847 contra los invasores norteamericanos, siendo nombrado general en jefe de las divisiones de caballería. Declarado por la ley del 27 de octubre, en 1849, Estado de la Federación el de Guerrero, en memoria de don Vicente, Álvarez fue nombrado por aclamación su primer gobernador, que lo fue de 1850 a 1853. En ese año tomó parte activa en la Revolución de Ayutla, de cuyo plan fue jefe de armas, llegando a ocupar la presidencia de la República, del 4 de octubre al 10 de diciembre de 1855. En 1862, Juárez lo nombró su representante, entre su gobierno y los militares. Murió en la ciudad de México, el 27 de agosto de 1867.

MELCHOR OCAMPO
[1814-1861]
Reformador

Nació el 6 de enero de 1814 en la hacienda de Pateo, Michoacán, propiedad de la rica hacendada doña Francisca Javiera Tapia, quien fue su madrina, pues los padres de Ocampo trabajaban para ella. Inició sus estudios primarios en Tlalpujahua, con el padre Alas, hermano de don Ignacio Alas, el famoso abogado con quien más tarde viviría en la ciudad de México, y los terminó en Maravatío, bajo la dirección del padre Imitola. Como perdiera a su padre siendo niño, siguió bajo el cuidado de su madrina, quien en 1824 lo envió a Valladolid, hoy Morelia, a que hiciera sus estudios preparatorios en el Colegio Seminario de esa población.

Terminados dichos estudios, madrina y ahijado pasaron a la ciudad de México, hospedándose en la casa del licenciado Ignacio Alas, para que Melchor siguiera la carrera de jurisprudencia, desde ese año de 1831, hasta que recibió su título. Su madrina murió, dejándole algunos bienes de fortuna. Pero no litigó entonces, ya que se desencantó de que para ejercer tal profesión, hacían más falta las "mañas e intrigas, que el saber y la justicia". Por lo que se consagró al estudio de las ciencias físicas y naturales, haciendo, para completar su saber, un viaje a Europa, en 1840.

Producto de ese viaje fue su libro *Viaje de un mexicano a Europa,* en el que dejó consagradas muchas y muy curiosas observaciones de la vida social, política y literaria de París. De regreso a Michoacán, se entregó a la política, figurando como diputado al Congreso de la Unión y luego como gobernador de Michoacán, de 1846 a 1847. Más tarde, en el régimen presidencial del general Mariano Arista, ocupó los puestos de senador y secretario de Hacienda. Nuevamente fue elegido gobernador de Michoacán, puesto que tuvo que dejar, por el pronunciamiento de Jalisco que llevó a Santa Anna a la presidencia, instaurando la dictadura.

Por esa época fue desterrado; viajó a los Estados Unidos, donde trató a Juárez, a Arriaga, a Cepeda Peraza, a Arrioja, a Mata y a otros liberales, con los que formó la Junta Revolucionaria, que promovió y ayudó a los pronunciamientos que hicieron caer a Santa Anna. La revolución de Ayutla, de Álvarez y Comonfort, fue el principal de esos levantamientos, del cual derivó la permanencia de los liberales en el poder. El general Juan Álvarez dio la Secretaría de Relaciones a Ocampo, en su Gabinete, pero sólo desempeñó ese puesto 15 días, por no aceptar la política conciliatoria que Álvarez trataba de llevar, en favor del general Ignacio Comonfort.

Se retiró entonces a la vida privada, en su hacienda de Pomoca, fracción de la antigua de Pateo, y se dedicó a mejorar la vida de la región y de sus habitantes. Sin embargo, le eligieron diputado al Congreso Constituyente, en donde formó parte de la comisión redactora de la Constitución. Al surgir el licenciado Benito Juárez como presidente, Ocampo lo acompañó como uno de sus ministros, a Guanajuato y Guadalajara, donde salvó a Juárez de ser asesinado, después a Colima y Manzanillo, embarcando rumbo a Panamá, para sentar su gobierno en Veracruz. Allí estuvo el gobierno de Juárez los tres años que duró la guerra de Reforma.

En ese lugar se expidieron también las famosas Leyes de Reforma, que separaron la Iglesia del Estado, de cuya redacción fue autor Melchor Ocampo, así como de su espíritu reformador. Esas leyes crearon también el matrimonio civil, idea de Ocampo. En enero de 1861 entró con Juárez a la ciudad de México; pero se retiró otra vez a su hacienda de Pomoca. Lo sacaron de ella los conservadores, siendo aprehendido por Lindoro Cajiga, quien lo llevó ante Leonardo Márquez y Félix Zuloaga. Éstos lo mandaron fusilar, sin formación de causa, en Tepeji del Río o Caltengo, del Estado de México, el 3 de junio de 1861.

PONCIANO ARRIAGA

[1811-1865]

Constituyente de 1857

Nació el 19 de noviembre de 1811 en la ciudad de San Luis Potosí, hijo de padres vascos. Desde muy joven demostró un claro talento, de manera que a los 20 años se recibió de abogado, teniendo que habilitarse para recibir su título, pues no tenía la edad requerida para ello. Ingresó entonces a la vida pública del país, iniciando su carrera política como secretario del general Esteban Moctezuma, que luchó contra el centralismo y las administraciones del presidente Bustamante; desde entonces se conoció a Arriaga como hombre de ideas liberales y avanzadas.

Figuró en diversos puestos públicos, dentro de su Estado natal, del cual fue regidor, diputado al congreso local y secretario de gobierno, llegando a ser jefe del Partido Liberal. De 1843 a 1846 fungió como diputado al Congreso de la Unión; siendo después nombrado ministro de Justicia y Negocios Eclesiásticos, dentro del gabinete del presidente Arista. Por sus ideas liberales, perseguido por Antonio López de Santa Anna, lo desterraron a los Estados Unidos, donde trató a Juárez, Mata, Ocampo, Arrioja y Cepeda Peraza, con los que fundó la Junta Revolucionaria, que se encargó de derrocar a los conservadores y dar el poder a los liberales, especialmente con la revolución de Ayutla, de Álvarez y Comonfort.

Al reunirse el Congreso Constituyente, el 16 de octubre de 1855, siete distritos electorales nombraron su representante al licenciado Ponciano Arriaga, y a él le tocó presidir la primera junta preparatoria, el 15 de febrero de 1856, así como a la Cámara, una vez que quedó instalada. Fue entonces nombrado para que integrara la comisión más importante, o sea aquella que debería presentar el proyecto de Constitución, siendo obra suya una gran parte de ese progreso, que se refiere a los puntos de la libertad de expresión y el progreso de la patria, por lo que se ha llamado a Arriaga el Padre de la Constitución de 1857 o su Alma Mater.

Sus discursos patrióticos, pronunciados con gran elocuencia en el seno del Congreso Constituyente, fueron conservados en la *Historia del Congreso Constituyente,* que escribiera el liberal y escritor Francisco Zarco, son muestra de su avanzado espíritu liberal y reformador. Fue un jurisconsulto y sociólogo notable, un orador parlamentario elocuente; hombre de grandes virtudes cívicas y privadas. Durante la guerra de Reforma, acompañó al presidente Juárez y a su Gabinete hasta el establecimiento de su gobierno en el puerto de Veracruz, después, durante el imperio de Maximiliano, en sus éxodos al norte del país y otros sitios.

Murió en la ciudad de San Luis Potosí, el 12 de julio de 1865, en plena lucha entre la República de Juárez y el Imperio de Maximiliano de Austria, sin que le tocara el placer de ver triunfar a aquélla.

FRANCISCO ZARCO
[1829-1869]
Político e historiador

Nació el 4 de diciembre de 1829, en la ciudad de Durango, donde cursó la escuela primaria. Logró, aunque con grandes sacrificios, una buena educación literaria. Desde muy joven se mostró como escritor de importancia y empuje, orador de encendidas ideas y hábil disertación. Adquirió tanta fama desde su primera juventud, con tales virtudes, que cuando el gobierno de la República ocupó la capital de Querétaro, por estar en la ciudad de México los norteamericanos, en 1847, el ministro don Luis de la Rosa, llamó a Zarco, que no cumplía aún los 20 años, para que desempeñara un importante puesto en el ministerio.

Cumpliendo tal cargo, asombró en alguna ocasión a los hombres del gobierno, con su habilidad para disertar y derrotar a sus opositores, en una discusión que sostuvo con Gómez Pedraza. Poco después pasó Zarco a la ciudad de México; en la capital comenzó a escribir en los periódicos, artículos de combate. Escribió en *El Siglo XIX*, del que llegó a ser redactor en jefe y donde hizo una labor política muy notable, que los historiadores consideran como necesaria para la realización de la Reforma; escribió también en *El Demócrata* y fundó un periódico propio, *Las Cosquillas*, que se hizo muy popular, por ser combativo y festivo. En 1854 resultó electo diputado al Congreso General, por Yucatán. En 1856 se disolvió la conocida Academia de San Juan de Letrán, en vísperas de la Reforma, y los escritores de valía fundaron el Liceo Hidalgo, para agruparse, en el cual destacó como impulsor Zarco. Por su parte, los escritores más jóvenes se congregaron en el Liceo Mexicano. En ese año fue elegido Zarco al Congreso Constituyente, del que habría de ser uno de sus principales sostenes y su historiador. Ignacio Manuel Altamirano, que encabezaba a los escritores jóvenes de entonces (Marcos Arróniz, Florencio M. del Castillo, Juan Díaz Covarrubias, José Rivera y Río, etc.), iba con ellos a las galerías del congreso, para aplaudir los elocuentes discursos de Francisco Zarco, de Melchor Ocampo, de Ignacio Ramírez y de Ponciano Arriaga.

En tal Congreso, Zarco no solamente luchó con tenacidad por los principios liberales sino resultó ser uno de los campeones de la Constitución, que escribió y publicó interesantes reseñas de las memorables sesiones, hasta formar la historia completa de esa época, como documento histórico de derecho constitucional muy importante. En 1857 publicó en forma de libro esas reseñas del Congreso, en una copiosa obra que tituló: *Historia del Congreso Extraordinario Constituyente*. Después del golpe de Estado de Comonfort, Zarco permaneció oculto en la ciudad de México, publicando una hoja que se llamaba *Boletín clandestino* y un folleto sobre *Los asesinatos de Tacubaya*. Descubierto por la policía de Zuloaga, fue encarcelado y sometido a tratos inhumanos hasta el triunfo liberal.

En 1861 lo nombró Juárez ministro de Relaciones Exteriores y jefe del Gabinete. Renunció poco después a ambos cargos, volviendo a la dirección del periódico *El Siglo XIX*. Durante la intervención francesa, publicó en San Luis Potosí un periódico defensor de la República, que llamó *La Independencia Mexicana* y otro en Saltillo, llamado *La Acción*. Emigró a los Estados Unidos de Norteamérica, y allí organizó un Club Republicano, escribiendo diversos trabajos para defender la causa de México. Al triunfo de la República, regresó al país, fungiendo otra vez como diputado. Murió en la ciudad de México, el 29 de diciembre de 1869. El Congreso de la Nación lo declaró Benemérito de la Patria.

IGNACIO M. ALTAMIRANO
[1834-1893]
Político y escritor

Nació el 12 de diciembre de 1834 en Tixtla, Guerrero; indio de raza pura, cuyos padres tomaron su apellido español de quien llevó a bautizar al niño. Éste, a los 14 años de edad, ignoraba aún el castellano, y vivía una vida primitiva en los bosques tropicales de su región. Pero su padre resultó electo alcalde de su pueblo, e Ignacio pudo entrar a la escuela, donde se distinguió en sus estudios. En 1849 fue a Toluca, e ingresó en el Instituto Literario, entre los jóvenes indios más estudiosos inscritos. Cursó materias de español, latín, francés y filosofía.

Resultó agraciado con el empleo de bibliotecario del Instituto, leyó infinidad de libros, alcanzando con ello una vasta cultura y su gran afición a las letras. En 1852 pasó a la ciudad de México, inscibiéndose en el Colegio de Letrán, de donde se lanzó a la revolución de 1854, y marchó hacia el Sur a combatir. De regreso a la ciudad de México, siguió los estudios y escribió para diversos periódicos. A finales del año 1857 estalló la guerra civil; en enero del siguiente, se adueñaron los conservadores de la capital. Altamirano se volvió escritor de combate y conspirador; al iniciarse la guerra de Reforma, salió a combatir en el sur del país, en las regiones que conocía.

Victoriosa la bandera reformista, resultó diputado al Congreso de la Unión, donde se distinguió como orador florido y de combate. Teniendo que dejar la ciudad de México, por la intervención francesa, otra vez tomó las armas peleando contra los invasores, y contra el imperio de Maximiliano, ya con el grado de coronel. Estuvo con las tropas que ocuparon Querétaro. Regresó con ellas a la capital, victorioso; entonces decidió dedicarse definitivamente a la literatura. Fundó en 1869 la magnífica revista *El Renacimiento*, para promover en México el de las letras, tras de tantas luchas y penurias. Trabajó con gran actividad en la prensa; fue maestro literario de las nuevas generaciones, tal como Ignacio Ramírez, otro indio de raza pura, lo había sido suyo; restableció el Liceo Hidalgo, que presidió. Fundó otras sociedades de cultura; se consagró a la cátedra y a la burocracia.

Desde 1867 había empezado a publicar sus *Rimas,* poesías anteriores a esa época; en 1869 publicó en *El Renacimiento* su novela *Clemencia;* En 1870 su cuento largo, *Navidad en las Montañas,* en folletín, y dos relatos novelescos breves: *Las tres flores* y *Julia.* En 1888 terminó de escribir su novela *El Zarco,* que es su mejor obra literaria póstuma, pues se publicó hasta 1901, después de su muerte. Dejó truncas dos novelas más, muy buenas: *Antonio y Beatriz* y *Atenea.* Propició con su labor literaria, cultural y docente, el renacimiento de la literatura mexicana, formando la escuela que habría de conseguir más tarde los maravillosos frutos del modernismo.

En 1889 fue nombrado cónsul general en España, con residencia en Barcelona, y contra sus deseos tuvo que abandonar a la patria que tanto amaba; después de un tiempo de cumplir con su misión diplomática, se hizo cargo del consulado de París. Visitó Italia; una grave enfermedad le obligó a ir a buscar la salud en las playas de San Remo, donde murió, el 13 de febrero de 1893. Por disposición testamentaria, fue incinerado y sus cenizas conducidas a México, donde reposan.

ÁNGELA PERALTA

[1845-1883]

Cantante

Nació el 6 de julio de 1845 en la ciudad de México, siendo de origen humilde. Desde pequeña demostró poseer una privilegiada voz y grandes facultades escénicas, que le fueron cultivadas por su familia. A los nueve años de edad cantó una cavatina de la ópera "Belizario", que le escuchó la gran cantante Enriqueta Sontag, que actuaba entonces en el Teatro Nacional; la famosa artista hizo grandes elogios de la genial pequeña, a la que auguró muchos éxitos. Ángela Peralta siguió estudiando canto y representación teatral, lo mismo en el Conservatorio de Música que con los mejores maestros que había en México, siendo ayudada por ellos.

En 1860, cuando contaba 15 años de edad, cantó por primera vez en el teatro, presentándose con la ópera "El Trovador"; al año siguiente partió para Italia, estudiando con ahínco bajo la dirección de reputados maestros. Alguno de ellos, extasiado al oírla, afirmó que así, como Ángela, solamente los ángeles del cielo podían cantar. Un año más tarde en 1862, cantaba en el teatro de la Scala de Milán, donde únicamente los mejores solistas del mundo han actuado, obteniendo un éxito completo.

Durante varios años recorrió las mejores ciudades de Europa, cosechando triunfos en todas partes, hasta que volvió a su patria, cantando en el Teatro Nacional de la ciudad de México, en medio del más delirante entusiasmo de sus compatriotas. Así quedó consagrada como la más notable cantante mexicana y una de las mejores del mundo; ese día, el 11 de junio de 1871, cantó la "Sonámbula", ópera de Bellini, conmoviendo al público, que lloró y rompió en estruendosos aplausos. Después, Ángela Peralta se dispuso a recorrer las principales ciudades de México, para obsequiar a sus compatriotas con el tesoro de su incomparable voz.

Habiendo llegado a Mazatlán, en 1883, murió víctima del *cholera morbus*, que asolaba entonces a la República Mexicana.

JOSÉ MARÍA MARROQUÍ
[1824-1898]
Médico e historiador

Nació el 6 de febrero de 1824 en la ciudad de México, de padres de buena posición, que pudieron darle una esmerada educación. Estudió primero en el Seminario Conciliar, donde forjó un profundo amor por los clásicos y un plausible afán de defender el idioma, lo cual le valió más tarde ser miembro de la Academia de la Lengua. Sin embargo, para contentar a su familia, siguió la carrera de medicina, titulándose de médico cirujano, profesión que no ejerció. En 1847 combatió contra la intervención norteamericana, siendo un muchacho; habiéndose afiliado al Partido Liberal, defendió ardientemente sus principios, durante la guerra de Reforma y la intervención francesa, de 1862 a 1864.

Fue catedrático de idioma español en la Escuela Preparatoria, desde su fundación; cónsul de México en España, con residencia en Barcelona; diputado al Congreso de la Unión, en 1861. Acompañó al presidente Juárez en su peregrinación al norte del país, cuando la ciudad de México fue ocupada por los ejércitos intervencionistas franceses. A la caída del imperio de Maximiliano, en 1867, Juárez lo nombró juez del registro civil. En ese empleo y en el de regidor del ayuntamiento de la ciudad de México, que tuvo después, conoció numerosos documentos de los archivos municipales, los que despertaron la idea de escribir las historias de las calles de México, a lo cual se avocó con desmedido afán.

Diariamente hacía investigaciones en bibliotecas y archivos, en las casas particulares y con los dueños de las mismas. Fue durante años popular su figura, sudorosa y atareada, por las calles de la capital. Fruto de tan gran trabajo fue su monumental obra titulada *La Ciudad de México,* que editara el propio ayuntamiento de la capital mexicana. Dicha obra es una fuente magnífica de informaciones históricas, no sólo de la ciudad de México, sino de otros muchos sucesos interesantes; es la historia de cada una de las calles de la ciudad, y de sus edificios históricos, monumentos, conventos, iglesias, palacios y sitios de interés.

Más de 20 años ocupó en escribir tan extenso libro, revolviendo todos los archivos y calles de la ciudad, hasta lograr en los tres gruesos tomos de su obra capital, transmitir mil abundantes pormenores sobre la historia del virreinato, sobre costumbres, creencias, tradiciones, guerras, noticias históricas, biográficas, bibliográficas, estadísticas y administrativas, todo revuelto, pero lleno de datos desconocidos hasta entonces, que habían escapado a la diligencia de los demás historiadores y cronistas de la capital mexicana, tan llena de tradiciones y leyendas.

Nombrado cónsul de México en España, marchó al Viejo Continente; donde al ser depuesto el gobierno que lo designara, quedó abandonado en tierra extraña y en la más absoluta miseria; pero al fin pudo regresar a la ciudad de México, viejo, cansado y sin recursos, para morir en ella, el 24 de abril de 1898, según se dice de hambre, pues la enfermedad que lo atacó le impedía probar bocado, y tampoco tenía para comprar un pedazo de pan o alguna medicina. Su muerte acaeció en la casa que ocupaba en el callejón de Coajomulco, que a iniciativa del poeta José de Jesús Núñez y Domínguez, fue llamada por el gobierno del Distrito, calle de Marroquí.

BENITO JUÁREZ
[1806-1872]
Benemérito de las Américas

Nació el 21 de marzo de 1806, en San Pablo Guelatao, pueblecillo escondido en la sierra de Ixtlán, de Oaxaca. Fueron sus padres los campesinos zapotecas, muy humildes, Marcelino Juárez y Brígida García. Huérfano desde los tres años de edad, quedó al cuidado de su abuela y de su tío Bernardino, llegando a los doce años de edad sin saber leer ni escribir, e ignorando la lengua castellana. A esa edad, en 1818, dejó su pueblo natal y se fue a la ciudad de Oaxaca, en busca de fortuna, la que encontró al lado del franciscano Antonio Salanueva, encuadernador de libros, quien le enseñó el oficio y trató de dedicarlo a la carrera eclesiástica.

Por tal motivo, apenas terminó la instrucción primaria, lo inscribió en el Seminario de Oaxaca, donde cursó latín, filosofía y teología; pero no teniendo vocación para el sacerdocio, Juárez se pasó al Instituto de Ciencias y Artes, apenas creado en 1826 por la legislatura local. En 1831, siendo todavía estudiante de derecho, fue nombrado regidor del ayuntamiento de Oaxaca, con lo que inició su carrera política. En 1834 fue elegido diputado al Congreso del Estado. Habiendo sido asesinado el general Vicente Guerrero, dentro del gobierno de Anastasio Bustamante, Juárez pidió que los restos del insurgente fueran velados en Oaxaca, por lo que fue reducido a prisión varios meses y desterrado a Tehuacán.

En 1841 regresó a Oaxaca, donde fue designado juez de lo Civil y de Hacienda; ocupaba tal puesto cuando contrajo matrimonio, en 1843, con Margarita Maza. Fue nombrado secretario general del gobierno del general Antonio León ocupando después la fiscalía del Tribunal Superior de Justicia. Derrocado el general Paredes de la presidencia de la República, en 1846, Juárez fue elegido diputado al Congreso de la Unión y al año siguiente gobernador constitucional de Oaxaca, puesto que desempeñó de noviembre de 1847 al 12 de agosto de 1852, reorganizando la hacienda, la administración de justicia y los cuerpos de la policía.

Terminado su mandato, pasó a ser director del Instituto de Ciencias y Artes, ejerciendo a la vez su profesión de abogado. Más tarde lo mandó aprehender López de Santa Anna, quien lo envió prisionero a las tinajas de San Juan de Ulúa de donde fue deportado a La Habana, Cuba, y a Nueva Orleans, Estados Unidos de Norteamérica. Allí conoció a Ocampo, Mata, Arriaga y a Montenegro; con esos desterrados planeó el regreso a la patria y la lucha que habrían de seguir, por la conquista del poder público. El primero de marzo de 1854 se proclamó el Plan de Ayutla, inspirado por Comonfort y encabezado, en la rebelión armada, por Juan Álvarez.

Juárez llegó a Acapulco y se incorporó a las fuerzas del general Álvarez, quien al hacerse cargo del Ejecutivo, lo designó ministro de Justicia y Negocios Eclesiásticos. En tal puesto empezó Juárez su campaña contra los privilegios del clero y del ejército, por lo que fue disuelto su ministerio, regresando al gobierno de Oaxaca. En 1856, Comonfort lo llamó para que ocupara la cartera de Gobernación, pero aquél fue derrocado por la revuelta del Plan de la Ciudadela, el 19 de noviembre de 1857, y abandonó la capital el 19 de enero de 1858. Juárez quedó automáticamente como presidente sustituto de la República. Empezó su largo periodo de presidente trashumante, de un sitio a otro del país, llevando consigo la representación del poder, que habría de retener durante siete periodos.

Desde julio de 1859, empezó a expedir las leyes de Reforma, mientras se sucedían en la presidencia los conservadores Zuloaga, Robles Pezuela, Salas, Miramón, Pavón y Maximiliano de Habsburgo. Al caer el imperio de éste, Juárez entró de nuevo a la capital del país, el 15 de julio de 1867, y fue reelegido presidente de la República, ocupando la silla presidencial por séptima vez. En 1872, por octava ocasión ocupó la Primera Magistratura, del primero de diciembre de ese año, al 18 de julio de 1872, fecha en que muriera, en la ciudad de México, víctima de una enfermedad. El Congreso lo declaró Benemérito de la Patria y de las Américas.

IGNACIO ZARAGOZA
[1829-1862]
Defensor de la patria

Nació el 24 de marzo de 1829 en Bahía del Espíritu Santo, del entonces Estado de Coahuila y Texas, siendo sus padres el capitán Miguel G. Zaragoza y la señora María de Jesús Seguín. Estudió en Matamoros, Tamaulipas y en Monterrey, Nuevo León, las carreras de abogado y sacerdote; pero no teniendo vocación para ambas, las abandonó sin terminar, entrando como dependiente de comercio. Tampoco prosperó en tal actividad, pues al crearse la Guardia Nacional de los Estados, fue de los primeros que ingresó a la que se formara en el Estado de Nuevo León.

En 1853, con el grado de capitán, marchó a Tamaulipas; al año siguiente, al estallar la Revolución de Ayutla, se adhirió al Plan del general Álvarez y de Comonfort, perteneciendo desde entonces al Partido Liberal. El 30 de mayo de 1854 marchó a Monterrey, con 113 soldados y algunos oficiales, a unirse al Plan de Ayutla; el 23 de julio de 1855, en el combate de Saltillo, en que fuera derrotado el general conservador Adrián Woll, Zaragoza hizo tan buen papel, que fue ascendido a coronel. En septiembre siguiente, para defender a Monterrey del sitio que le habían puesto los conservadores, convocó al pueblo a la defensa, logrando que el cerco se levantara a los tres días.

Se encontraba en la ciudad de México cuando, con el golpe de Comonfort, empezó la guerra de Reforma o de los Tres Años. Luchó por el sostenimiento de la Constitución, siendo importante factor en la toma de Zacatecas y San Luis Potosí, el 27 de abril y el 30 de julio de 1858. Su victoria sobre Liceaga, en el camino entre Silao y Guanajuato, el 28 de enero de 1859, le dio la banda de general. Estupendo papel hizo en la batalla de Calamanda, con su cuerpo de Rifleros del Norte, el 14 de marzo siguiente. Estuvo luego en el trágico amago del general Degollado a la ciudad de México, a principios de abril, siendo él quien desempeñó el papel principal en el formidable ataque del 2 de abril.

Como comandante militar de Zacatecas, fue encargado en febrero de 1860, por el general Jesús González Ortega, de reunir fuerzas. El general José López Uraga lo nombró mayor general de su división, en el fallido ataque a Guadalajara, el 24 de mayo. A la cabeza del Ejército Constitucionalista, operó en el sur de Jalisco, dependiendo del gobernador del Estado, general y licenciado Pedro Ogazón. Por enfermedad de González Ortega, Zaragoza dirigió el ataque a Guadalajara, del 26 de septiembre al 29 de octubre del mismo año, en que triunfaron los liberales.

El 22 de diciembre de 1860, dio el triunfo al Ejército Constitucionalista, para ser el primero que entrara a la ciudad de México, el 25 siguiente, a las 9 de la mañana. Desde principios de abril de 1861, y hasta fines de ese año, fungió como ministro de Guerra, pasando luego a formar parte del cuerpo del Ejército de Oriente, congregado para defender a México contra la intervención francesa. Luchó contra los franceses en varios sitios: el 28 de abril de 1862 intentó detenerlos en las Cumbres de Acultzingo, cuando se dirigían los invasores de Veracruz a la ciudad de México; pero tuvo que retirarse por no perder su retaguardia.

Se fortificó entonces en Puebla, donde se estrellaron todos los embates franceses, fracasando los mejores ejércitos del mundo contra las enardecidas tropas mexicanas de Zaragoza y los generales que estuvieron bajo sus órdenes, en la colosal epopeya del 5 de mayo. Ese triunfo de Zaragoza, que admiró a todo el mundo, retrasó por un año el dominio francés sobre México. Triunfante, Zaragoza pasó revista a sus tropas, en las Cumbres de Acultzingo, a donde se habían retirado poco después, de Puebla, y fue atacado del tifus, enfermedad de la cual falleció, en la ciudad de Puebla, el 8 de septiembre de 1862.

FERNANDO MAXIMILIANO JOSÉ
[1832-1867]
Emperador de México

Nació el 6 de julio de 1832, en el castillo o palacio de Schonbrunn, cerca de Viena, Austria, siendo hijo segundo del archiduque Francisco Carlos y la archiduquesa Sofía. El hijo primero de tal matrimonio fue Francisco José, su hermano, quien llegó a ser emperador de Austria; por su parte, Fernando Maximiliano José, fue archiduque de Austria y emperador de México. Desde muy joven fue dedicado a la marina, sirviendo en la armada austriaca, en cuyos barcos emprendió en 1850 largos viajes por Grecia, Asia Menor, España, Argelia y otros lugares del mundo.

En 1853 fue nombrado capitán de corbeta y al año siguiente comandante mayor de marina, con cuyo carácter viajó por Grecia, Palestina y Egipto, con una escuadra de 17 buques de guerra. El 27 de julio de 1857 casó con la princesa de Bélgica, Carlota María Amalia, hija del rey Leopoldo I de Bélgica, y quien había nacido en Laeken, el 7 de julio de 1840. Vivieron los primeros años de su matrimonio en el castillo de Miramar, que les fue cedido por el trono de Austria, y ambos cónyuges viajaron, durante los años de 1858 y 1859, por Sicilia, el sur de España, la isla de Madera, Brasil, etc., en un prolongado viaje que los llevó hasta América.

El archiduque Maximiliano, hombre culto y que hablaba varios idiomas, escribió las impresiones de esos viajes, realizados con su amada esposa, en una obra manuscrita y compuesta en cuatro tomos, que llamó *Reiselssizzen*. De 1857 a 1859, fue gobernador general del reino Lombardo-Veneto, puesto en el que se dio a conocer como gobernante liberal. Cuando Napoleón III proyectó intervenir en México y fundar un imperio, logró convencer a Maximiliano para que aceptara la corona de ese país americano. Maximiliano, creyendo contar con el apoyo del pueblo de México, según le hicieron creer quienes desde México le ofrecieron tal corona, entre ellos Almonte, aceptó pasar a gobernar a dicho país, con la venia de su familia.

La llamada Junta de Notables o Regencia de México, decidió en 1864, por unanimidad, ofrecerle a Maximiliano de Austria la corona de México, y él, que hablaba español bastante bien, les contestó en tal idioma que la aceptaba, el 10 de abril de ese mismo año, en que se firmó el famoso Convenio de Miramar, por el que Maximiliano renunciaba a sus derechos de la corona de Austria, y para contar con el apoyo del ejército francés, contraía con Napoleón III una obligación de 500 millones de pesos mexicanos, que pagaría en varias partidas, mientras estuviese en el gobierno.

Con una numerosa comitiva, de austriacos, franceses y mexicanos, Maximiliano y su esposa arribaron al puerto de Veracruz, el 28 de mayo del mismo 1864, llegando a la capital mexicana en junio siguiente. Habían hecho el viaje a bordo del buque "Novara", y en México fueron recibidos con la curiosidad, pero a la vez la indiferencia, del pueblo mexicano. El 12 de junio empezó Maximiliano su gobierno, cesando el provisional de Almonte, que era su lugarteniente del imperio. Nunca llegó Maximiliano a ejercer verdadero dominio sobre México, pues su gobierno funcionaba solamente donde había guarniciones francesas y lo apoyaban.

Por ello, como las tropas de Napoleón se retiraran de México antes de lo previsto en el convenio, por haber diferencias entre el emperador y el mariscal Bazaine, Maximiliano se vio inmediatamente en peligro, por lo que mandó a Europa a su esposa, la emperatriz Carlota, a solicitar la ayuda de los reinos europeos. Carlota fue a Francia, donde Napoleón le rehusó toda ayuda; se dirigió a Italia, donde se le declararon los primeros síntomas de locura, en que posteriormente vivió sumida y por varios años. Mientras tanto, Maximiliano se refugiaba en Querétaro, cuyo sitio empezó el 14 de marzo, para concluir el 15 de mayo de 1867. Aprehendido Maximiliano, juntamente con sus generales Miramón y Mejía, fue fusilado con ellos, por las tropas de Juárez, el 19 de julio de ese año, en el Cerro de las Campanas de la misma ciudad de Querétaro.

MIGUEL MIRAMÓN
[1832-1867]
General conservador

Nació el 29 de septiembre de 1832, en la ciudad de México, siguiendo con su hermano Joaquín la carrera de las armas, ya que su padre había sido también militar. En 1847 ingresó al Colegio Militar, a cuya defensa concurrió en ese año, siendo uno de los alumnos jóvenes que se batieron con valor contra los invasores norteamericanos. Fue un militar culto, entendido y valiente, que por tradición familiar y circunstancias personales, militó en las filas conservadoras, dentro de las cuales fue el más distinguido elemento, bajo el mando del general Osollo.

Muerto éste, en 1854, le fue confiado a Miramón el mando de las tropas del Norte, con las cuales obtuvo numerosos triunfos, logrando una gran fama. En 1858, instalado el gobierno conservador en México, en virtud del pronunciamiento del 17 de diciembre de 1857 en Tacubaya y el golpe de Estado de Comonfort, primeramente tomó posesión de la presidencia de la República el general Félix Zuloaga, el 11 de enero de ese año, y enseguida el general Manuel Robles Pezuela, por haberse sublevado contra el anterior. Éste entregó el poder al general José Mariano Salas, quien poco después lo habría de dar al general Miguel Miramón.

Zuloaga ofreció el puesto a Miramón, el 23 de diciembre de 1858; pero el joven general no lo aceptó, porque consideró inoportuna la insurrección que trataba de deponer a Zuloaga, a quien repuso y sostuvo en el mando. Zuloaga volvió a dimitir, y Miramón fue nombrado presidente de la República para un primer periodo, del 2 de febrero de 1859, al 12 de agosto de 1860, y después para un segundo lapso, del 15 de agosto de 1860, al 24 de diciembre del mismo año. Miramón fue el presidente más joven que ha tenido México, pues contaba 27 años y 4 meses de edad, al gobernar.

Miramón redobló sus esfuerzos, siendo presidente del país, para acabar con los liberales, por lo que atacó al puerto de Veracruz, donde se refugiaba el gobierno de Juárez; pero no tuvo éxito en tal empresa. Regresó a México, y fue completamente derrotado en Calpulalpan por el general Jesús González Ortega, teniendo que entregar la ciudad al partido triunfante. Huyó entonces al extranjero, donde permaneció hasta la institución del Segundo Imperio, el de Maximiliano. Las tropas francesas ocuparon la ciudad de México en 1863, y el país el 28 de julio de ese año, y al siguiente se estableció el efímero imperio de Maximiliano.

Éste envió a Miramón a Alemania, para que estudiara táctica militar, nombrándolo después gran mariscal de sus ejércitos. Con ese grado hizo la defensa del imperio, contra el gobierno republicano de Benito Juárez. En 1866, cuando el emperador Maximiliano, viéndose abandonado por las tropas francesas, estuvo próximo a abdicar, fue Miramón quien lo disuadió de sus propósitos, peleando bravamente en su defensa, hasta llegar al heroico sitio de Querétaro, en que Maximiliano y sus principales generales, se vieron cercados por las tropas de Mariano Escobedo.

El sitio se derrumbó, por fin, con la toma de la ciudad de Querétaro por las fuerzas liberales y republicanas, y Miramón fue aprehendido juntamente con Maximiliano, y fusilados ambos, con el general Tomás Mejía, en el Cerro de las Campanas, el 19 de julio de 1867. El cadáver de Miramón fue trasladado a México, donde recibió cristiana sepultura, en el panteón de San Fernando. Ambos, Maximiliano y Miramón, tenían 35 años de edad.

TOMÁS MEJÍA
[1820-1867]
General conservador

Nació el 17 de septiembre de 1820 en Tierra Blanca, Guanajuato, siendo hijo de Cristóbal Mejía, indio puro y de María Martina, mestiza. Casó en primeras nupcias en Pinal de Amoles, Querétaro, con Carlota Durán, originaria del rancho del Plátano. Sentó plaza como alférez, en las milicias nacionales, el 17 de noviembre de 1841, haciendo al principio una rápida carrera ascendente en las armas, aunque luego tardó mucho en alcanzar los grados superiores del ejército conservador. Luchó en la persecusión de los indios bárbaros, de 1842 a 1844, y con el mismo grado de alférez, concurrió en 1846 a la defensa de Monterrey, atacada por los norteamericanos, y al combate de La Angostura, contra ellos, en 1847.

En esa última acción de armas, se encontró en la famosa carga de caballería de los dragones mexicanos contra los invasores, que huyeron a la hacienda de Buenavista. En 1857 se distinguió en la toma de Querétaro, contra los liberales, y al año siguiente fue ascendido a general efectivo, como premio a la pericia y valor que desplegara en la toma de Tampico. El 11 de abril de 1859 fue ascendido a general de división, por los servicios distinguidos que prestó durante el sitio de la ciudad de México, que estaba en poder de los conservadores. Atacó luego al general Santos Degollado, en Tacubaya, plaza que estaba defendida por Leonardo Márquez; y en el mes de octubre, la plaza volvió a ser atacada por los liberales, tocando entonces a Mejía defender la garita de San Cosme.

Durante la intervención francesa y el imperio de Maximiliano, Mejía siguió militando dentro del partido conservador, y le tocó acompañar al archiduque y al mariscal de los ejércitos imperiales, Miramón, al sitio de Querétaro, en que el imperio se jugó su última carta. Al ser aprehendido juntamente con aquéllos, por ser el único general que encontraron fue fusilado en el Cerro de las Campanas, el 19 de junio de 1867, por los soldados de Mariano Escobedo, junto con Maximiliano y Miramón.

FRANCISCO DÍAZ COVARRUBIAS
[1833-1889]
Ingeniero y cartógrafo

Nació el 21 de enero de 1833, en Jalapa, Veracruz. Siguió la carrera de ingeniero topógrafo, en el antiguo Colegio de Minería. En 1855 fue profesor de topografía y astronomía en la Escuela de Minas. Después fue maestro de matemáticas, de geodesia y de astronomía en la Escuela Nacional de Ingenieros, y profesor de filosofía natural de la Escuela Preparatoria. En 1855, Díaz Covarrubias fue presidente de la comisión encargada de levantar la carta geográfica del Valle de México, y en su tarea introdujo nuevos procedimientos, más exactos, de geodesia y de geografía. Para ejecutar sus trabajos, tuvo que construir él mismo los instrumentos necesarios.

Imprimió grandes progresos a la astrofísica, por lo que pudo superar en su época a los profesionales en astronomía. Éstos negaban que el eclipse de sol del 25 de marzo de 1857, sería visible, y Díaz Covarrubias afirmó que sí lo sería; los hechos le dieron la razón. Rectificó, asimismo, la posición geográfica de la ciudad de México. Durante el imperio de Maximiliano, Díaz Covarrubias se retiró a Tamaulipas, para no colaborar con él, como lo hiciera Orozco y Berra; por lo que al triunfo de la República, Díaz Covarrubias fue nombrado por Juárez oficial mayor de Fomento, cargo que desempeñó de 1867 a 1876, trabajando en lo suyo.

En 1874 hizo un viaje al Japón, presidiendo la Comisión Mexicana encargada de observar el tránsito del planeta Venus por el disco del sol, el 8 de diciembre de ese año. En una *Memoria* registró el resultado de sus observaciones científicas. Entre sus obras escritas dejó: *Nuevos métodos astronómicos* (1867); *Determinación de la posición geográfica de México; Sistema métrico decimal. Tratado de topografía, geodesia y astronomía* (1870), obra que fue declarada de texto escolar; *Tablas geodésicas de la República Mexicana, Elementos de análisis trascendente* (1873), etc. Murió en París, Francia, a donde había ido en misión científica, el 19 de mayo de 1889.

ELIGIO ANCONA
[1835-1893]
Político e historiador

Nació el 30 de noviembre de 1835 en la ciudad de Mérida, Yucatán. En el Seminario Conciliar de San Ildefonso cursó las materias preparatorias, y optando por el foro, ingresó a la Universidad Literaria del Estado, para seguir la carrera de abogado, cuyo título recibió en 1862. Se dedicó al ejercicio de su profesión y a la política, en la cual se inició como regidor del ayuntamiento de Mérida, cuando la intervención francesa. Al dejar tal puesto, entronizado el gobierno de Maximiliano, fundó el periódico *La Píldora,* en defensa de la República, que no duró mucho en su publicación, pues fue clausurado por los amigos del imperio.

El 7 de septiembre de 1886 inició la publicación de un nuevo periódico político, titulado *Yucatán,* y en la noche de ese mismo día fue aprehendido y confinado, en unión de otras personas, en la isla de Cozumel, de donde volvió a fines de noviembre, con salvoconductos que le procuraron sus amigos; pero poco tiempo después fue reaprehendido, quedando preso hasta abril de 1867, en que salió de la plaza para unirse a las fuerzas del general Cepeda Peraza, que la sitiaba. Éste lo nombró secretario general de gobierno, puesto del que lo separó el motín del 11 de diciembre siguiente. El presidente Juárez lo nombró más tarde gobernador interino.

En 1875 resultó electo gobernador constitucional de la misma entidad de Yucatán, cuyo periodo no concluyó, por haber triunfado la revolución de Tuxtepec, que no quiso seguir. Entonces se retiró a la vida privada hasta que, instado por el licenciado Joaquín Baranda, ministro de Justicia e Instrucción Pública, aceptó el cargo de magistrado del Tribunal de Circuito de Yucatán. En 1891 fue elegido magistrado de la Suprema Corte de Justicia de la Nación, por lo que pasó a la ciudad de México, donde vivió solamente dos años, dedicado a su ministerio y a escribir sus obras.

Colaboró en los periódicos políticos *La Sombra de Morelos, La Razón del Pueblo, La Juventud, La Soberanía Popular, El Eco del Comercio,* y en los literarios: *La Guirnalda, Repertorio Pintoresco, La Burla y El Álbum Yucateco.* Escribió y publicó cinco novelas originales: *La Mestiza, Los Mártires de Anáhuac, La Cruz y la Espada, El Filibustero* y *El Conde de Peñalva,* las tres últimas inspiradas en la historia yucateca. Dejó inédita la obra *Memorias de un Alférez,* que tiene relación con el asesinato del gobernador Lucas de Gálvez, perpetrado en Mérida la noche del 22 de junio de 1792.

Sus trabajos históricos son los siguientes: *Compendio de Historia de la Península de Yucatán*, e *Historia de Yucatán, desde la época más remota hasta nuestros días*, obras que se imprimieron respectivamente en Mérida, en 1881, y de 1878 a 1880. La última de ambas fue reimpresa en Barcelona en 1889. Sus obras históricas fueron escritas bajo el criterio liberal, pero al parecer con gran imparcialidad, como corresponde al historiador. Murió el 3 de abril de 1893, y el gobierno federal ordenó que su cadáver fuera sepultado en la Rotonda de los Hombres Ilustres. La Legislatura de Yucatán mandó erigir un monumento sobre su tumba, y el Departamento de Acción Cívica de la ciudad de México le dedicó una calle.

EL PORFIRIATO

PORFIRIO DÍAZ

[1830-1915]

Presidente de la República

Nació el 15 de septiembre de 1830, en la ciudad de Oaxaca, como hijo de don José Díaz y doña Petronila Mori de Díaz. Huérfano de padre a los tres años de edad, fue educado por su madre, quien lo destinaba a la carrera eclesiástica, por lo que estudió cinco años en el Seminario oaxaqueño. En 1843, no sintiendo el niño vocación sacerdotal, por propia iniciativa dejó el Seminario y pasó al Instituto de Ciencias y Artes de Oaxaca, para seguir la carrera de derecho, que no pudo terminar por diversos reveses económicos que sufrió la familia. Desde 1852 tuvo que trabajar en los más humildes menesteres, ejercieido los oficios de zapatero y carpintero.

En 1854 se empleó como bibliotecario en el Instituto, donde más tarde logró dar las cátedras de derecho natural y de gentes, pudiendo reanudar con esa ayuda sus estudios, hasta concluir la carrera de abogado. En 1855 se preparaba para presentar su examen profesional, cuando se produjo la Revolución de Ayutla, en la que Díaz tomó las armas, uniéndose en la Mixteca al general José María Herrera. Así inició su carrera militar, en la que alcanzó rápidos ascensos, pues el 22 de diciembre de 1856 era capitán de infantería de la Guardia Nacional.

El 7 de abril de 1858, fue nombrado jefe político de Tehuantepec, siendo combatidos en ese medio hostil los liberales, a quienes Díaz pertenecía. El 22 de julio del mismo año, fue ascendido a comandante de batallón; el 6 de julio de 1859 a coronel de la Guardia, y a coronel efectivo el 25 de noviembre del mismo año. El 10 de enero de 1860 salió de Tehuantepec con el propósito de recuperar Oaxaca para los liberales, siendo herido en una pierna, el 5 de agosto, en la hacienda de San Luis, cercana a Oaxaca, ciudad que pudo ser tomada también, al día siguiente.

En 1861, Díaz fue elegido diputado federal por el distrito de Ocotlán, Oaxaca, y el 28 de agosto de ese año se le ascendió a general de brigada. En los años de la intervención francesa en México, tomó parte en numerosas acciones de guerra contra el invasor, siendo reconocido como general de brigada efectivo, el 29 de mayo de 1863. Prisionero de los invasores, se fugó y se presentó al gobierno de Juárez, quien lo nombró jefe del Cuerpo de Ejército del Centro, el 30 de julio del mismo año, y de la Línea de Oriente, el 22 de septiembre siguiente.

En abril de 1867 tomó a la ciudad de Puebla, con 4,000 hombres, marchando luego sobre la de México, que estaba en poder de los conservadores. La sitió, del 13 de abril al 21 de julio, en que logró tomarla, para entregarla al presidente Juárez. En 1871, Díaz se pronunció contra la reelección de Juárez, adhiriéndose al Plan de la Noria; pero fracasado tal movimiento y fallecido Juárez, Díaz se amnistió, para volver a levantarse en armas, el 10 de enero de 1876, ante la reelección de Lerdo de Tejada, adhiriéndose al Plan de Tuxtepec, que logró triunfar.

Por tal motivo asumió la presidencia de la República, por primera vez, del 23 de noviembre al 11 de diciembre del mismo año; siendo desde entonces presidente de México, en sucesivas reelecciones, por 11 veces, con ligeras interrupciones, al principio de su estadía en la presidencia, en los periodos de Manuel González y algún otro presidente. Terminó su décimo mandato el 30 de noviembre de 1910, y disputó entonces la presidencia a don Francisco I. Madero, postulado por la oposición y quien reunió el mayor número de votos, pero cuyo sufragio fue conculcado por Díaz.

Por lo tanto, volvió a tomar posesión del poder, por undécima vez, del primero de diciembre de 1910 al 25 de mayo de 1911, en que fue depuesto por la Revolución, teniendo que renunciar y ausentarse del país. Se embarcó en el puerto de Veracruz, en el vapor "Ipiranga", días después de su renuncia presidencial, para ir a radicar a París, Francia, donde vivió sus últimos años. En esa ciudad murió, el 2 de julio de 1915, siendo sepultados sus restos en el cementerio del Pere Lachaise, donde aún se encuentran.

FRANCISCO BULNES

[1847-1924]

Político e historiador

Nació el 4 de octubre de 1847 en la ciudad de México. Hizo brillantes estudios en la Escuela de Minería, donde obtuvo el título de ingeniero civil y de minas. En 1874 marchó al Japón, formando parte de la comisión científica que presidió el sabio Díaz Covarrubias; pero sus inclinaciones puramente intelectuales lo apartaron del ejercicio de su profesión. Poseyó desde muy temprano y, a enriquecerlos, se aplicó durante su existencia, sólidos y variados conocimientos científicos. Su culto por las matemáticas, que le enseñaron a raciocinar con claridad y exactitud, afirmó sus facultades de formidable dialéctico.

Era en esencia un pensador y un sociólogo. La cátedra, el periodismo y la política absorbieron casi por completo su actividad. En la tribuna del Congreso, en el que figuró ya como diputado o como senador, por espacio de tres décadas, fue el orador más potente de su época. En su papel de consultor de diversas secretarías de Estado, intervino en la redacción de leyes bancarias y del Código de Minería. Sus polémicas en la prensa, al igual que sus discursos, tuvieron su momento de celebridad. Como escritor, si no muy correcto, era extraordinariamente original, personalísimo: gustaba de la paradoja, y poseía el arte de cultivarla.

Muy tarde se dio Bulnes a escribir libros, siendo el primero de ellos *El porvenir de las naciones latinoamericanas,* que publicó en 1899, exponiendo en él, como sociólogo, muy personales puntos de vista sobre los países del Continente Americano. Luego estudió los orígenes del México contemporáneo, en una serie de libros que fueron: *La guerra de Independencia: Hidalgo-Iturbide* (1910); *Las grandes mentiras de nuestra Historia: La Nación y el Ejército en las guerras extranjeras* (1904); *El verdadero Juárez y la verdad sobre la Intervención y el Imperio* (1904); *Juárez y las revoluciones de Ayutla y de Reforma* (1905).

Como era un escéptico y un destructor, según sus críticos, su amor a la verdad le gustaba, pero le impedía caer a veces en la pasión y en el sofisma; por lo que en todas sus obras crítico-históricas, sus puntos de vista son muy originales, pero no se conforman con el de la historia, oficialmente aceptada como valedera. Sus postreros libros fueron: *The whole truth about Mexico*, publicado en 1916, y *El verdadero Díaz*, que apareció en 1920, éste muy discutido por los revolucionarios de 1910. En la ancianidad, aún se batía bizarramente en la prensa, como lo muestran sus campañas de *El Universal* y la selección póstuma de sus principales artículos de prensa, publicados en 1927 conforme al título de *Los grandes problemas de México*.

Murió en la ciudad de México, el 22 de septiembre de 1924.

MARIANO BÁRCENA
[1848-1898]
Meteorologista

Nació el 25 de julio de 1848 en Ameca, Jalisco, donde sus padres, que eran pobres, lo dedicaron al oficio de talabartero; pero como el niño era inteligente y ambicioso, mientras estudió música, en cuyo arte mostró grandes aptitudes, por lo que una persona acomodada lo envió a Guadalajara, para que estudiara piano. En esa ciudad se dedicó a estudiar también dibujo, pintura y escultura, trabajando de talabartero para ganarse la vida. Fue entonces cuando los hermanos Cañedo, ricos hacendados, lo enviaron a la ciudad de México, para que estudiara en la Academia de San Carlos.

Sin embargo, ya en la capital de la República, Mariano Bárcena ambicionó algo más que su carrera artística, y se consagró a los estudios de ingeniería, cursando geología y botánica en la Escuela Preparatoria, y otras materias necesarias en la Escuela de Minas, en la que en 1871 adquirió el título de ingeniero ensayador. Bien pronto se distinguió en el ejercicio de su profesión, por lo que en 1876 fue comisionado por el gobierno mexicano para que asistiera a la Exposición

Universal, que se efectuó en Filadelfia, de los Estados Unidos de Norteamérica.

De regreso a México, fue comisionado por la Secretaría de Fomento para que estableciera un Observatorio Astronómico y Meteorológico, el cual fundó e inauguró el 6 de marzo de 1877, dotado de los últimos instrumentos de la época y montado con los mejores aparatos que existían. El ingeniero Bárcena escogió el lugar de Tacubaya, para instalar el primer observatorio mexicano, por estar a mayor altura que la ciudad y fuera del tráfico citadino. Aprovechó un viejo convento para instalar en él y en sus anexos jardines, telescopio e instrumentos.

En 1890, Manuel Bárcena fue elegido gobernador del Estado de Jalisco, cuyo puesto desempeñó con gran acierto; pero no descuidó sus investigaciones científicas, de las cuales escribió varios estudios, entre los que destacan: *Tratado de Paleontología Mexicana, Tratado de Litología Práctica, Datos para el estudio de las rocas mesozoicas en México y sus fósiles, Los pórfidos mesozoicos en México, Noticia geológica del Estado de Aguascalientes, Geología de la Sierra de Querétaro, Noticias científicas del Estado de Hidalgo, Ensayo estadístico de Jalisco, Minerales bismutíferos en México, Los ópalos de México, Aclimatación de plantas. Rocas de tecali, Las obsidianas de México, Criaderos de azogue del Doctor, Noticia del volcán Ceboruco y Terremoto de Jalisco.*

También se ocupó de Historia Natural, y dejó escritos varios trabajos sobre aclimatación de plantas exóticas en México. Procuró, asimismo, aumentar los recursos naturales de México, ampliando el número de variedades vegetales. Murió en la ciudad de México, el 10 de abril de 1898.

JOSÉ ROSAS MORENO
[1838-1883]
Fabulista

Nació el 14 de agosto de 1838 en Lagos, Jalisco, siendo sus padres don Ignacio Rosas y doña Claya Moreno, emparentada ésta con el famoso insurgente Pedro Moreno. Hizo sus primeros estudios en León, Guanajuato, pasando a continuarlos a la capital de la República, para regresar luego a León, en donde pasó casi todos los años de su vida. Desde muy joven se afilió al Partido Liberal, ocupando algunos puestos públicos, como el de regidor del ayuntamiento de León, diputado a la Legislatura de Guanajuato, y después al Congreso de la Unión, durante varios periodos.

Dedicado al periodismo, colaboró infatigablemente en la prensa de su época; pero donde alcanzó perdurable fama, fue como escritor de fábulas y apólogos para los niños, de los cuales dejó varios libros. Sus fábulas adquirieron pronto gran popularidad y durante lustros sirvieron en las escuelas para la enseñanza. También publicó numerosos poemas y piezas de teatro, entre las que destaca su drama *Sor Juana Inés de la Cruz*. Su composición poética titulada *El zenzontle*, es muy conocida y admirada.

Sus fábulas son hermosas, originales e interesantes, semejantes a las de Iriarte, Fedro, Esopo y los mejores fabulistas del mundo. La nación le recordó con un homenaje, como educador, en el año de 1891, poco después de su muerte, que ocurrió el 13 de julio de 1883, en la ciudad de León, Guanajuato. En tal homenaje se dijo que Rosas Moreno era, por su modestia y perfume espiritual, el más valioso "Ramo de violetas". De él se dijo entonces: Entre los autores mexicanos, ninguno como Rosas Moreno ha puesto su talento y los mejores sentimientos de su corazón, al servicio de la sociedad mexicana". Una calle de la ciudad de México lleva su nombre.

NICOLÁS LEÓN
[1859-1929]
Historiador y polígrafo

Nació el 6 de diciembre de 1859 en Quiroga, Michoacán, pueblecito situado al noreste del Lago de Pátzcuaro. Hizo sus estudios primarios en ese lugar y en Pátzcuaro, para seguirlos en el Colegio de San Nicolás de Hidalgo, en Morelia. En 1883 recibió el título de médico cirujano, el 10 de octubre, y seis meses después se casó, fundando un hogar. En 1885 fue nombrado profesor de Patología Interna en el Colegio de

San Nicolás, y director de las Salas de Medicina y Cirugía de Mujeres, y del Departamento del Hospital Civil de la misma ciudad, a partir del 20 de agosto.

El 2 de febrero de 1886 fue nombrado director del Museo de Michoacán, donde desarrolló sus inclinaciones a la historia natural, a la etnología de los pueblos indígenas, a la arqueología y la historia de México, en cuyo ejercicio habría de ocupar los años siguientes, produciendo incomparables obras escritas. Como director del Museo Michoacano duró hasta el 16 de agosto de 1892, fundando los *Anales* del mismo, en los que publicó 31 de sus estudios sobre las ciencias predilectas que cultivaba. En septiembre de 1891 fue comisionado para organizar el Museo Oaxaqueño, y hacia esa entidad partió, dedicándose con alma a esa misión.

Fue luego profesor de ciencias naturales, en la Escuela Normal para Profesores, de Oaxaca, a partir del 24 de enero de 1893. Pasó enseguida a la Escuela Nacional de Agricultura de San Jacinto, en 1894, como preparador de química y de fisiología vegetal, viviendo en la Villa de Guadalupe, de cuyo ayuntamiento fue regidor presidente. En 1899 ingresó al Instituto Bibliográfico, fundado por don Joaquín Baranda, quien presidía sus sesiones. Este ministro lo comisionó, en 1900, para que escribiera la *Bibliografía Mexicana del Siglo XVIII* y en la sesión del Concurso Científico Nacional de ese año, el doctor León leyó su *Memoria sobre la Bibliografía Mexicana del Siglo XIX*, que fue muy ovacionada.

El 5 de septiembre de 1900, fue nombrado ayudante naturalista del Museo Nacional de México, pasando a ser ayudante de antropología y etnología, el 9 de junio de 1902. Al año siguiente, el 15 de junio de 1903, fue elevado a la categoría de profesor de etnología del propio Museo. Renunció a esas labores en 1909, pero reingresó al Museo en 1911, para seguir a su servicio hasta el año de 1925, en que renunció de nuevo a su puesto de museógrafo. Murió el 23 de enero de 1929, en la ciudad de México, dejando 344 obras originales impresas, 75 inéditas, 9 traducciones al castellano, de otros idiomas y 104 obras de autores ajenos, que fueron reimpresas o editadas por primera vez por él mismo.

230 LIC. HERIBERTO GARCÍA RIVAS

Su primera obra fue: *Hombres ilustres y escritores michoacanos*, galería fotográfica y apuntamiento biográfico, como la titulara él mismo, que se publicó en Morelia, en 1874. Escribió en seguida sobre sobre antropología y antropometría, etnografía y etnología, lingüística, arqueología, bibliografía e historia. En esta especialidad escribió mucho, destacándose sus obras: *Compendio de Historia General de México, desde los tiempos prehistóricos hasta 1900*, publicada en México y en Madrid en 1901; *Bibliografía de don Vasco de Quiroga*, editada en 1903 en Michoacán; *In memoriam de fray Antonio de San Miguel Iglesias*, en 1904 en Michoacán; *Vida de don Alfredo Chavero*, en 1904 en Michoacán; *Benefactores insignes de la ciudad de México* y *Tradiciones y leyendas piadosas de México*, editadas en el año de 1916 en la ciudad de México.

JUVENTINO ROSAS
[1868-1894]
Compositor musical

Nació el 25 de enero de 1868, en Santa Cruz, de Guanajuato. Desde muy joven mostró excepcionales dotes y aficiones para la música; en su familia hubo muchos músicos, algunos de los cuales formaron una orquesta, que en 1875 pasó a la ciudad de México, llevando consigo al niño Juventino. Ya en la capital de la República, Juventino Rosas se dedicó a estudiar música, ingresando al Conservatorio Nacional, mientras que seguía tocando en la orquesta de sus parientes para ganarse la vida. En el Conservatorio hizo rápidos progresos, como ejecutante del violín.

Pero más que como ejecutante, se distinguió como compositor, escribiendo muy hermosas partituras, sobre todo de la música entonces popular, como eran los valses. Entre ellos destaca el conocido vals "Sobre las Olas", cuya música ha perdurado después de su muerte, y se toca en todo el mundo, entre los mejores valses de Strauss y otros autores que compusieron esa clase de piezas. Tan bello se ha considerado ese vals mexicano, que son muchos los autores extranjeros que han tratado de apropiárselo, atribuyéndolo a los mejores músicos europeos, sin fortuna alguna.

Sin embargo, de ello, Juventino Rosas fue siempre, en su corta vida, un músico pobre y desconocido, que no pasó de tocar en orquestas de segunda categoría, hasta que lo llamaron para una jira internacional, con tan mala fortuna, que fue entonces cuando lo sorprendió la muerte. Contratado por una compañía de ópera, como violín concertino, fue a la isla de Cuba, empezando quizá las jiras que pudieran haberle dado la celebridad que en vida le faltó; pero iba ya atacado de cruel enfermedad.

Llegado al pueblecito de Surgidero de Batabanó, enfermó de gravedad, de la tuberculosis galopante que padecía, por las miserias pasadas en su vida, y murió, cerca de La Habana, Cuba, el 13 de julio de 1894.

GENARO CODINA
[1852-1901]
Compositor musical

Nació el 10 de septiembre de 1852, en la ciudad de Zacatecas, siendo hijo de Santiago Codina y María Dolores Hernández. En el año de 1863 se encontraba cursando la instrucción primaria en el colegio particular de don Luis Galindo. La principal ocupación de su juventud fue la pirotecnia, haciendo con su familia los juegos pirotécnicos que se quemaban cada año en las fiestas patrias de septiembre. De su primer matrimonio con Mariana González, tuvo dos hijas, Luz y Herlinda, la primera muy bella y que le inspiró algunas de sus composiciones musicales.

En 1887, por haberle dedicado al presidente Díaz su marcha *Porfirio Díaz,* ocupó el cargo de contador de la jefatura de hacienda de Zacatecas, empleo que tuvo de por vida. Músico lírico, tocaba varios instrumentos, especialmente la popular arpa, que fue su buena compañera en la prisión del Cobre, donde estuvo recluido por cuestiones políticas, antes de que se congraciara con Porfirio Díaz; en el arpa componía sus obras musicales, que luego consignaba en notación al pentagrama. Hacia 1891, compuso su famosa *Marcha de Zacatecas,* considerada como nuestro segundo Himno.

Dicha marcha fue estrenada en la ciudad de Zacatecas, en octubre de 1893, por la Banda Oficial del Estado, bajo la batuta de Fernando Villalpando, su concuño, en la serenata de la Plaza de Armas; gustando tanto, que se adoptó para todas las festividades y se extendió por el país y el extranjero. Codina tuvo una orquesta, a la que llamó "Típica Zacatecana", con la que recorrió las Estados del norte de México e hizo una jira por los Estados Unidos de Norteamérica. Entre sus obras musicales se mencionan: las marchas *Patria mía* y *México;* la polka *Las típicas zacatecanas;* los chotis *Ayes del alma, Carmen, Recuerdos, Emma,* etc. Murió Genaro Codina en la misma ciudad de Zacatecas, en que naciera, el 22 de noviembre de 1901.

JESÚS F. CONTRERAS
[1866-1902]
Escultor

Nació el 21 de enero de 1866 en la ciudad de Aguascalientes, aprendiendo sus primeras letras en la escuela del señor Plácido Jiménez, donde estudió dibujo, con tan buen éxito, que a los 12 años de edad era ya litógrafo. En vista de sus facultades, fue ayudado por sus maestros y amistades, y a los 14 años de edad se trasladó a la ciudad de México, para inscribirse en la Escuela de Bellas Artes. Fue discípulo predilecto del escultor Manuel Noreña, y a los 17 años de edad, el gobierno lo pensionó para que fuera a Europa, a seguir estudiando y mejorando en su arte.

A su regreso, cuando apenas contaba 22 años de edad, ayudó a su maestro Noreña a realizar la bella estatua de Cuauhtémoc, que se encuentra en el Paseo de la Reforma, de la ciudad de México, siendo Contreras quien la fundió. La estatua empezó a ser fundida el 13 de agosto de 1883, y en el momento de vaciar el bronce, un chorro en ignición perforó el pie de Chucho Contreras. El monumento quedó inaugurado el 21 de agosto de 1887. Contreras estableció en México la Fundición Artística Mexicana, de la cual salieron las estatuas colocadas a ambos lados del Paseo de la Reforma.

También fueron obras de Contreras, los monumentos a Benito Juárez, en Chihuahua; Manuel Acuña e Ignacio Zaragoza, en Saltillo, Coahuila; al general Ramón Corona, en Guadalajara, Jalisco; Nicolás Bravo,

Ignacio Zaragoza y a la Independencia, en Puebla; a la Paz, en Guanajuato; al general Jesús González Ortega, en Zacatecas; a la corregidora Ortiz de Domínguez, en la ciudad de México y fue autor de los colosales relieves en bronce, con figuras indígenas, del Monumento a la Raza de la ciudad de México. Pero su obra máxima se considera que es la estrujante escultura en mármol, que llamada *Malgré tout* (A pesar de todo), se encuentra en la Alameda de la capital mexicana, pues la elaboró sólo con el brazo izquierdo después de que perdió el derecho, a consecuencia de un cáncer fibroso. Murió en la ciudad de México, el 12 de julio de 1902.

ANTONIO GARCÍA CUBAS
[1832-1912]
Geógrafo y escritor

Nació el 24 de julio de 1832, en la ciudad de México. Perdió a sus progenitores cuando era niño, por lo que quedó sujeto a la tutela de una tía carnal; pero pronto en condiciones de ganarse los medios de vida, pues en 1850 ingresó como empleado a la Dirección General de Industria, mientras cursaba sus estudios. Primero estuvo en el Colegio de San Gregorio y luego en el Colegio de Ingenieros, donde se tituló con honores, especializándose en la geografía. El emperador Maximiliano lo hizo miembro de la Orden de Guadalupe; perteneció a sociedades científicas de México y del extranjero, y fue caballero de la Legión de Honor de Francia.

Desempeñó diversos cargos públicos, principalmente en la Secretaría de Fomento, en donde formó y dirigió numerosas cartas geográficas de la República. Fue profesor de la Escuela de Ingenieros, de la Superior de Comercio y Administración y de otros establecimientos docentes; publicó varias obras de texto para uso de las escuelas públicas, entre ellas un *Curso de Geografía Elemental, Curso de Dibujo Geográfico y Topográfico, Atlas geográfico, estadístico e histórico de la República Mexicana* (1857) y una *Carta General de México* (1863). Su *Historia de México,* es un verdadero modelo en su género, y fue texto escolar durante mucho tiempo.

Trabajó García Cubas seriamente en la exploración científica del país, ampliando el conocimiento geográfico y geodésico del territorio mexicano, que entonces era rudimentario. Contribuyó al trazo de caminos y dejó varios trabajos estadísticos. Se le conoce más, sin embargo, por su única obra literaria que dejó: *El Libro de mis Recuerdos,* sabrosísimo relato del México ido e incalculable manantial de reminiscencias. En él habló de monasterios y conventos; tipos y caracteres sociales, sucesos esenciales de la historia, etc. Murió el 9 de febrero de 1912, en la ciudad de México, a las 11 de la mañana de ese día.

JUSTO SIERRA
[1848-1912]
Político y educador

Nació el 26 de enero de 1848 en San Francisco de Campeche, entonces primer puerto y segunda ciudad de Yucatán. Su abuelo materno fue don Santiago Méndez, gobernador que fuera de esa entidad mexicana; y su padre el político, novelista y escritor don Justo Sierra O'Reilly. Estudió primeras letras en el Colegio de San Miguel de Estrada, de su ciudad natal, y frecuentó la intimidad de Francisco Sosa. Luego su familia se trasladó a Mérida y él ingresó al Colegio de San Ildefonso. Trece años había cumplido apenas cuando murió su padre, en 1861, y entonces marchó a la ciudad de México, al amparo de un tío materno, que acabó de educarlo.

Completó sus estudios preparatorios en el Liceo Franco-Mexicano del señor Guibault; siguió la carrera de abogado, en la Escuela de San Ildefonso, donde en 1871, a los 23 años de edad, se graduó de licenciado en derecho. Al ejercer tal profesión, encontró que le era más grato el magisterio y las reuniones literarias en la casa de Manuel Payno, donde se recitaban poesías y se hacía literatura, por lo que se dedicó a enseñar y a escribir. Se asoció por ello a los que en su época hacían periodismo; perteneció al cenáculo de Manuel Altamirano y sus amigos fueron Guillermo Prieto, Ignacio Ramírez, Vicente Riva Palacio y J. López Portillo.

Colaboró en *El Monitor Republicano* y en *El Federalista*. Como poeta, Juan de Dios Peza lo estimaba por su inspiración, por su expresión viva, por la exuberancia de su imaginación; Riva Palacio lo veía como "una inteligencia privilegiada, de inspiración fecunda y vigorosa y rica y variada erudición". Ni la prosa ni la oratoria le fueron extrañas, y en sus discursos empleaba "una limpida y áurea voz de barítono", según recordaba el viejecito Urbina. Empezó su carrera política cuando Porfirio Díaz lo sacó de su cátedra del Conservatorio de Música y Declamación, y de la secretaría de la Suprema Corte, para hacerlo diputado por Veracruz.

En 1905 pasó como titular a la Secretaría de Instrucción Pública y Bellas Artes, que se creara a iniciativa suya, y al ocuparla planteó el resurgimiento de la educación pública en México, empezando por reabrir la Universidad Nacional, que inauguró el 22 de septiembre de 1910. En aquel mismo año de 1905, publicó su biografía *Juárez: Su obra y su tiempo,* en la que colaboró el historiador Carlos Pereyra, por no quedarle ya mucho tiempo para tales tareas al ministro Sierra. Para entonces ya había publicado, en 1891, su *Manual Escolar de Historia General;* en 1896 su *Catecismo de Historia Patria;* en 1900 y 1901, su *Historia Política,* que figura en la obra *México: su evolución social.*

En 1898 publicó un libro de viajes, que tituló *En tierra yankee,* y dejó infinidad de artículos en periódicos y revistas, sobre pedagogía, política, crítica literaria, viajes, historia, etc. Al estallar la revolución maderista se sumó a ella Justo Sierra, y el presidente Madero lo envió como ministro plenipotenciario de México a España, donde fue colmado de honores y en cuya capital, la ciudad de Madrid, murió el 13 de septiembre de 1912. Sus restos fueron traídos a México y sepultados en la Rotonda de los Hombres Ilustres. Su obra *México: su evolución social,* es sin duda lo más luminoso que sobre ese asunto se ha escrito.

JESÚS GARCÍA
[1881-1907]
Héroe de Nacozari

Nació el 2 de diciembre de 1881 en Hermosillo, Sonora. Hizo sus estudios en la misma ciudad y luego, al lado de su familia, vivió en Batuc, Cananea y Nacozari, todos esos lugares del Estado de Sonora. Era hijo de un mecánico, nativo del pueblo de San Miguel de Horcasitas, de Sonora también, y quien le enseñó su oficio. Cuando Jesús contaba 18 años de edad, llegó con su familia a Nacozari y se empleó en las minas de cobre de la región. Aunque falto de ocasiones para estudiar, leía mucho, y pudo así ayudar a dirigir las aspiraciones de sus compañeros; en varias ocasiones fue miembro de la mesa directiva de la sociedad obrera.

Deseoso de ingresar a los ferrocarriles, estudió las máquinas de vapor y las locomotoras, y una vez que se sintió capacitado para ello, hizo su solicitud de ingreso en la empresa sonorense. Fue admitido como fogonero en el ferrocarril, haciendo viajes de Agua Prieta a Nacozari y de esta población a la de Pilares. Con el tiempo, demostrada su capacidad y conocimiento de las máquinas, fue ascendido a maquinista, satisfaciendo así sus viejas aspiraciones. En el ferrocarril de la compañía The Moctezuma Copper Co., Jesús transportaba los beneficios de las minas, los aperos para trabajarlas, y alguna vez a los mismos trabajadores.

Un día, el 7 de noviembre de 1907, se encontraba frente a la estación un tren ya listo para partir, con dos furgones llenos de dinamita, para llevarlos del pueblo de Nacozari a la estación minera de El Porvenir. La tripulación se disponía, en la pequeña estación pueblerina, a reanudar su viaje, cuando el fogonero vino corriendo a anunciar, trémulo, que el fuego del fogón se había comunicado a los carros. Jesús García no pensó más, y de un salto subió a la máquina, la que puso en movimiento para sacarla del pueblo, evitando la catástrofe. Ya lejos de la población, la dinamita hizo explosión, destrozando al convoy y al maquinista, pero el pueblo se salvó de una gran desgracia, por el valor del Héroe de Nacozari.

236

LA REVOLUCIÓN

HERMANOS FLORES MAGÓN
[1872-1954]
Revolucionarios

Los hermanos Flores Magón nacieron todos en el Estado de Oaxaca: Jesús, el mayor, en San Simón, el 6 de enero de 1872; Ricardo, otro, en San Antonio Eloxochitlán, el 16 de septiembre de 1874 y Enrique, el menor, en Teotitlán del Camino, el 13 de abril de 1877. Sus padres fueron Teodoro Flores y Margarita Magón, aquél, un indio serrano azteca, proveniente de un olvidado reducto de guerreros mexica que fueron enviados antes de la conquista española para vigilar a los mixtecos, que habían sido sometidos por el imperio azteca; reducto que quedó olvidado durante siglos en la Sierra de Juárez, por los acontecimientos de la Conquista.

Don Teodoro era el jefe de esa tribu azteca, muy estimado por los suyos, que le llamaban "Tata". Dio a conocer a sus hijos las costumbres y tradiciones de su raza, haciendo hincapié en la comunidad de bienes del clan: "Entre nosotros —les decía—, todo es de todos. La tierra la trabajamos en común, y lo que producen los hombres hábiles, se distribuye entre todos, según las necesidades de cada familia". Estas enseñanzas fueron la base del pensamiento socialista de los Flores Magón, aun antes que el socialismo ganara en el mundo las batallas de otros pueblos, como Rusia.

Después de largos años de servir al país, don Teodoro obtuvo el grado de teniente coronel, dentro del ejército liberal. Llevó a sus indios serranos oaxaqueños a pelear por don Benito Juárez, indio también y oaxaqueño, después de que peleara en 1847 contra los invasores yanquis. Y más tarde, al lado de Porfirio Díaz, también indio y oaxaqueño, luchó contra el imperio de Maximiliano, y a favor de las revoluciones porfiristas de La Noria y Tuxtepec; pero en 1910 no quiso ya seguir a Díaz, quien tenía presos a sus hijos, Jesús y Ricardo, y le propuso dejarlos libres, con tal que el viejo padre los convenciera de claudicar.

"Prefiero morir sin volver a ver a mis hijos —contestó don Teodoro—; es más, prefiero verlos colgados de un árbol, antes que saber que se han retractado o arrepentido de lo que hayan hecho o dicho". Y con tal reciedumbre de espíritu y de ideas, poco después murió el viejo indio. Los hijos de él, los hermanos Flores Magón, venían participando en la oposición contra Díaz desde 1892. Jesús y Ricardo fueron internados por ello en la cárcel de Belén, por un mes, y al salir de la prisión fundaron el periódico de oposición *El Demócrata,* que llevó de nuevo a Jesús a la cárcel, por nueve meses, teniendo Ricardo que huir al extranjero.

El 7 de agosto de 1900, los hermanos Flores Magón fundaron otro periódico de oposición, *Regeneración.* Ricardo asistió como delegado a la Primera Convención de Clubes Liberales de San Luis Potosí, y cuando fue suprimido por el gobierno el periódico *Regeneración,* sacó a luz *El Hijo del Ahuizote, El Nieto del Ahuizote* y *El Biznieto del Ahuizote,* cada uno de ellos que nacía cuando el anterior moría. Jesús, en 1902, manifestó a sus hermanos que se separaba del movimiento, ya que no tenía sangre de mártir; pero los otros dos siguieron en la lucha.

Los tres eran abogados y buenos escritores. En 1903 ordenó Porfirio Díaz al Tribunal Superior de Justicia, que prohibiese la publicación de cualquier escrito proveniente de los Flores Magón, bajo penas corporales y pecuniarias muy severas; entonces Ricardo y Enrique tuvieron que ausentarse del país, emigrando hacia los Estados Unidos de América. De nueva cuenta publicaron *Regeneración,* desde donde alentaron la Revolución. En San Luis, Missouri, dieron al Partido Liberal su programa y manifiesto, que serían las bases de la Constitución de 1917, de Carranza.

Al sobrevenir la revolución maderista, los Flores Magón trataron de fundar una república socialista, pero al fracasar en sus intentos, se separaron de todo movimiento. Ricardo fue asesinado, dentro de la prisión norteamericana de Leavenworth, donde fue preso, la noche del 20 de noviembre de 1922. Y Enrique murió en la ciudad de México, hasta el 28 de octubre de 1954, donde se había dedicado a su profesión y a escribir.

FRANCISCO I. MADERO
[1873-1913]
Revolucionario

Nació el 20 de octubre de 1873 en la hacienda de El Rosario, municipio de Parras de la Fuente, Coahuila, siendo hijo del rico industrial y comerciante don Francisco Madero y de doña Mercedes González de Madero. Estudió en su pueblo natal, terminando la instrucción primaria en el colegio que los jesuitas tenían establecido en Saltillo; pasó luego a la Escuela Técnica de Agricultura de Berkeley, California, en los Estados Unidos de América, y juntamente con su hermano Gustavo marchó más tarde a Francia, donde hizo estudios comerciales, en el Liceo de Versalles.

En 1893 regresó a México, cuando tenía 20 años de edad, para ponerse al frente de sus negocios en San Pedro de las Colonias. Era pequeño de cuerpo y desmedrado, pero con la vida en el campo se robusteció, llegando a ser un atleta de la equitación y la natación. Impulsó grandemente los cultivos de algodón, en la región coahuilense; estableció escuelas, un colegio comercial, un comedor público y gratuito y un hospital, celoso siempre de ayudar a los trabajadores y campesinos a mejorar sus vidas. Escribió un folleto sobre el riego en la región lagunera, otro de comentarios literarios sobre el poema hindú *Bhagavad-Gita,* y otros escritos.

En 1905 comenzó sus actividades periodísticas y políticas, fundando clubes antirreleccionistas y haciendo jiras de propaganda. Fundó el Club Benito Juárez, en el cual trabajó afanosamente por establecer un gobierno representativo de la voluntad popular y de los intereses del pueblo. Escribió artículos de oposición en los periódicos de don Victoriano Agüeros, y publicó un libro, *La Sucesión Presidencial,* en el que hizo una dura crítica de la perpetuación del general Díaz en el poder. En 1909 organizó el Partido Antirreeleccionista, que lo postuló para presidente de México.

Habiendo sido desechada la votación que en su favor le dio el triunfo, Madero proclamó el Plan de San Luis Potosí, el 5 de octubre de 1910, llamando al pueblo de México a la rebelión armada contra la enésima imposición de Díaz, señalando el 20 de noviembre siguiente para que estallara la revolución. Ésta se efectuó en varios lugares del país, especialmente en Puebla, Veracruz y Chihuahua, y al comprobar Díaz que no contaba ya con las fuerzas suficientes para someter a los rebeldes, renunció a su puesto, el 25 de mayo de 1911, dejando como presidente interino al licenciado Francisco León de la Barra, quien convocó a elecciones.

Madero triunfó como presidente y Pino Suárez como vicepresidente, por lo que tomaron posesión de sus puestos a fines de 1911. Sin embargo, hubo algunos levantamientos en el país, contra su gobierno, hasta que en la misma ciudad de México se pronunció el general Bernardo Reyes, que fue sometido y encarcelado en Santiago Tlatelolco. El 9 de febrero de 1913, en Tlalpan y Tacubaya se rebelaron los generales Félix Díaz y Manuel Mondragón, quienes libertaron a Bernardo Reyes y trataron de deponer a Madero. Reyes fue muerto frente al Palacio Nacional, por la guardia de Madero; pero Díaz y Mondragón se apoderaron de la Ciudadela, desde la que desencadenaron los ataques al Palacio, durante la llamada Decena Trágica.

Madero encomendó las tropas que habrían de defenderlo, al general Victoriano Huerta, quien lo traicionó, poniéndose de acuerdo con los sublevados. Madero y Pino Suárez fueron aprehendidos y puestos presos en el mismo Palacio Nacional, donde se habían guarecido. Por órdenes de Huerta, fueron sacados de allí, la noche del 22 de febrero de 1913, para ser llevados a la penitenciaría del Distrito donde, siguiendo las órdenes del propio Huerta, sus conductores los asesinaron a balazos, en las tapias de la penitenciaría. Huerta se adueñó entonces del poder público, usurpando por algún tiempo la silla presidencial.

JOSÉ MARÍA PINO SUÁREZ
[1869-1913]
Revolucionario

Nació el 8 de septiembre de 1869 en Tenosique, Tabasco, siendo de ascendencia yucateca, como nieto de don Pedro Sáinz de Baranda, sobrino del general Pedro Baranda y del licenciado Joaquín Casasús, quien por 20 años fue ministro de Justicia e Instrucción Pública en el gobierno del presidente Díaz. Niño aún, Pino Suárez fue llevado a la ciudad de Mérida, Yucatán, donde hizo sus estudios, hasta recibirse de abogado. Cultivó desde muy joven las bellas letras, escribiendo poesías, que publicó en el semanario *Pimienta y Mostaza*. de 1890 a 1894. En 1896 imprimió su primer libro de versos, que tituló *Melancolías,* al cual siguieron otros.

El 30 de julio de 1892 recitó una composición suya, en las galerías del Palacio Municipal de Mérida, dedicada a Hidalgo, el Padre de la Patria. La antología *Trovadores de México,* impresa en Barcelona, España, en 1898, incluye algunos poemas suyos. En 1903 apareció la segunda edición de *Melancolías,* dedicada a don Manuel Salas Cepeda y con prólogo del licenciado Ignacio Ancona Horruytiner. Le interesó también el periodismo, habiendo fundado el diario *El Peninsular,* el 19 de marzo de 1904, que fue uno de los más importantes de su época y en donde hizo propaganda y profesión de fe pública de sus ideas altruistas y humanitarias.

El mismo año publicó Pino Suárez, con prólogo suyo, la novela póstuma de don Eligio Ancona, titulada *Memorias de un Alférez.* La primera edición de su segundo libro de versos, *Procelarias,* se hizo en 1908, dedicada la obra a don Joaquín D. Casasús, con prólogo del doctor Gonzalo Pat y Valle; la segunda, forma parte de la tercera de *Melancolías,* hecha en memoria de su padre, el licenciado Alfredo Pino Cámara. El 8 de septiembre de 1896, Pino Suárez contrajo matrimonio con María Cámara Valles. Cuando el 26 de junio de 1910 desembarcó en el puerto de Progreso, el entonces vicepresidente del Centro Antirreeleccionista de México, don Francisco I. Madero, Pino Suárez le fue presentado por Carlos R. Menéndez.

Pino Suárez acompañó a Madero a un mítin político a Mérida, en el Parque de Santa Ana, y allí pronunció un discurso para dar a conocer la personalidad de Madero. Éste lo hizo que lo acompañara a Campeche y en su jira, hasta que el 3 de julio salió de la Península. Pino Suárez quedó allí como jefe del antirreeleccionismo, que lo postuló como candidato a gobernador de Yucatán; en octubre, Díaz libró orden de aprehensión en su contra, por lo que Pino Suárez escapó a Quintana Roo, llegando hasta Belice, en donde embarcó para ir a Tabasco, permaneciendo allí algún tiempo.

Pasó después a la ciudad de México, donde el 15 de abril de 1910 se instaló la Convención Nacional Independiente de los partidos aliados Nacional Antirreeleccionista y Nacional Democrático. Pino Suárez fue nombrado presidente de la convención, que postuló a Madero para presidente de México y al propio Pino Suárez para magistrado de la Suprema Corte de Justicia. Madero reanudó su jira el 7 de mayo, por los Estados de Puebla y Veracruz, acompañándolo Pino Suárez, quien después partió hacia Tabasco, a seguir luchando por la causa revolucionaria.

El 20 de noviembre, al estallar la revolución armada, Pino Suárez estaba en los Estados Unidos de Norteamérica, en donde Madero lo encargó del gobierno en Yucatán, puesto que no pudo ocupar, por la oposición que le hizo el gobernador Bandala, nombrado por Díaz. Pino Suárez regresó al norte de México, habiendo firmado los Tratados de Ciudad Juárez, juntamente con Madero, con quien pasó a la ciudad de México, en mayo de 1911. En las elecciones convocadas por León de la Barra, Pino Suárez resultó electo vicepresidente, para gobernar con Madero, como presidente.

Después en 1913, acaecieron los conocidos sucesos del pronunciamiento de Félix Díaz y Manuel Mondragón, que causaron la Decena Trágica de la Ciudadela; la traición de Victoriano Huerta contra Madero, que se alió a los rebeldes y depuso a Madero y Pino Suárez. Y finalmente el asesinato de éstos, el 22 de marzo de 1913, a espaldas de la penitenciaría de México.

AQUILES SERDÁN
[1876-1910]
Revolucionario

Nació el 2 de noviembre de 1876 en la ciudad de Puebla, como miembro de una acomodada familia de comerciantes, que descendía del general liberal don Miguel Cástulo Alatriste, héroe de la Reforma. Recibió una sólida instrucción, llegando a ser considerado entre los intelectuales poblanos, muy amante de las lecturas avanzadas y, por lo mismo de las ideas reinvindicatorias. Por razón de su negocio de comercio, que lo llevaba a hacer frecuentes viajes por todo el Estado y regiones vecinas, hizo numerosas amistades entre los obreros textiles de Puebla y de Tlaxcala.

En 1909, al afiliarse al Partido Antirreeleccionista, difundió sus ideas y propósitos entre los obreros poblanos y tlaxcaltecas, quienes iban con frecuencia a su casa de Puebla, a solicitar ayuda a sus problemas y pedirle consejos y dirección en sus negocios. Cuando Madero hizo su primera jira de propaganda, Aquiles Serdán, juntamente con su hermano Máximo y su hermana Carmen, preparó en Puebla una gran recepción al candidato libre, lo cual le costó que fuera encarcelado por Díaz. Madero escribió a Limantour, quejándose, el 18 de noviembre de 1909, de las persecusiones que sufrían sus partidarios, por lo que Serdán fue puesto en libertad.

Con él fundó Madero, el 2 de diciembre de ese mismo año, el Partido Antirreeleccionista de Puebla, y recorrió el Estado por segunda vez, en triunfal jira, del 14 al 16 de mayo de 1910. Pero perdida la lucha electoral, por la imposición de Díaz, Aquiles y su hermana Carmen tuvieron que emigrar a los Estados Unidos, donde entrevistaron a Madero, recibiendo de él 20,000 pesos y el encargo de iniciar en Puebla la Revolución, el 20 de noviembre siguiente. Serdán regresó a su ciudad y comenzó a conspirar, despertando las sospechas del gobierno, que decidió catear su casa en busca de armas, para la mañana del 18 de noviembre.

La familia Serdán se enteró de que el jefe de la policía, Miguel Cabrera, se preparaba a catear la casa el 18, por lo que el 17 acordaron anticipar sus planes, lanzándose a la revolución el mismo 18. Aquiles distribuyó el 17 las armas y parque que tenía en su poder, entre sus hermanos y 16 amigos que se reunieron y pasaron la noche en la casa, esperando hacer resistencia al día siguiente a las autoridades. La casa era de dos pisos, y en cada uno de ellos se encargó cada defensor de la puerta, una ventana, un pretil, un rincón o esquina que defender.

A las 7:30 de la mañana del día 18, la policía llegó a la casa de la familia Serdán creyendo todavía dormidos a sus ocupantes. Tocaron fuertemente la puerta de entrada de la casa de las calles de Santa Clara, y Aquiles, que se hallaba en el piso bajo, dio orden al portero de que abriera, diciéndole: "Manuel, abre, que toca la policía". Y cuando la puerta fue abierta e irrumpieron los policías, hallaron a Aquiles frente a ellos, con una carabina en las manos. Miguel Cabrera disparó sobre él su pistola, sin herirlo, y Aquiles contestó el fuego con su carabina, matando al jefe de la policía en el acto.

Al ver caer a su jefe, algunos agentes salieron huyendo y otros corrieron al fondo de la casa. El mayor Fregoso, segundo de Cabrera, corrió tras de Aquiles, que subió al piso superior, e iba a disparar sobre él cuando vio que Carmen le apuntaba con otro rifle; gritó que no disparara y se rindió, entregando su pistola. Entonces todos tomaron sus posiciones dentro de la casa, que cerraron herméticamente, pues bien sabían que no tardaría en quedar sitiada la vivienda, por la policía y el ejército. Y así fue, para las 8 de la mañana, la casa estaba rodeada de unos 300 hombres, entre policías y soldados, que dominaban los alrededores.

Durante varias horas se trabó nutrida balacera entre ambos grupos, hasta que murieron todos los ocupantes de la casa, menos Carmen y Aquiles, que se ocultó en un pequeño sótano, donde permaneció hasta la noche. Como enfermara con el frío, tosió y fue descubierto, siendo muerto de un balazo, en el mismo sitio donde se encontraba, ese día 18 de noviembre de 1910.

PRÁXEDIS GUERRERO
[1882-1910]
Revolucionario

Nació el 28 de agosto de 1882, en la hacienda de Los Altos de Ibarra, de León de los Aldamas, Guanajuato, en el seno de una acaudalada familia. Recibió una esmerada educación, que le permitió entender los problemas sociales de su época, para abogar por los humildes. Esto lo distanció de su padre, por lo que escapó de su hogar, para ganarse el pan trabajando en los campos y en las fábricas. Alguna vez escribió en el periódico de los revolucionarios, *Regeneración,* estos conceptos, vertidos para urgir a las clases desheredadas de México a que consiguieran su libertad económica: "Si creéis que andando no podéis llegar a la libertad, corred..."

Por medio del periódico *Regeneración,* que circulaba en toda la República, llevando las ideas revolucionarias por todos los ámbitos, desde 1901 se organizó el Primer Congreso Liberal, que trataba de restaurar las Leyes de Reforma, letra muerta durante el porfiriato. Perseguidos por el presidente Díaz, los directivos del periódico y del Partido Liberal se refugiaron primeramente en El Paso, Texas; más tarde en San Luis, Missouri, y finalmente en Canadá. En julio de 1906, desde sus lugares de destierro, los Flores Magón y otros dieron a conocer el problema del Partido Liberal Mexicano, que influyó en las huelgas revolucionarias de Cananea, Sonora, y Río Blanco, Veracruz, en los años de 1906 y 1907.

Práxedis Guerrero compartía ya con ellos, en ese año de 1906, la tarea de orientar la revolución mexicana desde el destierro en el extranjero. En 1908, en compañía de Enrique Flores Magón y de Francisco Manrique, organizó en El Paso, Texas, una expedición armada que se internó el primero de julio al territorio mexicano y atacó a la población de Palomas, en Chihuahua, juntamente con José Inés Salazar. En el combate quedó muerto Manrique, compañero de banco de la escuela del propio Práxedis Guerrero. La expedición revolucionaria no tuvo éxito, y los levantados en armas tuvieron que acogerse otra vez al destierro en los Estados Unidos.

Llegó el año de 1910, y Francisco I. Madero, burlado en las elecciones en que se postulara para ocupar la Presidencia de la República, lanzó el Plan de San Luis Potosí, mientras se exiliaba a los Estados Unidos. En dicho plan invitaba al pueblo de México a ir a la revolución armada, para rescatar sus derechos civiles conculcados, y señalaba el 20 de noviembre de ese año, para que en todo el país estallara la Revolución. Los Flores Magón y Práxedis Guerrero acordaron esperar esa fecha, para lanzarse al movimiento armado que habría de conmover a México.

Práxedis Guerrero quiso hacer un viaje a León, Guanajuato, para visitar a sus familiares y recibir la parte de la herencia que le correspondía, por la muerte de su padre, la que empleó en dar sus tierras a los peones y gastar el dinero que pudo recoger en la Revolución misma. Con un grupo de fieles servidores, que quisieron seguirlo, armó un cuerpo de lucha, con el que el que marchó hacia Chihuahua, una vez que la Revolución estalló en diversos lugares del país. Atacó al pueblo de Janos, mandando con gran valor a sus soldados, el 30 de diciembre de 1910; pero con tan mala fortuna, que cayó muerto en el primer combate, a los 28 años de edad.

LUIS MOYA
[-1911]
Revolucionario

Nació en la población de Nieves, Zacatecas, en fecha que se ignora, y donde se dedicó al combate. Hasta el 4 de febrero de 1911 se levantó en armas, en favor del maderismo, en un lugar cercano a su pueblo natal, logrando tomar la población donde naciera. Era alto, fornido, hábil jinete y mejor rejoneador, y animado por ese primer éxito, el día 7 se apoderó de la plaza de San Juan del Mezquital, siguiendo una carrera de triunfos. El 12 del mismo mes, derrotó al mayor Ismael Ramos en la hacienda del Aguaje, del Estado de Durango; al día siguiente tomó la plaza de San Juan de Guadalupe, después de cuatro horas de combate, apoderándose de armas, parque y diversos elementos de guerra, que le sirvieron para armar a la gente que se le unía y formaba ya un numeroso cuerpo de ejército.

Durante el mes de abril de 1911, Luis Moya organizó sus fuerzas con los elementos que le aportaron Martín Triana y Calixto Contreras, y el día 9 hizo con ellos una triunfal entrada en la ciudad de Zacatecas. El 22 siguiente, atacó y tomó la plaza de Mapimí, Durango, centro comercial muy importante, y el 26 cayó sobre Ciudad Lerdo, la que se le entregó. En el mes de mayo dejó el Estado de Durango y pasó de nuevo a Zacatecas, para marchar sobre la plaza de Sombrerete, en cuya calle de Hidalgo vivían algunos de sus familiares. Atacó la plaza con denuedo y derrotó a los federales, entrando victorioso a la población en que iba a morir.

Dictó algunas instrucciones a su gente, sobre todo recomendando que no se cometieran desmanes ni excesos, y se encaminó a caballo a visitar a sus familiares; pero al desmontar de la bestia, frente a la casa a donde llegaba, una bala perdida lo dejó muerto en el acto, el día 9 de ese mes de mayo de 1911. Fue uno de los soldados del guerrillero Pablo Méndez, que se embriagaban y hacían escandalo, disparando sus armas. Casimiro Monraz, amigo y subalterno de Moya, aprehendió y fusiló a Méndez, por no haber controlado a su gente, así como al soldado que disparó el arma.

FRANCISCO VILLA
[1877-1923]
Revolucionario

Nació el 5 de junio de 1877 en el rancho de Río Grande, partido de San Juan del Río, Durango, como miembro de una familia muy humilde. Su padre murió, siendo él niño y tuvo que trabajar en las labores del campo, para sostener a su madre y hermanos, en la hacienda de Cogojito. Allí, uno de los dueños de la hacienda atentó contra su hermana mayor, que era niña, y Villa lo hirió de tres balazos, huyendo al monte para evitar su castigo. Fue perseguido y encarcelado, pero logró huir de la prisión y se hizo bandolero, cambiando su primitivo nombre por el de Francisco Villa, que adoptó de un abuelo paterno.

Su padre se apellidaba Germán; pero su padrastro, que lo crió y lo adoptó, le puso el nombre de Doroteo Arango, dándole su apellido. Agustín Arango, padrastro del niño Doroteo, era a su vez hijo natural de don Agustín Villa, abuelo paterno del muchacho, siendo de él de quien adoptó su apellido, llamándose Francisco. Francisco Villa se hizo abigeo o "roba vacas", y su valor y audacia tuvieron siempre en jaque a las fuerzas destacadas en su persecusión. Por lo que el gobernador de Chihuahua, don Abrahán González, lo consideró elemento valioso para la revolución que preparaba Madero, contra el gobierno de Porfirio Díaz.

Don Abrahán González llamó a Villa y lo comprometió a luchar por la Revolución, para lo cual le proporcionó armas y dinero; Villa consiguió hombres y caballos, y como lo ordenaba el Plan de San Luis, el 20 de noviembre se unió a la Revolución. Operó en el sur de Chihuahua y el norte de Durango, asaltando especialmente a los trenes federales, que llevaban tropas al Norte, para combatir a los revolucionarios. Al asumir Madero el gobierno de la República, Villa depuso las armas, como casi todos los revolucionarios de entonces; pero volvió a tomarlas en 1913, después de la muerte de Madero, asesinado por Victoriano Huerta, quien usurpó el poder.

Villa se unió a Carranza contra el usurpador Huerta, y en vista de que ya había alcanzado renombre por su audacia y valor, los jefes revolucionarios de Chihuahua, Coahuila y Durango lo proclamaron jefe de la División del Norte, que llegó a ser la más poderosa, entre los ejércitos revolucionarios. En las campañas carrancistas alcanzó Villa sus mejores triunfos, tomando Torreón, Ciudad Juárez y Ojinaga, y aún inició el avance victorioso hacia el sur del país. Sin embargo, Carranza postergó a Villa por la cercanía de otros jefes, especialmente los sonorenses, por lo que Villa empezó a separarse también del Jefe Máximo de la Revolución.

En 1914, Carranza citó a una convención de las fuerzas revolucionarias, para limar asperezas entre ellas, sin lograr su objetivo, pues Villa se apoderó de la convención, en Aguascalientes, y rompió relaciones con Carranza, nombrando a un nuevo presidente de la República, Villa tomó, con su aliado Emiliano Zapata, la ciudad de México, teniendo Carranza que huir hacia el puerto de Veracruz. Pero entonces el sonorense Álvaro Obregón, jefe de las fuerzas de Carranza, llamadas constitucionalistas, empezó a batir a las de Villa, llamadas convencionistas, hasta lograr aniquilarlas, en la famosa batalla de Celaya, donde perdiera un brazo.

Villa buscó el reconocimiento de los Estados Unidos, para su gobierno, y como no lo consiguiera, atacó a la población fronteriza de Columbus, donde cometió depredaciones. El general norteamericano Pershing entró a territorio mexicano, persiguiéndolo, sin alcanzarlo nunca. Carranza fue muerto en 1917, al parecer por sus mismos aliados antiguos, los sonorenses, y entonces Villa depuso las armas, siendo amnistiado por el presidente Adolfo de la Huerta. Se retiró a vivir pacíficamente en una hacienda que el gobierno le dio, en Canutillo, Durango, cerca del límite del Estado de Chihuahua, a cuyo mineral de Parral hacía viajes.

En uno de esos viajes, el 20 de julio de 1923, Villa fue asaltado en el automóvil en que iba con sus lugartenientes, en Parral, y muerto.

EMILIANO ZAPATA
[1873-1919]
Revolucionario

Nació el 8 de agosto de 1873 en San Miguel de Aneneuilco, Villa de Ayala, Morelos. Siendo de familia campesina acomodada, fue labriego y ganadero, trabajando como aparcero. Cuando su pueblo iba a ser despojado de tierras, reunió a los vecinos para que se opusieran al despojo, pero habiendo sido reprimido el movimiento por el gobierno, tuvo que huir a la sierra, donde se ocultó por algún tiempo. Regresó en 1910 de su destierro, con engaños, pues fue entonces aprehendido y enganchado en el ejército, como era costumbre en esa época con los que huían, los deudores y los que tenían ideas revolucionarias o eran castigados.

Estuvo como soldado raso, en el 9º regimiento que mandaba el coronel Ángel Bouquet, desde el 11 de febrero de ese año, hasta un mes después, en que le permitieron pagar a su reemplazo; pero conoció la vida miserable del soldado llevado a filas por la "leva", por lo que al quedar libre, fue mayor su decisión de lanzarse a la Revolución, contra aquel régimen de gobierno que tantas iniquidades cometía contra los pobres. Sin embargo, no se levantó en armas sino hasta el 11 de marzo de 1911, cuando pudo disponer de un buen contingente de campesinos y de armas.

Secundó el Plan de San Luis, pero se disgustó luego con los procedimientos seguidos por el gobierno provisional del licenciado León de la Barra, mientras se hacía la campaña para elegir a Madero presidente constitucional. Luego estuvo contra Madero, cuando éste ordenó el licenciamiento de las tropas irregulares, como eran las suyas, por lo que el 25 de noviembre de 1911, Zapata desconoció a Madero, suscribiendo su famoso Plan de Ayala, en el que abogaba por implantar radicales medidas agrarias, que a Madero le parecían demasiado osadas y las rechazó.

Madero envió a Zapata un enviado especial, para tener un acuerdo, pero Zapata se remontó a la sierra, permaneciendo en armas. En 1915, acudió a la Convención de Aguascalientes, mediante sus representantes Gildardo Magaña y Antonio Díaz Soto y Gama, declarándose contra Venustiano Carranza y a favor de Francisco Villa, con quien lo unían lazos de ideología más avanzada, de aventura y de posición social. Cuando Carranza se retiró a Veracruz, Zapata ocupó con sus fuerzas la capital de la República, juntamente con las fuerzas del general Villa.

Volvió a Morelos cuando, rehechos los carrancistas, recuperaron la capital de la República, después de la derrota de Villa en Celaya, por Obregón. Zapata implantó su cuartel general en Tlaltizapán, desde donde salía a incursionar por los alrededores, y llegó a dominar el sur del país, siempre en rebeldía. Hizo del agrarismo su bandera de lucha, proponiéndose no dejar las armas hasta que la totalidad de las tierras, en poder de los latifundistas, fueran restituidas a los campesinos que las trabajaban, y por tal resistencia, como por lo expuesto en tal sentido en su Plan de Ayala, Zapata fue considerado el Padre del Agrarismo Mexicano.

En esas andanzas, llegó el año de 1919, en que el coronel Jesús Guajardo, de las fuerzas del general Pablo González, fuera comisionado para batir de una vez a Zapata, para acabar con su permanente agitación. Viendo Guajardo que no podía aniquilar con las armas a Zapata, quien sostenía un sistema de guerrillas para luchar, asestando golpes y huyendo a refugiarse a la sierra, simuló adherirse al "zapatismo", con lo cual pudo acercarse al jefe suriano. Con el fin de entrevistarse con Zapata, Guajardo pidió se le señalara un sitio, que fue la hacienda de Chinameca, donde el caudillo agrarista tenía uno de sus refugios. Allí le tendió Guajardo una celada, el 10 de abril de ese año de 1919, en que logró asesinarlo.

SERAPIO RENDÓN
[1867-1913]
Revolucionario

Nació en 1867 en Yucatán, donde cursó la carrera de derecho, titulándose de abogado. Rendón Alcocer se distinguió en el foro por sus extraordinarias dotes oratorias, y cultivó las letras con galanura de estilo, haciendo famoso el seudónimo de "León Roch". Fue elegido como diputado a la XVI Legislatura Federal, por lo que pasó a la ciudad de México, en 1911, afiliándose al grupo renovador. Había con anterioridad abrazado decididamente la causa revolucionaria y sostenido las candidaturas de los señores Madero y Pino Suárez, para la Presidencia de la República. Al sobrevenir la traición de Victoriano Huerta, y el asesinato que éste perpetrara en las personas de Madero y Pino Suárez, Serapio Rendón militó en el grupo del Congreso que estaba en contra del usurpador, juntamente con el doctor y senador don Belisario Domínguez. Por la fogosidad y el temperamento del licenciado Rendón Alcocer, Huerta trató primeramente de atraérselo, haciéndole tentadoras ofertas, que Rendón rechazó indignado. Huerta trató entonces del caso con su secretario de Guerra y compadre, el doctor Aureliano Blanquet, quien estuvo de acuerdo en que Rendón era peligroso como adversario, por lo que habría que eliminarlo, de un modo o de otro.

La noche del 22 de agosto de 1913, cuando el licenciado y diputado Rendón salía de una visita a la residencia de la señora Scherer, en el Paseo de la Reforma, algunos esbirros del usurpador Huerta, que ocupaban un automóvil estacionado en la esquina del Café Colón, aprehendieron al profesionista y lo introdujeron al vehículo, en el que lo condujeron a Tlalnepantla. Allí lo esperaba el coronel Felipe Fortuño Miramón, jefe de un cuerpo rural, quien ordenó que lo encerraran en un cuartucho con ventanilla. Rendón abofeteó a un soldado, pero otro lo dejó sin conocimiento de un culatazo; cuando volvió en sí, pidió papel y tinta para escribir una carta de despedida a su familia, y mientras la escribía, fue acribillado a balazos desde la ventanilla, por la espalda, cayendo sin vida debajo de la mesa.

BELISARIO DOMÍNGUEZ

[1863-1913]

Médico y político

Nació el 25 de abril de 1863 en Comitán, Chiapas, como hijo de don Cleofas Domínguez y doña Pilar Palencia. Cursó sus estudios primarios, siguiendo los preparatorios en San Cristóbal las Casas, para ingresar luego al Instituto de Ciencias, de Tuxtla Gutiérrez, donde cursó la carrera de medicina. Luego se trasladó a París, donde radicó 13 años, obteniendo en 1890 su título de médico, cirujano, partero y oculista. Regresó a Chiapas y casó con la señorita Delfina Zebadúa, teniendo de su matrimonio cuatro hijos. Como estudiante, "se distinguió por su dedicación al estudio, demostrando en sus exámenes profesionales amplios conocimientos, aun en materias que no eran de rigor en los programas vigentes".

Refieren sus paisanos que en el ejercicio de su profesión fue el patriarca de su pueblo: "curaba a los pobres sin cobrarles ni un centavo, dándoles las medicinas y en no pocos casos atendiéndolos como enfermero". Y siendo tan dedicado al ejercicio de su profesión y tan abnegado en el trato a sus pacientes, todavía le quedaba tiempo para sus actividades políticas, a las cuales llegó porque sus paisanos lo llamaron a ellas. En Chiapas desempeñó dos cargos públicos: el de presidente municipal de Comitán, en 1911, y luego el de senador por su Estado natal, en 1912.

Pero no cabe duda de que su principal pasión fue siempre la de ejercer su carrera de médico, por lo cual no quiso quedarse en Francia, donde hubiera alcanzado fama, riqueza y tranquilidad. Cuando en 1891 regresó a Chiapas, a su nativa Comitán, pueblo cercano a la frontera con Guatemala, se propuso quedarse allí, en su pueblito, para curar a los indios y a los mestizos de las rancherías. Dos médicos ejercían ya la medicina en ese lugar, ambos de origen guatemalteco, quienes quedaron maravillados de que prefiriera quedarse a ejercer un médico recibido en París.

Belisario Domínguez atendió a enfermos desahucia- dos, a muchos de los cuales salvó mediante operaciones que entonces parecían imposibles de practicar. Para que le ayudaran, él mismo preparó a un anestesista, una enfermera y un boticario. Para ir a curar a sus enfer- mos, hacía largos viajes a pie, a caballo, en canoas y en los medios más primitivos, de día y de noche, bajo lluvias o sol ardoroso. Estableció un sistema para cobrar honorarios, de acuerdo con las posibilidades de sus clientes; por lo que para los ricos era el doctor de París, más caro que ninguno, mientras que para los po- bres era el curandero que aceptaba animales y semillas en pago, dando medicina, enseñanza, cuidados y ali- mentos a las familias.

En 1902 se trasladó a la capital mexicana, con el propósito de salvar la vida de su esposa, que enfermó de gravedad, y la cual murió en la capital mexicana. Seguramente entonces trabó conocimiento con don Fran- cisco I. Madero, quien lo llamó a colaborar con él en sus planes revolucionarios. Dos años después regresó el doctor Domínguez a Comitán, ejerciendo como presi- dente municipal de su pueblo, para ser luego elegido senador. Regresó a México, donde encabezó la oposición al presidente Huerta.

Mandó imprimir un candente discurso contra el usurpador, del cual pidió su destitución, ya que deten- taba un puesto para el que no había sido elegido por el pueblo. Como en la Cámara se rehusaran a darle lectura, él mismo lo repartió entre los senadores y lo envió luego a distribuir por las calles. Todo esto sucedió el 17 de septiembre de 1913, y el doctor Domínguez siguió haciendo su vida normal, aunque vigilado de cerca por la policía huertista. Ésta lo aprehendió el 7 de octubre, para llevarlo lejos de la ciudad, donde fue asesinado en la noche de ese mismo día, después de que el doctor Aureliano Urrutia, compadre de Huerta y enemigo profesional de don Belisario, le cortaba la lengua y se la enviara al usurpador, en un frasco de alcohol, como sangriento trofeo.

VENUSTIANO CARRANZA

[1859-1920]

Revolucionario

Nació el 29 de diciembre de 1859 en Cuatro Ciénegas, Coahuila, en el seno de una familia de hacendados norteños. Estudió en la ciudad de Saltillo hasta la enseñanza preparatoria, pasando luego a la de México, a seguir la carrera de medicina, que no pudo concluir por haber enfermado gravemente de la vista. Volvió a su pueblo nativo, en donde se dedicó a cuidar de sus propiedades, iniciándose en la carrera política en 1887, en que fue elegido presidente municipal de su pueblo; en ese puesto estuvo hasta el año de 1894, siendo luego diputado local y senador de la República, encabezando la oposición contra el gobernador Garza Galán, impuesto por el presidente Díaz. Se unió al movimiento de Madero, en 1910.

Con Madero organizó Carranza el Partido Democrático, y cuando Madero instaló su gobierno en Ciudad Juárez, después de su elección conculcada, Carranza fue su secretario de Guerra. Triunfante el movimiento armado, Carranza fue gobernador de Coahuila, a partir de 1911. En 1913, después del asesinato de Madero y Pino Suárez, ordenado por Victoriano Huerta, Carranza se levantó en armas contra la usurpación, proclamando el Plan de Guadalupe, que mantenía al maderismo vivo. Al lograr la renuncia de Huerta, asumió la Primera Magistratura del país, encontrando la oposición de Villa y de Zapata, con quienes luchó durante los siguientes años.

Cuando las fuerzas norteamericanas invadieron el puerto de Veracruz, en 1914, Carranza asumió la jefatura del Ejército Constitucionalista, rechazando enérgicamente la intromisión extranjera en los asuntos internos de México. Ese mismo año se celebró una Convención en Aguascalientes, en la cual Villa y Zapata se separaron definitivamente de Carranza, desconociéndolo e implantando un gobierno distinto; Carranza abandonó la ciudad de México y marchó al puerto de Veracruz, donde estableció su gobierno. Puso al mando de sus tropas al general Álvaro Obregón, quien combatió a los convencionistas con éxito, logrando establecer de nuevo el gobierno de Carranza en la capital de la República, por algunos años.

En 1917, Carranza instaló en la ciudad de Querétaro un Congreso Constituyente, que dictó la nueva Constitución Política de los Estados Unidos Mexicanos, dando a la Revolución un carácter legal, que transformó la vida mexicana. Liquidó los bancos nacionales, para crear el Banco de México, único autorizado para emitir el papel moneda que instituyera, y durante su gobierno quebrantó al militarismo y a los caciques políticos; inició la protección de las riquezas naturales, especialmente el petróleo, preparando la adjudicación del mismo en favor de los mexicanos.

Carranza obligó a los extranjeros a sujetarse a las leyes de México, cuando establecieran dentro del país su residencia y sus negocios, renunciando a la protección de sus gobiernos, para sus concesiones. Pero pese a sus reiterados esfuerzos, no logró pacificar totalmente al país, ni unir a las diversas facciones revolucionarias que luchaban entre sí. Gobernó a partir del primero de mayo de 1917, y en 1920, al tratar de designar al sucesor que habría de quedar en la Presidencia del país, se desató en Sonora una rebelión armada, encabezada por el triunvirato de Calles, Obregón y Adolfo de la Huerta, que querían para sí el poder, repudiando al candidato carrancista, el ingeniero Bonillas.

El 23 de abril de ese año se proclamó el Plan de Agua Prieta, en Sonora, que desconoció a Carranza, y éste abandonó otra vez la ciudad de México, para ir al puerto de Veracruz, donde tenía amigos seguros. Salió de México el 7 de mayo, siendo perseguido por la caballería de Jacinto B. Treviño, y se internó en la sierra de Puebla. En la noche del 21 de mayo, fue asesinado en la ranchería de Tlaxcalantongo, por los soldados de Rodolfo Herrero, que obedecía órdenes de Álvaro Obregón.

AMADO NERVO

[1870-1919]

Poeta

Nació el 24 de agosto de 1870 en Tepic, Nayarit, como hijo mayor de siete que tuvieron sus padres, don Amado Nervo y doña Juana Ordaz. Ésta era poetisa bastante capaz y seguramente despertó en su hijo el amor a las bellas letras, que luego fue su pasión de por vida. Muy joven perdió a su padre, y la madre radicó en Zamora, Michoacán, con sus hijos, para darles la instrucción que necesitaban, en el año de 1885. Amado fue enviado al Seminario de Jacona, población cercana a Zamora, del cual era rector el entonces presbítero don José María Mora y del Río, después arzobispo.

A punto ya de recibirse de sacerdote, terminados sus estudios en el Seminario, lo abandonó para seguir la vida civil, iniciándose en el puerto de Mazatlán en el periodismo. En 1894 marchó a la ciudad de México, donde se empleó escribiendo en los periódicos capitalinos traducciones, crónicas y diversos artículos. En 1895 publicó su atrevida novela *El Bachiller,* que suscitó agudas polémicas y lo inició en la fama. Al año siguiente, una poesía suya, que recitó en el primer aniversario de la muerte de Gutiérrez Nájera, le granjeó la popularidad; y dos más tarde, la aparición de su libro de poemas, *Místicas,* lo consagró como poeta.

Con Jesús E. Valenzuela fundó la *Revista Moderna,* donde escribieron todos los adictos a la poesía, de esa época. En 1900 viajó por Europa, lo cual enriqueció su educación artística, y de regreso a México, ingresó en 1905 a la diplomacia, viajando hasta Madrid, representando a México hasta el año de 1918. De regreso a México, se le designó ministro plenipotenciario en la Argentina y el Uruguay, a donde partió y en donde lo recibieron con grandes honores.

Murió en Montevideo, el 2 4de mayo de 1919 siendo conducidos sus restos a México, a bordo de una goleta de guerra.

INDICE ALFABETICO

A

B

C

R

S

T

U

V

X

Y

Z